DuMonts Kriminal-Bibliothek

Conor Daly ist das Pseudonym des 1952 geborenen Kevin Egan, der als Anwalt im Westchester County, New York lebt. »Mord an Loch acht« ist der erste Band der Kieran Lenahan Serie in DuMonts Kriminal-Bibliothek.

Herausgegeben von Volker Neuhaus

Conor Daly
Mord an Loch acht

DuMont

Der amerikanische Originaltitel lautet *Local Knowledge*, den *The Encyclopedia of Golf (Zusammengestellt von Webster Evans. St. Martin's Press 1974)* folgendermaßen erläutert: »Ortskenntnis. Das nützliche Wissen, das ein Golfspieler erwirbt und das auf der konkreten Erfahrung basiert, wie ein bestimmtes Loch oder ein bestimmter Platz am besten zu spielen ist.«

Die Deutsche Bibliothek – CIP-Einheitsaufnahme

Conor Daly:
Mord an Loch acht / Conor Daly. Monika Schurr (Übers.). – Köln : DuMont, 2000
    (DuMonts Kriminal-Bibliothek ; 1087)
    ISBN 3-7701-5014-7

Aus dem Englischen von Monika Schurr
Die der Übersetzung zugrundeliegende Ausgabe erschien 1995 unter dem Titel *Local Knowledge* bei Kensington, New York
© 1995 Conor Daly

© 2000 für die deutsche Ausgabe: DuMont Buchverlag, Köln
Alle deutschsprachigen Rechte vorbehalten
Umschlagmotiv von Pellegrino Ritter
Umschlag- und Reihengestaltung: Groothuis & Consorten
Satz: Greiner & Reichel, Köln
Druck und Verarbeitung: Clausen & Bosse, Leck
Printed in Germany
ISBN 3-7701-5014-7

Kapitel 1

Mike Onizaka zuckte zusammen, als sein Sechs-Meter-Schlag das Loch knapp umschwirrte und sich auf dem Rand totlief. Er stand bewegungslos da; die Angst, eine neue Niederlage zu erleiden, stand ihm deutlich im Gesicht geschrieben. Dann jedoch peitschte er mit seinem Putter in einem weit ausholenden, frustrierten Schlag den Boden und stapfte zum Ball. Die Luft knisterte, das Grün bebte. Die Menge raschelte nervös hinter mir. Wir alle hatten von wilden Besäufnissen, wüsten Temperamentsausbrüchen und seiner Lehnstreue zu einem Sponsor gehört, der um jeden Preis Erfolge sehen wollte. Ich hatte solche Geschichten immer einer gewissen Fremdenfeindlichkeit zugeschrieben. Doch als ich sah, wie sich mein Gegner unaufdringlich vom Golf Pro in einen geschrumpften Sumo-Ringer mit gerundeten Schultern und einem Wanst, so weich wie Eisen, verwandelte, fühlte sich der Chauvinist in mir herausgefordert.

Lange beschwor Onizaka seinen Ball mit zornigem Blick, bevor er ihn einlochte. Die Menge hielt den Atem an, als er sich steif zum Rand bewegte. Mein Caddie drückte mir meinen frisch polierten Golfball in die Hand.

Ich konzentrierte mich, ging in die Hocke und richtete das Logo auf meinem Golfball direkt auf das Loch aus. Ein guter Meter kurzgeschorenen, bläulich schimmernden Rasens trennte mich von einem Sudden-Death-Sieg im Metropolitan Golf Championship. Ich blickte um mich und fror die Szene in einer Art Diorama ein. Der Wykagyl Country Club, New Rochelle, New York. Heute. Onizaka, wie er seinen Golfhandschuh würgt; hiesige Sportreporter, die auf Notizblöcke kritzeln; Hilfspolizisten, die die Hände heben, um für Ruhe zu sorgen; Golfverrückte jeder Couleur, die einen guten Platz zu ergattern versuchen. Ich wollte mich später an jedes Detail erinnern können. Dieser Putt bedeutete für mich sehr viel mehr als nur einen Titel und einen fetten Scheck. Der Met-Gewinner durfte automatisch am Classic

5

teilnehmen, dem hiesigen Turnier der Professional Golfers' Association. Ich hatte meine Chance damals vertan, Touring-Pro zu werden. Dieser 1-Meter-Schlag war die Hintertür zum Glück.

Ich jagte den Ball ins Loch.

Auf den Rängen explodierte der Applaus. Mein Caddie tanzte Samba mit dem Flaggenstock. Die Sportreporter bellten auf mich ein. Die Polizei bildete eine Kette, um ein Massengetrampel über das Grün zu verhindern. Ich wühlte mich durch das Gedrängel, um Onizaka die Hand zu reichen. Der Rasen war mit Fetzen seines Handschuhs übersät, und ich fragte mich, ob meine Neigung zu sportlicher Fairneß mich eine Garnitur funktionsfähiger Fingerknöchel kosten mochte. Glücklicherweise packte mich jemand an der Schulter.

»Bitte kommen Sie mit mir, Mr. Lenahan.«

Der Streifenpolizist war einen ganzen Kopf größer als ich. Als Schwarzer mit klarer Aussprache, dessen Ranger-Hut fest ums Kinn geschnallt war und dessen Unterarme Popeye Konkurrenz machten, strahlte er in der Flut von Leuten, die den Platz überschwämmt hatten, eine ruhige Distanziertheit aus. Manchmal läßt gerade ein winziges Detail die Wirklichkeit einer Situation erst wirklich werden. Ich war in dem Augenblick Met Champ geworden, in dem mein Putt den Grund des Loches berührt hatte. Aber die Vorstellung, daß dieser Gladiator mich sicher zu einem blauweißen Streifenwagen brachte, der auf dem Schotterweg für Golfwagen geparkt hatte, machte mir meinen Triumph erst so richtig bewußt. Schmetterlinge im Bauch. Heil dir im Siegerkranz.

Als der Cop eine Hintertür öffnete, überkam mich schon ein komisches Gefühl. Und als er den Wagen quer über den Parkplatz des Clubhauses jagte, war mir endgültig klar, daß dies keine Siegesparade werden sollte.

»Wohin zum Teufel fahren wir?« fragte ich, während meine Finger sich an den Käfigdraht klammerten, der die Vorder- von den Rücksitzen trennte.

»Nach Milton«, sagte er. »Zu einem Verhör.«

Mein Herz schien den Brustkorb fast zu sprengen. Von wegen winziges Detail. Ich war in Schwierigkeiten. In plötzlichen, ernsten, unerklärlichen Schwierigkeiten. Eine Minute zuvor noch war ich in meiner eigenen kleinen Welt ganz oben gewesen. Jetzt fühlte ich mich wie ein armes Schwein, das von einer riesigen Walze plattgemacht worden war und nun vor dem Heiligen Petrus stand, ohne zu begreifen, was vor sich ging.

Ich widerstand der üblichen Neigung, mich noch tiefer hineinzureiten. Seit fünf Jahren war ich Golf-Pro, mehr als halb so lange, wie ich als Anwalt gearbeitet hatte. In meinem früheren Leben hatte ich immer die Klienten verabscheut, die sich bei dem Cop einschleimten, der sie verhaftete. Doch Cops sind eben nicht deine Freunde. Sie werden dafür bezahlt, Leute zu verhaften; und ein guter Teil ihres Jobs besteht darin, das, was man sagt, in das umzumodeln, was sie hören wollen. Ich war im strengen Sinne nicht einmal verhaftet. *Verhör* war das letzte Wort des Cop gewesen, bevor er zu autoritärem Schweigen übergegangen war. Ich setzte mich also bequem hin, beobachtete, wie die plötzlich sehr fremd wirkende Szenerie an uns vorbeihuschte, und kramte in meinem Gedächtnis nach dem letzten Verbrechen, das ich begangen haben mochte. Ein höchst entwürdigender Beginn meiner Herrschaft als Met Champ.

Ich hatte angenommen, mit Milton sei die Milton Police Station gemeint gewesen, aber wir umfuhren den Ort und kamen auf das Grundstück meines Arbeitgebers, des Milton Country Club. Die Federung des Streifenwagens quietschte, als wir in die Zufahrtsstraße bogen, die voller Kurven und Schlaglöcher über bewaldete Hügel führte, bis sie schließlich auf einer weiten, baumlosen Grasfläche, die man die Heide nannte, glatter und gerader wurde. Ich zog mich am Gitter hoch. Knapp zweihundert Meter jenseits der Windschutzscheibe sah ich mehrere Streifenwagen aus Milton an einem Wasserhindernis – einer Art Teich – stehen. Ihre roten und blauen Lichter waren eingeschaltet; sie rotierten grell vor dem dunstigen Julihimmel.

Eine Sirene heulte hinter uns auf; und ein Notarztwagen

preschte vorbei, dessen Reifen Wolken von Gras und Sand aufwirbelten. Der Cop parkte hinter den Streifenwagen und befahl mir auszusteigen. Ich sah mehrere Cops zusammengedrängt auf einer Felsinsel, die die Brückenstützen einer hölzernen Fußgängerbrücke trug, die vom achten Grün zum neunten Abschlag hinüberführte.

»Hey, DiRienzo!« rief der Streifenbeamte übers Wasser.

DiRienzo richtete sich auf, ein Klotz mit weißen Hemdsärmeln inmitten kauernder Uniformen. Sein Blick traf meinen, und er kam krachenden Schrittes über die Holzbrücke.

»Lenahan«, brummte er und wandte sich dann dem Schwarzen zu.

»Danke auch. Wollen Sie hierbleiben und zugucken, wie wir arbeiten?«

Eine Andeutung von Grinsen überzog das Gesicht des Cops. »Ich passe lieber.« Er salutierte knapp und marschierte zu seinem Wagen zurück.

»Was in aller Welt geht hier vor, Chicky?« fragte ich. DiRienzo hieß eigentlich Charles, und er haßte die Verniedlichungsform. Mir hatte es allerdings auch keinen Spaß gemacht, vom Turnier weggeschleppt zu werden; also waren wir quitt.

»Ich stell hier die Fragen, kapiert?« DiRienzos Kopf war etwa dreimal zu klein für den Rest seines Körpers, er sah aus wie ein Football-Spieler ohne Helm. Die unbehaarten roten Arme, die aus seinen Hemdsärmeln hervorschauten, erinnerten an gekochte Hot Dogs. »Sie haben Tony La Salle engagiert, in diesem Teich zu tauchen, richtig?«

Ein weiterer Streifenwagen stoppte mit malmendem Geräusch hinter uns. Ein Polizeitaucher in voller Tauchermontur sprang heraus. Sein Kollege öffnete den Kofferraum und begann, Pfosten in den Grund zu rammen und sie mit orangefarbenem Leuchtband zu umwickeln.

»Was ist mit Tony los?« fragte ich.

»Nichts. Haben Sie ihn nun angeheuert oder nicht? Ich frage das nicht umsonst.«

8

Jetzt bemerkte ich auch Tony. Er kniete auf der anderen Seite der Insel und sah sehr konzentriert aufs Wasser.

»Ja«, sagte ich.

»Dann verratense mir bitte auch, was ein Golf-Pro mit einem Froschmann will.«

»Ich beauftrage Tom zweimal im Jahr, die Golfbälle aus den Teichen zu fischen«, erklärte ich. »Jeder in die Wasserhindernisse verschlagene Ball wird automatisch zum Eigentum des Club-Pro.«

DiRienzo kniff ein Auge zu und dachte über meine Antwort nach. Ich kannte Chicky seit der Zeit, als er noch als grünschnäbeliger Streifenpolizist auf der Merchant Street auf- und abmarschiert war. Er war nicht besonders helle, was er zu kompensieren trachtete, indem er alles und jeden in seiner Umgebung verdächtigte. Seine Beförderung verdankte er eher seiner Zähigkeit und einer obskuren Personalpolitik als irgendeiner einschlägigen Befähigung.

Er schlug mit dem Handrücken gegen meine Brust. Ich folgte ihm über die Brücke und sah sofort, worauf jedermanns gespannte Aufmerksamkeit gerichtet war: Mehrere Würstchen trieben knapp drei Meter von der Insel entfernt auf der dunklen Wasseroberfläche; eine Libelle umtanzte sie und surrte schließlich davon in Richtung Marschland.

Ein paar Würstchen schienen ein seltsamer Grund für diesen Auflauf zu sein. Vielleicht hatte ich etwas übersehen. Plötzlich schienen die Würste aus dem Wasser heraus auf mich zuzuspringen; und ich erkannte mit einem ordentlichen Rumpeln hinter dem Brustbein, daß die Würstchen Finger waren. Menschliche Finger. Angeschwollen, voller Schlamm, mit rot leuchtendem Fleisch.

Ich hockte mich neben Tony La Salle, der auf einem Fels kauerte, mit den Zehen im Wasser. Tony war ein Ex-Navy-Froschmann, der sich als Experte für Bergungsaktionen verdingte, wenn er nicht gerade Muscheln verkaufte.

»Ich war beim Einsammeln, als ich plötzlich gegen was stieß, das sich anfühlte wie ein toter Fisch, der vielleicht zwischen zwei

9

Felsbrocken eingeklemmt war«, sagte er. Getrocknetes Teich-
wasser hatte in seinen Haaren und dem Schnurrbart Krusten
gebildet. Ein frischer Sonnenbrand zeichnete sich über seinen
Brauen ab. »Ich hab dran gezogen und gerüttelt, und dann isses
hochgekommen wie ein verdammter Springteufel.«

»Irgendeine Ahnung, wer das ist?«

»Ich hatte keine Taucherbrille auf. Mit den Händen hab ich im
Mulm gewühlt. In *der* Brühe sieht man vermutlich sowieso nichts.
Ich hätte ihn wohl rausholen müssen; aber dazu hatte ich keine
Lust. Ich bin deshalb runter zu der Telefonzelle am Ende der Zu-
fahrtsstraße, um die Polizei zu rufen. Was wollte denn DiRienzo?«

»Er wollte wissen, warum ich einen Taucher engagiert habe.
Ich hab's ihm erzählt.«

»Das hatte ich auch schon. Hat mir aber nicht geglaubt.«

»Leute zu verdächtigen, gehört zu seinen Pflichten.«

Der Polizeitaucher glitt mit einem Nylonnetz ins Wasser, das
zwischen aufblasbare Schwimmer gespannt war. Als er einge-
taucht war, schwappte eine sanfte Welle über den Teich. Schon war
er nicht mehr zu sehen. Schwärme von Luftbläschen stiegen auf.

Der Taucher kam wieder an die Oberfläche, den Daumen
oben. Einen Augenblick später hüpften zwei gelbe Schwimmer
in Sicht. Zwischen ihnen hing die Leiche von Sylvester Miles.
Die linke Seite seines Kopfes war auf seine Schulter gesunken.

Jede Leiche in einem Wasserhindernis ist ein Schock; aber
Sylvester Miles' grinsende Totenmaske erschütterte auch den
Abgekochtesten. Er war einer der tonangebenden Bürger Miltons
gewesen; ein Mann, der es verstanden hatte, harte Arbeit und den
Ruf als Kriegsheld in eine Kette von Bekleidungsgeschäften in
den Bezirken Westchester und Fairfield zu verwandeln. Auch
war er einer der Gründer des Milton Country Club, von dem ihm
ein Drittel gehörte. Ich konnte, ohne sentimental zu werden, behaupten, daß er derjenige gewesen war, der meine Golfkarriere
im letzten Moment aus der Namenlosigkeit gerettet hatte.

Der Taucher zog einen der Schwimmer auf die Insel zu, und
zwei Cops bargen die Leiche. Aus dem Kragen und den Man-

schetten strömte das Wasser. Schwere Brocken hingen im Rükken von Miles' dunkler Windjacke. Die Cops breiteten die Leiche auf dem Boden aus, und ein Arzt des Coroners machte sich
an die Arbeit. DiRienzo ließ uns in Ruhe, bis einer der Sanitäter
den Reißverschluß des Leichensacks zuzog.

»Wieviel Teichgrund haben Sie abgesucht, bevor Sie Miles
die Hand geschüttelt haben?« fragte er Tony.

»Dreiviertel, vielleicht etwas mehr.«

»Noch was anderes gefunden außer Golfbällen?«

»Ein paar Schläger, einen Rechen, einen Gartenschlauch.«

DiRienzos Augen, die bereits zu nahe beieinander standen,
verengten sich zu dunklen Schlitzen. »Wo sind die Sachen?«

Tony führte uns über die Brücke zu einem Arrangement am
Ufer des neunten Abschlages. Die Golfschläger lehnten an einem
Drahtkorb, der randvoll mit Bällen war. Schichten von dunkel-
braunem Rost überkrochen Griffe und Köpfe. Der Holzgriff des
Rechens, der monatelang unter Wasser gelegen haben mußte,
franste in Splittern aus. Der Algenbesatz des Gartenschlauches
ließ ihn auf den ersten Blick wie eine tropische Schlange erscheinen.

»Ich beschlagnahme das ganze Zeugs hier, und auch alles
andere, was meine Männer vielleicht noch finden«, sagte Di-
Rienzo. Sein Ton klang herausfordernd, aber ich biß nicht an.
Meinetwegen konnte er das Gerümpel sogar verscherbeln, wenn
er Spaß dran hatte.

Tony erklärte, welche Fläche er abgesucht hatte und welche
nicht, und DiRienzo kritzelte eine grobe Karte des Teiches in einen Notizblock. Dann wandte er sich mir zu.

»Sie kannten ihn sicher? Miles war hier nicht irgendwer.«

»Jeder sprach von ihm als dem Eigentümer, in Wirklichkeit ist
er jedoch nur einer von dreien.« Sein Tod war noch so neu für
mich, daß ich mit den Zeiten durcheinander kam.

»Wer sind die anderen?«

»William St. Clare und Dr. Frank Gabriel.« DiRienzo schrieb
beflissen die Namen auf. Ganz Milton kannte das Triumvirat; Di-

Rienzo schien jedoch entschlossen zu sein, auch die elementarsten Fakten zu verbuchen.

»Hat er viel Golf gespielt?«

»Nicht so viel, wie man meinen möchte. Eine Runde am Wochenende, vielleicht noch eine mitten in der Woche. Am meisten genoß er es jedoch, abends auf dem Golfplatz spazieren zu gehen. Sein Haus steht direkt auf dem Grundstück.« Ich zeigte den achten Fairway hinunter. Hinter dem Abschlag endete das Heidestück an einem bewaldeten Hügel. Die Giebel einer Villa im Tudor-Stil überragten die Baumwipfel. »Ich bin ihm jedesmal begegnet, wenn ich trainiert habe. Meist lief er mit einem Schläger herum und schlug drei oder vier Bälle vor sich her. Oder er inspizierte den Platz. Wenn er irgendwelche Mängel feststellte, sagte er dem Greenkeeper Bescheid.«

»War er auch gestern abend hier draußen?«

»Das weiß ich nicht. Ich habe 36 Löcher in Wykagyl gespielt und bin erst nach Einbruch der Dämmerung hierher zurückgekommen.«

»Und Sie?« fragte DiRienzo Tony. »Um welche Zeit sind Sie heute morgen hier heraus gekommen?«

»Um sieben. Gesehen hab ich nichts.«

»Glauben Sie, daß Miles ermordet wurde, während er trainierte?« fragte ich.

Die Heide erstreckte sich über gut anderthalb Hektar Flachland, das von Grüns, Abschlägen, Wasserhindernissen und den Gezeiten unterworfenen flachen Buchten strukturiert war. Den einzigen Schutz boten ein Gürtel von Gesträuch, der entlang des Meeresarms wuchs, und ein Schilfsaum, der die Grenze zwischen dem Club und der Marshlands Nature Conservancy markierte. Es war kein Ort, an dem man unbemerkt einen Mord begehen konnte, zumal zu jeder Tageszeit eine oder zwei Vierergruppen auf der Heide spielten.

DiRienzo ignorierte meine Frage. Er ging zurück zu der Insel und kommandierte einen seiner Männer ab, mich nach Wykagyl zurückzufahren. Den jungen Beamten schien es zu fuchsen, vom

Tatort verbannt worden zu sein; aber zumindest ließ er mich vorne einsteigen. Diesmal wußte ich wenigstens, wohin ich gefahren wurde und warum.

Ich vermied es geflissentlich, mich an Wykagyls Festivitäten im Anschluß an das Turnier zu beteiligen. Ich liebte den Sport, ich liebte den Wettkampf, aber ich haßte die Händeschüttelei und Rückenklopferei, die ein Golfturnier im Gefolge hatte. Sylvester Miles' Tod stattete mich mit dem perfekten Grund aus, um mich schnell vom Acker machen zu können, obwohl die Nachricht die Feiernden nur flüchtig zu ernüchtern vermochte, als sie die Runde machte. Nebenbei bemerkt: Mir hatte der Anblick dieser Fingerwürste ohnehin den Appetit auf das kalte und warme Büffet verdorben.

Ich steckte diskret meinen Scheck ein und strebte dem Parkplatz zu, wo meine Schläger und mein Caddie friedlich am Zaun lehnten. Dessen Besorgnis über mein plötzliches Verschwinden ging lediglich so weit, daß er auf jeden Fall die Anzahlung seines Lohns für drei Tage keineswegs so harter Arbeit sicherstellen wollte.

»Sie waren nicht der einzige, den die Cops weggezerrt haben«, sagte er. »Onizaka hat in der Clubbar ein paar Scotch gekippt und dann rumgebrüllt, das Turnier sei manipuliert gewesen.«

»Manipuliert? Mir sind an den letzten drei Löchern Birdies gelungen, da habe ich mit ihm gleichgezogen, und mit dem Birdie am letzten Loch habe ich ihn besiegt. Die Turnierleitung hatte da doch überhaupt nichts zu entscheiden!«

»Hey, das war doch nur das, was er gebrüllt hat, okay? Der Barkeeper hat zwar versucht, ihn zum Schweigen zu bringen, aber Onizaka hat ihm einfach eine gewischt. Jemand hat die Cops gerufen, und sie haben ihn weggekarrt. Hoffentlich lochen sie diesen Bastard ein. Zurück isser zumindest noch immer nicht!«

Knapp zehn Meter weiter glitzerte ein Satz japanischer Hi-Tech-Schläger in einer blauen Golftasche. Onizaka konnte sich

13

seiner ewigen Position unter ›ferner liefen‹ sicher sein. Oft führte er zwar in einem frühen Stadium unserer Lokalturniere, das jedoch nur, um sich in der letzten Runde alles zu vermasseln. Die Gerüchteküche machte dafür jene Flasche Scotch verantwortlich, die angeblich in den Tiefen seiner Golftasche versteckt war. Heute aber war er stocknüchtern gewesen, als er seine Führung um sechs Schläge verschenkt hatte. Als ich spät das Feuer mit meinen Birdies eröffnete, ließ er sich einfach wegpusten.

Ich nahm meine eigenen Schläger und fuhr zum Milton Country Club zurück. Ein Haufen Arbeit erwartete mich im Laden. Da ich eine Woche für das Classic freischaufeln mußte, beschloß ich, die Arbeit jetzt in Angriff zu nehmen.

Ein Wagen mit dem Nummernschild der Polizei versperrte meinen angestammten Stellplatz; also parkte ich neben dem Aufenthaltsraum der Caddies. Eine Gruppe von ihnen unterbrach ihr Gespräch über den Mord gerade lang genug, um mir zu gratulieren. Der tote Sylvester Miles hatte mir komplett die Schau gestohlen. Und das bei meinem größten Sieg. Himmel, was für eine Welt.

Ich hörte das Geschrei schon, bevor ich die Tür zum Pro-Shop öffnete. DiRienzo verlangte Zutritt zum Lagerraum, und Pete O'Meara, mein siebzehnjähriger Ladengehilfe, an dem ich zugleich ein soziologisches Experiment durchführte, weigerte sich in derselben Lautstärke. Sie waren stadtbekannte Feinde; DiRienzo hatte Pete mindestens ein Dutzendmal festgenommen. Der schmächtige Pete stemmte sich mit beiden Händen gegen den Türpfosten und schien fest entschlossen, die Geschäftsregeln, die nur den Angestellten und den Mitgliedern Zutritt zum Lagerraum erlaubten, notfalls mit seinem Leben zu verteidigen. Großartig, einen jungen Menschen eigenverantwortlich handeln zu sehen.

»Schnauze!« brüllte ich.

DiRienzo zog sein Hemd glatt. Seine Jacke lag achtlos hingeworfen auf dem Boden, ein sicheres Zeichen dafür, daß ich Pete soeben vor einem Unglück bewahrt hatte.

»Lassen Sie mich raten, Detective«, sagte ich. »Sie möchten die Schläger sehen, die Sylvester Miles im Lagerraum deponiert hat.«

»Genau. Das ist genau das, was ich diesem Klugscheißer hier die ganze Zeit zu erklären versuche.«

»Pete, du hättest ihn ruhig reinlassen können.«

»Aber ...«

»Pete.«

Pete wirbelte von der Tür fort und ließ sich auf einen Hocker hinter der Ladentheke fallen.

»Er hätte einen Durchsuchungbefehl vorweisen müssen.«

DiRienzo faltete seine Jacke über einen Unterarm. »Hör schon auf, dich hier aufzuführen wie ein Pflichtverteidiger, Freundchen. Auf diese Weise lebste sicher länger.«

Das Lager war eine größere Halle hinter meiner Reparaturwerkstatt. Die Mitglieder zahlten mir eine jährliche Gebühr, um sichergehen zu können, daß ich ihre Schläger regelmäßig reinigte und die Caddies von ihren Golftaschen fernhielt. Das erklärte ich DiRienzo, während ich ihn zu Miles' Schlägern führte.

»Und Sie überlassen die Verantwortung diesem Scheißer, wenn Sie nicht da sind? Machen Sie da nicht den Bock zum Gärtner?«

»Seit Pete bei mir arbeitet, gab es keine einzige Beschwerde wegen Diebstahls. Immerhin fast zwei Jahre.«

»Ich weiß, seit wann«, brummte DiRienzo. »Da war ich noch Jugendbeauftragter, erinnern Sie sich?«

Der Jugendbeauftragte war Miltons Vorstellung davon, wie die Polizei sich zu Problemjugendlichen stellen sollte. Theoretisch vereinigte der JB in seiner Person ein stets offenes Ohr mit entschiedener Autorität. Aber wo schon von Bock und Gärtner die Rede war ... DiRienzo als Jugendbeauftragter glich einem Blinden, der Verrückte führte.

Ich hievte Miles' Golftasche vom Regal herunter. Sein Schlägersatz war vollständig; es waren dieselben vierzehn Schläger, die er hier gelagert hatte, seit ich vor zweieinhalb Jahren den Job

15

als Golf-Pro übernommen hatte. DiRienzo notierte die Herstellermarke der Schläger in seinem Block. Ich erklärte ihm, daß Miles diese Schläger nie benutzte, wenn er trainierte. Vermutlich hatte er einen anderen Satz für seine abendlichen Runden zu Hause. DiRienzo durchsuchte die Taschen und machte sich noch mehr Notizen über die Bälle und Tees.

»Pete O'Meara hat gestern hier gearbeitet?«

»Wie immer.«

Hinten im Laden saß Pete noch immer hinter der Kasse, die Ellenbogen auf die Theke und die Schläfen in die Hände gestützt, sein Gesicht wie der zunehmende Mond; die Nase hoch, Massen von Stirn und Kinn. DiRienzo stützte sich mit beiden Händen direkt neben Petes Ellenbogen auf die Theke und ließ sich von oben zu Pete herab, bis seine Nase nur noch Zentimeter von Petes entfernt war.

»Hast du Sylvester Miles gestern gesehen?«

»Hätte ich sollen?« erwiderte Pete, ohne mit der Wimper zu zucken.

DiRienzo krallte sich an der Theke fest und versuchte, die Contenance zu wahren. Seine Fingerknöchel wurden weiß.

»Führst du Buch darüber, wer spielt?«

»Ich nicht. Das macht der Caddiemaster.«

»Aber du siehst die meisten Leute, bevor sie rausgehen.«

»Hören Sie, wenn Sie wissen wollen, wer gespielt hat, dann fragen Sie den Caddiemaster. Ich hab gestern nach vier keinen mehr gesehen. Das Wetter war so schlecht, daß wohl keiner Lust hatte.«

»Wann bist du gegangen?«

»Um sieben. Oder vielleicht auch um viertel nach.«

»Wie bist du nach Hause gekommen?«

Pete reckte einen Daumen in die Höhe.

»Du bist nicht über den Golfplatz bis Harbor Terrace gelaufen?«

»Sagte doch, bin per Anhalter gefahren.«

»Worauf wollen Sie hinaus?« fragte ich DiRienzo.

»Will nur rauskriegen, ob er auf seinem Heimweg vielleicht Miles gesehen hat.« DiRienzo wandte sich wieder Pete zu. »Was hast du bis sieben gemacht?«

»Paar Sachen. Schläger saubergemacht. Ein paar Griffe erneuert. Kieran hat mir ne Menge beigebracht.«

»Er ist mir eine große Hilfe«, flötete ich.

DiRienzo sah mich ungläubig an.

»Ich wär schon früher gegangen«, sagte Pete. »Aber Dr. Gabriel brauchte einen Golfwagen.

»Ich dachte, es hätte niemand gespielt«, sagte DiRienzo.

»Hat er auch nicht. Er sagte, er müßte was überprüfen. Den Karren hat er etwa ne halbe Stunde behalten. Sonst wäre ich schon früher gegangen. Hat mir aber dafür zwei Dollar Trinkgeld gegeben.«

Pete fuhr mit mir nach Hause, wie er es oft an Abenden tat, an denen ich vor Sonnenuntergang nicht trainierte. Ich rechnete mit einer Flut von pubertären Fragen zum Mord; doch Pete belehrte mich eines Besseren. Er fragte nach dem Turnier. Wenigstens einer auf der Welt schien sich dafür zu interessieren. Ich erzählte ihm, wie ich am Ende des regulären Spiels drei Birdies gespielt hatte, um einen vierten am ersten Loch des Sudden-Death-Spiels zu landen. Pete kannte das Gelände in Wykagyl nicht; also ersparte ich ihm die einzelnen Schläge und beschränkte mich auf die Höhepunkte. Lange bevor wir zu Hause ankamen, war mir der Erzählstoff bereits ausgegangen. So blieb Pete doch noch Zeit für pubertäre Fragen.

»Weiß man schon, wie er umgebracht wurde?«

»Das hat mir DiRienzo nicht verraten.«

»Haben sie ihn einfach in den Teich geschmissen? Ich hab gehört, er hätte schwere Steine in der Jacke gehabt.«

»DiRienzo hat darüber nichts gesagt.«

»Mist. Sylvester Miles, mausetot. Ist das nicht ne Sauerei?«

Pete und ich wohnten beide in Limerick, dem einzigen echten Arbeiterviertel im versnobten Milton. Den Namen hatten ihm irische Einwanderer gegeben, die zu Beginn des Zwanzigsten Jahrhunderts in die ehemaligen Strandhäuschen in dieser Gegend gezogen waren. Die Männer waren bei der Eisenbahn untergekommen, und die Frauen arbeiteten als Dienstpersonal in den hochherrschaftlichen Häusern entlang des Sunds. Inzwischen war es in der Nachbarschaft kulturell bunter geworden; in jedem Jahrzehnt des Jahrhunderts waren neue Nationalitäten aufgetaucht: Italiener in den Zwanzigern, Ungarn in den Fünfzigern, Bolivianer und Brasilianer in den Siebzigern und Achtzigern. Zweifamilienhäuser sprossen zwischen den Hütten empor wie Blumen im Schilfrohr. Aber der Ort behielt seinen Namen bei, und Institutionen wie Toner's Pub hatten bis heute überlebt. Limericks ursprüngliche Einwohner arbeiteten noch immer bei der Bahn, die inzwischen nicht mehr mit Diesel, sondern elektrisch betrieben wurde, und über hochmoderne Triebwagen verfügten, die im Flüsterton durch die Stadt sausten. Die wenigen Hausangestellten, die es noch gab, arbeiteten für erfolgreiche Söhne Limericks, wie etwa für Brendan Collins.

Pete stammte aus einer Familie, die in unserer therapiebesessenen Gesellschaft das nichtssagende Etikett ›dysfunktional‹ trug. Sein Vater, Tom O'Meara, hatte als Elektriker bei der Metro North gearbeitet. Bei einem Unfall auf dem Betriebshof hatte er beinahe ein Bein verloren. Er hatte sich mit einer Minimalabfindung abspeisen lassen, anstatt groß vor Gericht zu klagen. Jeden Penny steckte er in den Umbau seiner Veranda zu einem Hobbyraum und in ein gebrauchtes Motorboot, das im öffentlichen Jachthafen lag. Kaputt und mißmutig, wie er war, kassierte er seine monatliche Invalidenrente, erledigte kleine Elektrikerjobs schwarz und benutzte seine Frau gelegentlich als Punchingball. Gina war eine unscheinbare Einwanderin aus Bolivien, die aus jeder Pore Schuld schwitzte. So gab sie sich die Schuld für Toms Unfall, machte sich selbst für seine unvorhersehbaren Zornesausbrüche verantwortlich und ließ seine Schläge unter Anrufungen *Jesu Christi* über sich ergehen. Beide Eltern kümmerten sich so gut wie gar nicht um Pete. Tom hatte sein eigenes Leben nicht im Griff, wie sollte er sich da um ein anderes kümmern? Und Gina hing der idiotischen Vorstellung an, daß sie ihrem ewig mißgelaunten Mann nur alles recht machen müsse, und schon werde sich der einstige Familienfriede wieder einstellen. Als ob es ihn je gegeben hätte.

Kein Wunder, daß Petes Vorstrafenregister bereits vor seinem sechzehnten Geburtstag so lang war wie sein Arm. Mutwillige Beschädigung fremden Eigentums, Ladendiebstahl, öffentliche Besäufnisse, Besitz von Haschisch. Kleinere Delikte, wenn man sie juristisch betrachtete; aber in einer Stadt wie Milton reichten sie aus, um sich einen soliden Ruf als Gangster zu erwerben.

Ich kannte Petes Geschichte, weil ich beinahe sein Onkel geworden wäre. Ich hatte mit seiner Tante Deirdre – Toms jüngerer Schwester – fünf Jahre lang immer mal wieder zusammengelebt, bis sich unsere Wege endgültig trennten. Deirdre war die Einzige, die dem orientierungslosen Pete so etwas wie eine Richung wies. Sie kaufte ihm Klamotten, bewahrte ihn vor Versuchungen und bemühte sich, ihm ein Gefühl für Werte zu vermitteln. Sie nahm ihn sogar sechs Monate lang in ihrem Apartment auf, als Tom und Gina eine besonders schlimme Phase durchmachten und das Jugendamt ihn zu Pflegeeltern geben wollte.

Aber selbst Deirdre war vor zwei Jahren Petes letztem Konflikt mit dem Gesetz nicht mehr gewachsen gewesen.

Der Jugendbeauftragte DiRienzo hatte den Richter überredet, Pete wegen eher geringfügigem Vandalismus zu sechs Monaten in einer Besserungsanstalt irgendwo oben im Staat New York zu verurteilen. Tom O'Meara nahm das einfach hin; vermutlich war es ihm gar nicht so unlieb, einen weniger durchfüttern zu müssen. Also wandte sich Deirdre an den ehrenwerten James Inglisi, meinen ehemaligen Partner in der Kanzlei und unseren gemeinsamen Freund.

Richter Inglisi stürmte das Gerichtsgebäude mit der ihm eigenen Unverschämtheit. Er schüchterte den jungen Richter ein, beleidigte einen Sozialarbeiter und verscheuchte DiRienzo mit ›er könne ihn mal‹, brachte aber dennoch einen Deal zustande.

Anstelle der Besserungsanstalt akzeptierte Pete eine zweijährige Bewährungszeit, in der er, dies war Bedingung, einer Teilzeitbeschäftigung während des Schuljahrs nachgehen und Vollzeit während der Sommerferien arbeiten sollte.

Ich erklärte mich bereit, ihn als Ladengehilfen anzustellen. Ich hatte Pete immer gemocht. Und da ich selbst als halb verwahrlostes irisches Kind aufgewachsen war, hatte ich ein gewisses Verständnis für seine Draufgängerei.

Pete war natürlich als Ladengehilfe nicht gerade die Idealbesetzung. Er hatte eine unkorrigierbar schlechte Haltung und kultivierte die schlechte Angewohnheit, sich an jeden unbelebten Gegenstand in Reichweite zu lehnen. Sein schwarzes Haar fiel ihm bis auf die Schultern, und er trug halbzerlumpte Sweatshirts zu ausgewaschenen Jeans. Seine Manieren machten jeden Hilfstankwart zu einer gebildeten und kultivierten Erscheinung. Aber er entwickelte sich dann zu einem verdammt tüchtigen Gehilfen. Er spielte recht gut Golf, zeigte bei der Reparatur von Golfschlägern Talent und erwies sich, entgegen allen Anspielungen DiRienzos, als grundehrlich. Natürlich wurde ich die Befürchtung nie ganz los, Petes Gratwanderung könne jederzeit mit einem Absturz enden; aber bislang hatten sich solche Befürchtungen als unbegründet erwiesen.

Ich steuerte den Wagen in die Einfahrt der O'Mearas. Wie die meisten Häuser Limericks war auch Petes Haus ein wilder Mix aus architektonischen Stilen: die Schlafzimmer eines Strandhauses, Stuck im Tudor-Stil und schnörkeliges viktorianisches Schnitzwerk. Toms umgebaute Veranda saß an einer Seite wie ein Kropf. Der bläuliche Schein eines Fernsehbildschirms drang durch die verhängten Fenster und verwandelte Toms Kopf in eine flackernde Silhouette.

»Da isser«, sagte Pete. »Mann, hab ich ein Glück, daß er heute abend nicht angeln ist. Alles was er tut, ist vor der Glotze hängen, Kriegsfilme auf Video gucken und gehässiges Zeug reden. Wenigstens schlägt er Mum nicht mehr. Wahrscheinlich traut er sich nicht mehr, weil ich jetzt stark genug bin.«

Pete riß die Wagentür auf und lief mit großen Schritten die Einfahrt hinunter zur Rückseite des Hauses. Mußte ein recht tröstlicher Gedanke sein, daß man gebraucht wurde, um seinen Vater in Schach zu halten.

2. Kapitel

Am nächsten Tag ging es im Club so lebhaft zu wie in einer Leichenhalle. Die Sonne machte kaum einen Versuch, durch die Wolkendecke zu brechen. Eine steife Brise zerrte an den rotweiß-blauen Fähnchen, die vom vierten Juli übriggeblieben waren. Golfer schlichen auf Zehenspitzen am Pro-Shop vorbei und sprachen nur im Flüsterton. Sogar die Caddies hielten sich mit ihrem üblichen Gezänk zurück. Die Stimmung besserte sich auch kaum, als Randall Fisk kurz vor zwölf im Laden vorbeischaute.

Fisk berichtete für eine lokale Zeitungskette über die New Yorker Golfszene. Obwohl er im größeren Maßstab kaum eine Rolle spielte, hielt er sich für einen großartigen Enthüllungsjournalisten und dekorierte seine Kolumnen mit ›seriösen‹ Themen. Eine seiner Geschichten, die sich mit den willkürlich eingeschränkten Startzeiten von weiblichen Spielern in einem bestimmten Golfclub auf dem Lande beschäftigte, mündete schließlich in eine Predigt über die gesetzliche Gleichstellung von Mann und Frau in der amerikanischen Verfassung. Eine andere, die als Lobrede auf einen zahnlosen Caddie hoch in den Siebzigern intendiert war, geriet zu einem verblasenen Theoriewerk über eine gerechtere Verteilung des Reichtums. Noch verrückter war, daß Fisk sich stolz dazu bekannte, nie im Leben Golf gespielt zu haben. »Ein Spieler kann niemals Kritiker sein«, erklärte er mir einmal. »Und einer muß schließlich die Rolle des Wachhundes übernehmen.« Als ob es sich beim Golfsport um eine politische Angelegenheit handelte, die eines Kabinettpostens würdig wäre.

Meine erste persönliche Konfrontation mit Randall Fisks Journalismus war ein Artikel über meine Schwierigkeiten mit den hohen Tieren der Professional Golfers Association. Die Fakten entsprachen größtenteils der Wahrheit, die Unterstellungen zwischen den Zeilen jedoch grenzten an Verleumdung.

»Sie haben gestern ja nen ziemlichen Abgang gemacht«, sagte er. »Oder war das vielleicht gar kein Abgang? War vielleicht jemand, zum Beispiel jemand von der Golforganisation, an einer Urinprobe von Ihnen interessiert?«

Fisk zog ein zerknülltes Taschentuch aus der Hosentasche und tupfte eine einzelne Schweißperle ab, die auf seinem gebogenen Nasenrücken mäanderte. Seine spezielle Interviewtechnik bestand offenbar aus einem choreographisch vollendeten Zusammenspiel von unausgesetzten Gesichtszuckungen und Grunzlauten, die sein Opfer mürbe machen und zur Kapitulation zwingen sollten. Ich holte tief Luft.

»Ich wurde hier gebraucht. Jemand hatte einen Unfall.«

»Das habe ich aber ganz anders gehört. Ein Schlag aufs Schlüsselbein, einen auf den Hinterkopf.« Fisk schüttelte sich. »Steine in Taschen und Hemd, um den Körper versenken zu können. Das sind doch keine Unfälle! Ich habe gehört, Sie hätten die Leiche identifiziert.«

»Wir waren zu mehreren. Jeder kannte ihn.«

»Und dann dieser Taucher.« Fisk schaute zur Decke auf, als könne er den Namen so aus der Luft schnappen. »Dieser Tony La Salle. Sie haben ihm den Auftrag gegeben.«

»Golfbälle aus den Teichen zu fischen. Damit ich sie verkaufen und so den Stipendienfonds für die Caddies unterstützen kann.« Worauf wollte er hinaus?

»Seltsame Schicksalswendung.« Er schnappte sich ein Eisen aus dem Verkaufsregal und preßte den Schlägerkopf gegen sein Kinn. »Sie mit Ihren gut dokumentierten, ähm, Schwierigkeiten erringen schließlich die Teilnahmeberechtigung an der Tour, wie vorübergehend sie auch sein mag, nur um direkt vom Schauplatz Ihres Triumphes von der Staatspolizei entführt zu werden.«

»War ein Bezirkspolizist«, erwiderte ich. »Damit wir unsere diversen Gesetzeshüter mal nicht durcheinanderbringen.«

Fisk nickte schelmisch und notierte diesen Umstand für seinen Bericht.

»Als gestern richtig was los war, waren Sie ja schon weg.«

»Ich mag keine Turnierpartys.«

»Ich meine die Schimpfkanonaden Ihres Hauptrivalen.«

»Wußte gar nicht, daß ich einen habe.«

»Ach, Kieran. Sie verwechseln schon wieder Ihr öffentliches mit Ihrem Privatleben. Sie und Onizaka haben in diesen Turnieren die Geweihe ineinander verkeilt, seit die Tour sie auf diesen Grasteppich hier verbannt hat. Darum sind Sie Rivalen.«

Ich wischte mit dem Daumen über die Glasplatte meiner Vitrine. Fisk hatte sich diese ›Rivalität‹ während meines ersten Jahres im Milton Country Club aus den Fingern gesogen, seit Onizaka und ich im Connecticut Open gemeinsam auf dem zweiten Platz gelandet waren.

»Was soll das mit der Rivalität?« hatte ich ihn damals gefragt.

»Die golfspielende Öffentlichkeit braucht etwas Konkretes, woran sich die unerbittlich fortschreitende Vereinnahmung des amerikanischen Golfsports durch die Japaner veranschaulichen läßt«, hatte er in seiner gestelzten Art geantwortet. »Ich habe Sie und Onizaka sozusagen zu idealen Verkörperungen dieses Konflikts erklärt.«

In der Tat spielte Onizaka den undurchschaubaren Asiaten so gut, wie er Golf spielte. Wir wechselten während unserer Wettkampfrunden kaum je ein Wort. Wenn man die Gerüchte einmal beiseite ließ, wußte ich nicht mehr über ihn, als daß er als Angestellten-Pro für eine japanische Firma spielte, die Golfausrüstungen und Zubehör herstellte und in Connecticut eine große Filiale unterhielt.

»Das Komische an der Geschichte ist«, sagte Fisk, »daß Ihre Rivalität einen ironischen Ausgang nehmen wird.«

»Was zum Teufel soll das heißen?«

»Ein kleines Vögelchen, sozusagen ein Birdie, hat es mir geflötet – oder war es ein Unglücksvogel? Oder war es ein Bogey?« Fisk grinste in genau jener Weise, die in mir den Wunsch aufkommen ließ, ihm die Faust ins Gesicht zu rammen. »Ein japanischer Konzern plant, den Milton Country Club zu kaufen. Und wenn die das wirklich machen – was glauben Sie, wer dann zum Head-Pro gemacht wird? Miko Onizaka.«

»Zum Teufel mit Ihnen!« Ich warf mit einem Satz lederner Griffbandagen nach ihm, aber Fisk duckte sich zur Seite.

»Ts, ts, Mr. Met«, kicherte er.

Kurz nach dem Mittagessen klingelte das Telefon. Ein Mann stellte sich als Roger Twomby – gesprochen Tuumby – vor und feuerte dann eine ganze Serie von Namen weißer, angelsächsischer Protestanten auf mich ab, die mit seinem eigenen endete. Ich kannte die angegebene Anwaltsfirma als hochkarätige Spezialistin in der Nachlaßverwaltung mit Büros in Manhattan, Palm Beach und einigen anderen Gemeinden, in die sich die Reichen zum Sterben zurückzogen.

»Wir haben seinerzeit Sylvester Miles' Testament aufgesetzt und beraten nun den Testamentsvollstrecker beim Eröffnungsverfahren. Der Grund für meinen Anruf ist die Tatsache, daß eine Klausel direkt Sie betrifft.«

»Ich erbe Geld?«

»Nicht direkt«, sagte Twomby. »Die Klausel ist höchst eigenartig. Am Telefon läßt sich das schlecht besprechen. Wenn Sie in etwa zehn Minuten im Haus des Verstorbenen sein möchten.«

Ich überließ Pete den Shop und fuhr mit einem elektrischen Cart quer über den Golfplatz. Sylvester Miles war mein Chef gewesen, und zwar ein verdammt guter. Aber Freunde sind wir nie geworden, haben nie zusammen an der Clubbar getrunken, nie auf seiner rückwärtigen Veranda Burger gegrillt, noch nicht einmal je eine Runde Golf miteinander gespielt. Ich durchforstete die gesamte Fahrt über mein Gedächtnis, welchen Grund er gehabt haben mochte, mich in seinem Testament zu erwähnen. Ich fand keinen.

Miles' Haus stand auf einer Hügelkette, die von der oberschicken Nachbarschaft von Harbor Terrace herabführte, wie das Rückgrat eines unterirdischen Monsters das siebte Loch kreuzte und schließlich in den graubraunen Fairways des Heidestücks auslief. Ich parkte meinen Golfwagen dort, wo die steinerne Mauer, die das Territorium des Clubs begrenzte, über den Hügel buckelte. Der Ausblick war eindrucksvoll, selbst wenn man ihn mit den Kriterien von Harbor Terrace maß. Mit einem einzigen Augenschwenk sah man den Jachthafen, das goldene Schilfrohr der Marshlands Nature Conservancy und am Meeresarm zwei felsige Inseln, die eine Art Eingangstor zum Long Island Sund bildeten.

Die Einfahrt war zugestellt. Ein Miltoner Streifenwagen und ein offiziell aussehender Plymouth zwängten zwei Mercedes an die Garagentür. Hinter ihnen dampfte ein staubiger Volvo von der eben beendeten Anstrengung.

Derselbe Grünschnabel, der mich am Vortag nach Wykagyl zurückgefahren hatte, öffnete die Tür. Man habe noch nicht mit mir gerechnet, sagte er, und führte mich in einen Salon. Am anderen Ende des Raumes reckte sich Adrienne Miles, die von einem Erker eingerahmt war, um die Tülle einer Gießkanne in den Hängetopf einer üppigen Grünlilie zu manövrieren. Ein ärmelloser goldfarbener Kittel, der ihr bis zu den Oberschenkeln reichte, war farblich auf ihr drahtiges Blondhaar abgestimmt. Ein schwarzer Body Stocking umschmiegte den Rest ihres Körpers.

Adrienne senkte die Kanne; und unsere Blicke trafen sich in so provokanter Weise, als rasten wir auf Kamerawagen aufeinander zu.

»Es tut mir schrecklich leid um Sylvester«, sagte ich, und plötzlich waren wir wieder sechs Meter voneinander entfernt. Sie lächelte matt und wandte sich erneut ihren Pflanzen zu. Nach einem letzten Schluck Wasser, den sie einem Ficus gab, glitt sie mit abgewandtem Blick an mir vorbei und verließ den Salon. Und hinterließ eine Wolke Moschusparfüm.

Jeder in der Stadt kannte Adriennes Geschichte oder glaubte dies zumindest. Fünfzehn Jahre zuvor war Sylvester Miles zu einer Verbandstagung der Bekleidungsindustrie nach Chicago geflogen und mit einer Braut zurückgekehrt. Adrienne war 30 Jahre jünger als er, weshalb Bezeichnungen wie *Raffblondine* und *Sugar Daddy* hinter ihnen herscheppterten wie leere Blechdosen an einer Schnur. Die Frauen im Club behandelten sie wie

eine Aussätzige. Die älteren sahen sie als Bedrohung für ihre
Ehemänner; die jüngeren kritisierten einen Mangel an Bildung
und Kinderstube. Kaum ein Wunder, daß sie selten im Club
auftauchte. Mein bislang einziger Kontakt mit ihr waren ober-
flächliche Gespräche bei einem Dinner anläßlich der jährlichen
Preisverleihungen gewesen. Sie wirkte immer freundlich und an-
genehm, aber es war unverkennbar, daß sie das Ende solcher
Abende kaum erwarten konnte.

Ich trat auf den Flur. Der Grünschnabel stand da und hielt sein
Ohr an eine geschlossene Tür. Dahinter brüllte eine männliche
Stimme Unverständliches.

Plötzlich flog die Tür auf, und ein hochaufgeschossener,
schlaksiger Mann prallte mit dem Grünschnabel zusammen.

»Verdammt, passense doch auf«, schnaubte der Mann. Er stopfte sich ein kleines, braunes Päckchen unter den Arm und stapfte so
x-beinig zur Eingangstür, daß er an eine Giraffe erinnerte.

»Mr. Lenahan als nächster«, rief eine Stimme aus dem Inneren
des Raumes, die ich als die Twombys erkannte. »Und Mrs. Miles
bitte auch.«

Der Raum war zweifellos Sylvester Miles' Arbeitszimmer.
Ein großer Mahagoni-Schreibtisch stand quer in einer Ecke.
An der gesamten Hinterwand glitzerten und funkelten Silber-
becher und Zinnteller, die von Syls zahlreichen Turniergewinnen
stammten, in flutendem Licht. Am Ende des burgunderroten Tep-
pichs von der Größe eines Grüns stand eine voll bestückte Haus-
bar. Chicky DiRienzo saß plump auf dem Barhocker, die Jacke
hatte er über den Schoß gelegt und hielt sein allgegenwärtiges
Notizbuch auf den Knien. Er nickte mit diesem *Wir-sprechen-
uns-noch*-Grinsen im Gesicht.

Roger Twomby stand hinter dem Schreibtisch, seine Hand
steckte in einer offenen Aktentasche. Er war ein hagerer Mann
mit blutleeren Lippen und den spirrigen Ärmchen eines Tyranno-
saurus Rex. Er legte ein einziges Blatt von Standardgröße vor
sich auf die Schreibtischauflage und gab mir seine Hand, die sich
anfühlte wie ein toter Fisch.

27

»Ich nehme an, Sie kennen Mr. St. Clare«, sagte er. »Er vollstreckt Mr. Miles Testament.«

William St. Clare erhob sich aus einem der zwei zueinander passenden Sessel. Er war in Milton Bürgermeister gewesen, hatte den MCC mitbegründet und war Sylvester Miles' engster Freund gewesen. Sein Körper war bauchig wie ein Cognacschwenker. Er trug Koteletten wie Ambrose Burnside vor hundert Jahren, die gegen die vierteldollargroßen Ohrläppchen gebürstet waren.

»Und Detective DiRienzo kennen Sie natürlich auch«, fuhr Twomby fort. »Er hat darum gebeten, bei der Erledigung der Formalitäten als Beobachter dabei sein zu dürfen; und natürlich arbeiten wir mit ihm zusammen, so wie sich ja auch die Polizei Miltons uns gegenüber kooperativ zeigt.«

»Wie kooperiert die Polizei mit Testamentsvollstreckern?« fragte ich.

»Nur ein Zeichen guten Willens«, erwiderte Twomby. »Wir kooperieren alle miteinander.«

St. Clare öffnete einen Wandschrank und zog daraus eine schwarzweiße Golftasche aus Känguruhleder hervor, aus der ein Satz Eisen hervorlugte. Dann schenkte er sich einen Drink ein und ließ sich in den Sessel zurückfallen.

»Setzten Sie sich doch bitte, Mr. Lenahan«, sagte Twomby und wies auf einen Ohrensessel zu seiner Rechten. Adrienne Miles glitt wortlos in dessen Gegenstück auf der anderen Seite des Schreibtischs. Ihre Haut sah so glatt aus wie wie Karamel, und ihre glatten, straffen Züge versprachen Altern in Schönheit. Demonstrativ mied sie meinen Blick. Statt dessen galt ihre ganze Aufmerksamkeit ihren Fingernägeln.

Twomby räusperte sich. »Dies ist die Klausel, Mr. Lenahan. Bitte hören Sie aufmerksam zu. ›Ich beauftrage meinen Testamentsvollstrecker, meinen Satz von *Blitzschläger*-Golfschlägern zum höchstmöglichen Preis auf einer Auktion zu versteigern. Zu diesem Zweck möchte er die Sachkenntnis von Kieran Lenahan, dem Golf-Professional des Milton Country Clubs, bemühen, um eine Expertise zu erstellen, damit der höchstmögliche Preis für besagte Schläger erzielt werden kann.«

»Das ist es schon?« fragte ich, als mir klar wurde, daß Twomby geendet hatte.

»Der Rest der Klausel betrifft nicht Sie«, sagte er. »Verstehen Sie diese Anweisung?«

»Ich habe nie von einem *Blitzschläger* gehört, und auf einer Golf-Auktion war ich auch noch nie. Ansonsten habe ich aber völlig verstanden.«

»Ich muß gestehen, daß auch ich mich schwertue, da zu folgen. Als wir das Testament aufsetzten, habe ich Mr. Miles sehr nachdrücklich danach gefragt; aber er versicherte mir lediglich, daß Sie schon kooperieren würden. Na ja, die Klausel spricht ja nun für sich selbst, und Mr. Miles war extrem stur.

Obwohl das Testament noch nicht anerkannt worden ist, glauben wir, der Testamentsvollstrecker und ich, daß der Nachlaß möglichst schnell geregelt werden sollte, und da die Vorbereitung einer Auktion zeitaufwendig ist ...«

»Sie wollen, daß ich das sofort anleiere.«

»Exakt, Mr. Lenahan. Nun, da es in der Natur dieser Vermögenswerte liegt ...«

»Sie meinen die Schläger?«

Niemand anwortete; vermutlich deshalb, weil beide keine Experten waren. Ich griff nach der Golftasche.

Die *Blitzschläger* stellten den seltsamsten Schlägersatz dar, den ich je gesehen hatte. Ihr Design entsprach völlig dem Standard der Neunziger: Ihre Köpfe waren abgewinkelt, das Gewicht verteilte sich zwischen Spitze und Hacke; sie waren aus Metall, außen mit einem matten Überzug aus Gußeisen und innen mit der Härte von Stahl; eine minimale Krümmung im Verbindungsstück zwischen Schlägerkopf und Schaft. Das Dekor jedoch verwies auf das Dritte Reich: *Blitzschläger* in gotischen Lettern, unterstrichen mit einem zuckenden Blitz; kleine Hakenkreuze, die die Schlägernummern umkränzten, ein Malteserkreuz in die Schlagfläche eingelegt.

29

Ich befühlte jedes der Eisen. Die Köpfe wiesen die üblichen Kerben und Kratzer auf, die auf mäßigen Gebrauch hindeuteten. Spuren von Schmutz und Gras klebten in den Rillen. Die Sohlenzeichnungen waren jedoch tief, wie brandneu und mit Blattgold ausgelegt.

Ich zog das Eisen fünf aus der Tasche; neckische winzige Hakenkreuze auch auf dem schwarzen Ledergriff. Der Schaft war von weichem, glänzendem Grau. Ein Fiberglas-Dinosaurier, dachte ich. Als ich den Schläger jedoch schüttelte, fühlte sich der Schaft mehr nach Graphit als nach Fiberglas an.

Verstohlen sah ich zu Adrienne hinüber. Sie hatte eine Hand geöffnet und tastete mit den Fingern der anderen die Lebenslinie hoch bis zum Ballen. Sie wirkte weniger wie eine trauernde Witwe als wie ein trotziges Kind, das gezwungen wurde, an einer langweiligen Dinnertafel sitzen zu bleiben. Die Schläger jedenfalls kümmerten sie nicht die Bohne.

Ich nahm alle aus der Tasche und reihte sie ihrer Größe entsprechend am Schreibtisch auf.

»Das Pitching Wedge fehlt«, sagte ich und deutete auf die Lücke zwischen dem neunten Eisen und dem Sand Wedge. »Haben Sie eine Erklärung dafür?«

»Wie ich schon sagte, Mr. Lenahan«, sagte Twomby, »habe ich Mr. Miles nachdrücklich befragt.«

»Das sagten Sie, ja. Aber zu einem Satz Eisen mit einem passenden Sand Wedge sollte auch ein passendes Pitching Wedge gehören.«

Meine fachmännischen Ausführungen hallten dumpf durch den Raum. St. Clare murmelte etwas in sein Glas. Adrienne spielte weiter Handleserin. DiRienzos Bleistift hörte man über Papier kratzen.

»Aber macht nichts. Ich werde mein bestes tun, um den testamentarischen Anweisungen gerecht zu werden.« Ich sammelte die Schläger ein. »Ich vermute, daß ich die hier mitnehmen kann?«

»Natürlich«, sagte Twomby. »Ich nehme an, Sie werden sie bei der Vorbereitung der Auktion brauchen.«

»Allerdings.«

»Gut«, schloß Twomby. »Ich kann Ihnen, ohne den Rest der Klausel verlesen zu müssen, verraten, daß Sie eine Provision für Ihre Bemühungen erhalten werden.«

»Wer bekommt den Rest des Geldes?«

»Das geht Sie'n feuchten Kehricht an!« schnauzte St. Clare.

Mir war klar gewesen, daß meine Frage jemanden aus der Fassung bringen würde; ich hatte nur nicht damit gerechnet, daß es ausgerechnet der ehemalige Bürgermeister sein würde. Alle verabschiedeten sich, bis auf Adrienne. Der Grünschnabel brachte mich zur Tür. Als ich zu meinem Cart ging, bemerkte ich den staubigen Volvo, der im Leerlauf vor dem Haus rumstand. Der Mann mit den Giraffenknien starrte mich durchs Fenster an. Dann jedoch warf er einen Gang ein und bretterte in Richtung Harbor Terrace Drive davon.

Als ich in den Laden zurückkam, lag der späte Nachmittag bereits in den letzten Zügen. Ich schickte Pete nach Hause und machte einen elektrischen Cart fertig. Trotz all der Aufregungen hatte ich schließlich auch noch ein Turnier vorzubereiten.

Ich liebte den Golfplatz besonders in den Abendstunden. Stille legte sich über die Landschaft; die Wasserhindernisse wurden spiegelglattt. Schatten tanzten über die Fairways. Und einen magischen Augenblick lang konnte man, wenn man genau hinsah, beobachten, wie sich das Grün des Rasens ins Bläuliche verschob, bevor es von der Dunkelheit verschluckt wurde.

Die Anlage des Milton Country Club war eine einzigartige Mischung aus Park- und Heidelandschaft. Die ursprünglichen Löcher waren in den 90er Jahren des Neunzehnten Jahrhunderts von einem gewissen Tilford angelegt worden, der davon träumte, einen Golfplatz aus einem wogenden Eichen- und Eschenwald herauszumodellieren. Leider hatte Tilford es erst auf zwölf Löcher gebracht, als ihm das Land ausging. Er bot seinem Nachbarn, einem Mann namens Caleb Park, an, ihm zusätzlichen Boden abzukaufen. Aber Park durchkreuzte seinen Plan, jenes neumodische Spiel nach Milton zu bringen. Er weigerte sich nicht nur, Tilford auch nur einen einzigen Quadratzentimeter seines Grundstücks zu verkaufen, sondern er verbot auch seinem Sohn Josiah, dies jemals zu tun.

Der Golfplatz blieb bis in die 60er Jahre hinein der private Familienplatz der Tilfords; dann jedoch kauften die drei führenden Geschäftsleute Miltons – Sylvester Miles, William St. Clare und Dr. Frank Gabriel – das Grundstück und formten sechs neue Löcher aus dem Ödland, das Tilford offenbar links hatte liegen lassen. Das Terrain lag zwischen dem Miltoner Hafen und der Marshlands Nature Conservancy, die Caleb Park der Stadt vermacht hatte; es ähnelte so stark einem typischen schottischen Dünengolfplatz, daß der Landschaftsarchitekt wenig mehr zu tun brauchte als Abschläge und Grüns anzulegen.

Die drei Besitzer behielten das Grundstück und teilten es nicht etwa unter den Mitgliedern auf. Dies entsprach zwar nicht der üblichen Art, einen Club zu managen, aber die drei hatten erkannt, daß der Miltoner Golfplatz ein Juwel von einer Anlage war. Die zwölf Löcher des Parkgeländes lagen in üppiger Landschaft, waren tückisch und sehr gut gepflegt; und die sechs Löcher im Heideareal vermittelten einem das wahre St.-Andrews-Gefühl. Der Club verkaufte jedes Jahr Spielprivilegien wie befristete Lebensversicherungen. Die Mitglieder erneuerten sie Jahr für Jahr, und die Warteliste zählte bereits Hunderte von Aspiranten.

Ich spielte die ersten paar Löcher recht passabel, aber meine Schläge verloren bald an Biß. Als ich auf der Höhe von Miles' Haus ankam, stellte ich fest, daß ich nicht bei der Sache war. Von all den vielen Autos, mit denen die Einfahrt früher am Tag zugestellt gewesen war, war ein einsamer Mercedes übriggeblieben. Trotz des dichten grünen Rasens, der zurechtrasierten Sträucher und dem neu verputzten Stück wirkte das Haus äußerst trist, als hätte der Tod des Hausherrn irgendwie auch die Seele des Hauses zerstört.

Ich lief durch eine Schar von Kanadagänsen, die auf dem kargen Fairway der Heide nach Futter scharrten. Am Teich flatterte das orangefarbene Band im Wind. Der Grund war von den Spuren der Streifenwagen tätowiert. Ich ging an dem Band entlang, erwartete jedoch nicht, irgend etwas zu finden, das die Cops übersehen hatten. Am Ufer klafften mehrere Krater. An einer Stelle war das Fairway vor lauter Divots ganz narbig; offenbar hatte dort jemand das Pitchen übers Wasser zum achten Grün geübt. Das Wasser selbst war trüb wie immer.

Ich überquerte die Fußbrücke und teilte mit den Händen das Schilfrohr hinter dem Grün. Es war Ebbe, und ein breiter Streifen Schlamm erstreckte sich bis zu den Bojen, die die Schiffe in die Hafeneinfahrt lotsten. Der ununterbrochene Sonnenschein der letzten Woche hatte einen kleinen Flecken Sand zu einem festen, flachen Kuchen verbacken, der nur dort zerbrochen war, wo der Kiel eines kleinen Bootes eine Kerbe hinterlassen hatte. Dahinter lagen angeschwemmte Muschelschalen, und der Sand verdunkelte sich zu Schlamm.

Als ich noch jung war, stahlen sich die Caddies an heißen Sommertagen hier hinunter und badeten nackt im Meeresarm. Da ich nicht schwimmen kann – ach was, eine Mordsangst vor Wasser habe –, stand ich derweil am Strand und hielt nach dem Schnellboot der Hafenpolizei Ausschau. Heutzutage wagte es niemand mehr, hier schwimmen zu gehen. Schlick verstopfte die Hafeneinfahrt, und Motoröl verpestete das Wasser. Aber noch immer ging ich zu diesem Strand, wenn ich über etwas gründlich nachdenken wollte.

Der Milton Country Club hatte immer so sicher und geschützt gewirkt wie der Hafen. Seit zwanzig Jahren nun fühlte ich mich an seine Fairways gebunden, ganz gleich, welchen Rang als Golfer ich hatte. Das Gewese um Pars und Birdies, die gewonnenen Spiele und verpatzten Putts, die gedüngten Grüns und kurzgeschorenen Abschläge machten es möglich, der Realität jenseits der Steinmauer zu entfliehen. Und nun war hier ein Mord geschehen.

Ich mußte über Adrienne nachdenken. Natürlich waren Testamentseröffnungen *per se* nicht gerade lebhaft; aber sie hatte auf ganz seltsame Weise abwesend gewirkt, um nicht zu sagen, völlig desinteressiert. Vielleicht konnte man es noch besser hilflos nennen – die Frau saß plötzlich auf einem Haufen Geld und war umzingelt von hungrigen Schakalen, die nur auf eine Gelegenheit warteten, danach zu schnappen. Nun gut; meine Rolle in dem Stück stand fest: Ich sollte die *Blitzschläger*-Auktion arrangieren, was auch immer diese *Blitzschläger* waren. Gegen Geld. Vielleicht gehörte ja auch ich zu den Schakalen.

Ein Motorboot knatterte, und ein vertraut aussehendes Boot, das mit Angeln bestückt war, driftete vorbei. Tom O'Meara fummelte am Außenbordmotor herum. Ich trat ins Schilfrohr zurück. Tom war der letzte Mensch, von dem ich in nachdenklicher Stimmung gesehen werden wollte.

Die Leute glauben gewöhnlich, die Arbeit eines Club Professional sei das reine, fortwährende Vergnügen. Klar, denn sie sehen den Pro nur, während sie selbst spielen. *Ergo* muß der Pro ebenfalls Spaß haben. In Wirklichkeit ist der Job eines Pro jedoch genauso öde und unspektakulär wie der eines Bergmanns. Er ist nur weniger dreckig und weniger gefährlich.

Mein Vertrag mit dem Milton Country Club verpflichtet mich dazu, einen Pro-Shop mit den üblichen Öffnungszeiten zu führen (im Wesentlichen von Sonnenauf- bis -untergang), einen Park von elektrischen Golfwagen zu unterhalten (die etwa so haltbar sind wie 5-Dollar-Uhren), die allwöchentlichen Clubturniere zu leiten (bei denen es oft genug wie im Sandkasten zugeht) und Golfstunden zu geben. Inoffiziell fungiere ich als Seelenmasseur für Golfverrückte, bin Beichtvater unglücklicher Ehegatten, Kummerkasten für Beschwerden aller Art und, leider viel zu selten, das Objekt weiblicher Begierden.

Den Sport selbst auszuüben, wird im Stellenprofil nicht verlangt. Das kommt daher, daß die Golfers Professional Association, die Dachorganisation, der jeder Club-Professional angeschlossen sein muß, sich mehr darum sorgt, ob seine Mitglieder sich mit den Bilanzen auskennen als mit dem Putten. Wir sind

Geschäftsleute in Sportklamotten. Aber man befreie mich nur aus diesen Fesseln, und ich lege ein sauberes Golf hin. Und mit ein bißchen Glück, wie es ja auf der Met-Meisterschaft geschehen war, stelle ich meine Qualitäten auch auf größerer Bühne unter Beweis.

Zu meinen inoffiziellen Pflichten gehört es weiter, mich bei den Trauerfeierlichkeiten für verstorbene Mitglieder sehen zu lassen. Meist geht das ganz unproblematisch über die Bühne. Die Frauen sitzen im Aufbahrungsraum, während die Männer in gedeckter Golfkleidung und blauen MCC-Blazern im Foyer stehen und Golfanekdoten über den Verblichenen austauschen. Der Gedenkgottesdienst, den in diesem Falle der örtliche Veteranenverein in aller Schnelle organisiert hatte, ähnelte einem Abschiedsbankett ohne Bewirtung.

Miles war nicht nur eine der Säulen des Clubs gewesen; er war auch ein echter Kriegsheld, und zwar aus dem Zweiten Weltkrieg. Darauf kam man freilich nicht, wenn man ihn dabei beobachtete, wie er die Schaufenster seines Stammgeschäfts auf der Merchant Street dekorierte oder seine wackligen Knie beugte, wenn er sich auf den Putt vorbereitete. Wenn man jedoch von seiner Vergangenheit wußte, sah man den Falken in seiner Hakennase, den pfeilschnellen Augen und dem zurückgeharkten Silberschopf. An feuchten Tagen sah man ihn leicht hinken; dies war die Folge einer Verwundung am Knöchel. Und dieses verkrampfte Dauerlächeln? Ein Nervenschaden, der von einem Nahkampf herrührte; so zumindest wollte es die Legende. Miles hatte eine solche Berühmtheit erlangt, daß der Stadtrat ihm in der Eingangshalle des Rathauses ein Ehrenmal errichtet hatte: ein Helm, eine Springfield Rifle, Patronenbehälter und ein laminiertes Exemplar des *Milton Weekly Chronicle*, in dem von seinen Heldentaten berichtet wurde.

Ich bahnte mir meinen Weg durch mehrere Gruppen älterer Herren, die die Eingangsstufen zur Leichenhalle verstopften. Nach den fremden Gesichtern und den blaugoldenen Schleifen zu schließen, waren auch VFW-Mitglieder aus anderen Städten gekommen. Drinnen roch es penetrant nach Lilien und billigem Parfum. Ein VFW-Banner hing von der Decke der Haupthalle herab. Unterhalb stand ein ältlicher Veteran an einem Podium, das schwarz verhängt war. Zur Begleitung von schrillen Rückkopplungsgeräuschen seines Mikrofons schwadronierte er darüber, daß der Kongreß Syl Miles die Ehrenmedaille dafür hätte verleihen sollen, daß er ganz allein eine deutsche Minenwerferstellung bei Anzio eingenommen hatte.

Genau in der Mitte des Publikums saß jener x-beinige Mann, der nachmittags aus Miles' Haus gestürmt war. Seine Pausbacken und ein wirrer Schopf graumelierter Haare überragten die gesenkten grauen Köpfe der alten Veteranen. Im Gegensatz zu den anderen quittierte er jede Lobpreisung mit einer kaum merklichen Verfinsterung. Mit Sicherheit hatte ich ihn heute zum ersten Mal gesehen; jedoch nagte ein seltsames Gefühl von Vertrautheit, vielleicht eine Ähnlichkeit mit jemandem, den ich einmal gekannt habe, an meinem Gedächtnis.

Ich zog mich von den Reden zurück und beteiligte mich am üblichen Palaver der Clubleute, die sich im Foyer versammelt hatten. Heute abend kursierten keine Golfanekdoten, sondern es wurde wild über den Mord spekuliert. Die Polizei war höchst sparsam mit Details gewesen; und diese Männer, die sich selbst als Stadtälteste betrachteten, waren verärgert über ihre Unterversorgung mit Informationen. Ich hörte lange genug zu, um meinen Pflichten zu genügen, und bewegte mich dann in Richtung Tür. Als ich durch die Haupthalle ging, bemerkte ich, daß der x-beinige Mann verschwunden war.

Auf dem Bürgersteig draußen umringte eine Schar von Veteranen einen Miltoner Cop, der einem Wagen mit Nummernschild aus Pennsylvania ein Knöllchen verpaßt hatte, weil der in einer verbotenen Zone direkt vor der Leichenhalle geparkt hatte. Der Besitzer, ein o-beiniger Knabe, der zu einem taubenblauen Freizeitanzug eine olivfarbene Armeemütze trug, fuchtelte mit der Faust vor dem Gesicht des Cops herum.

»Schnappen Sie die wahren Verbrecher!« brüllte er. »Und be-

36

lästigen Sie keine unschuldigen Bürger, die einem Toten die letzte Ehre erweisen!«

Die Bekanntschaft zwischen mir und Richter Inglisi begann vor zwanzig Jahren, als sein kurzer Flirt mit dem Golfsport ihn zum Milton Country Club brachte. Damals war ich Caddie und er ein korpulenter Anfänger, der keinerlei Hoffnung weckte, jemals einen vollen Schulterschwung meistern zu können. Seine beleibte Erscheinung paßte nicht so recht zu den tradierten Normen des Clubs. Aber seine Großzügigkeit mit Trinkgeldern machte ihn zum Liebling der Caddies. Für uns war er Big Jim; in unseren Augen konnte er mit dem Arsch Nüsse knacken.

Während meiner Highschool- und Collegezeit spielte ich ein äußerst vorzeigbares Golf; da ich jedoch ein pragmatischer Mensch bin, setzte ich auf eine Anwalts- anstelle einer Golfkarriere. Als ich das Jurastudium abgeschlossen hatte, stellte mich Big Jim als Partner ein. In der Praxis hatten wir es mit dem üblichen kleinstädtischen Kram zu tun: alte Leute, die ihr Testament machen wollten; Familien, die ein Haus kaufen wollten; Kleinganoven, die in die Mühlen der Strafjustiz geraten waren; Unfallopfer, die auf Schmerzensgeld in astronomischer Höhe hofften. Inglisi & Lenahan hielten es sieben Jahre miteinander aus, ohne je aneinander zu geraten. Dann jedoch gelang es Big Jim, genug Wähler hereinzulegen, um Bezirksrichter werden zu können, und ich machte mich auf in Richtung Süden, um mir im Golfsport endlich die Sporen zu verdienen.

Nach meiner unerwarteten Rückkehr hatte sich unsere Freundschaft auf gelegentliche durchzechte Abende reduziert. Der Tagesablauf eines Golf-Pros und der eines Richters paßten eben kaum zusammen. Dennoch war er immer der erste, an den ich mich wandte, wenn ich Rat oder heikle Informationen brauchte. Dann nörgelte, stöhnte und brüllte er wie ein echter Stiefvater. Aber immer zauberte er schließlich ein Kaninchen aus dem Hut. Obwohl er es niemals zugegeben hätte, bewunderte er mich heimlich dafür, daß ich einen anständigen Beruf hingeschmissen hatte, um einen Traum zu leben. Man brauchte nur einen seiner aufrichtigen Momente abzupassen, und er gestand, sein Traumberuf sei Testpilot gewesen.

An den meisten Sommerabenden fuhr Inglisi direkt vom Gericht zum Bezirksflughafen Westchester. Nachdem er den Himmel lange genug mit seiner Cessna terrorisiert hatte, nahm er sein Dinner in einer Baracke ein, die sich als Terminal verkleidet hatte, um schließlich zum Air National Gard Hangar hinüberzugehen, um Fliegergeschichten mit Piloten, Technikern oder sonstwem auszutauschen, der gerade greifbar war. Ich fand ihn unter der Motorhaube eines Turbopropellers stehend, während zwei Mechaniker auf der Tragflächenkonstruktion herumkrochen. Mit einer schwarzen Bomberjacke angetan, sah er aus wie ein Medizinball mit Füßen. Er schwatzte fröhlich vor sich hin und schien den Kerosingestank oder die pneumatischen Staccato-Ächzer der Zahnräder überhaupt nicht wahrzunehmen. Ich nahm ihn in einer typischen Begrüßungsgeste von hinten in eine Art Schwitzkasten. Trotz seiner Leibesfülle war er jedoch erstaunlich wendig und konnte sich aus dem Griff herausdrehen.

»Ich unterhalte mich gerade«, sagte er und versuchte, Büschel widerspenstiger weißer Haare hinter die Ohren zu streichen. Seine großzügig geschnittene Nase mündete in einen Walroßschnurrbart; seine Nasenlöcher blähten sich, wann immer er wütend wurde, und hatten gerade das Maximum an Blähvermögen erreicht.

»Die Jungs da hören Ihnen doch gar nicht zu.«

»Und ob sie das tun. Bin schließlich Richter.«

Ich zog ihn hinaus auf das Rollfeld.

»Sie kannten Syvester Miles, nicht wahr?« fragte ich.

»Dieser Bastard, der mich vor vielen Jahren beschwatzt hat, Mitglied in diesem verdammten Golfclub zu werden. Lächerliche Vorstellung.«

»Ich meinte, daß er Ihr Klient war, bevor Sie mich angestellt haben. Ich erinnere mich an die Akten.«

Der Richter legte den Kopf schief und verengte die Augenlider, als höre er aus der Ferne Luftalarm. Seine buschigen Augenbrauen hatten die Schwärze aus jüngeren Tagen bewahrt und unterstrichen die Intensität seines stahlgrauen Blicks.

»Warum fragen Sie?«

»Ein Anwalt namens Twomby hat mich heute nachmittag in Miles' Haus bestellt. Miles hat in seinem Testament verfügt, ich solle einen Satz Golfschläger versteigern. Aber irgendwas an diesem Testament kommt mir komisch vor. Ich hätte gern Ihre Meinung dazu, um ein Gespür für die Sache zu bekommen.«

»Was zum Teufel soll an einem alten Testament, das zwanzigmal rückgängig gemacht worden ist, schon interessant sein?« Der Fliegeralarm in seinem Kopf schwoll an.

»Twomby hat mir nur die Klausel vorgelesen, in der ich genannt war. Und die nicht mal vollständig.«

»Vielleicht geht Sie der Rest ja einen Scheißdreck an.«

»Genauso ist er auch mit Adrienne verfahren, auch ihr hat er nur Teile des Testaments vorgelesen.«

»Vielleicht geht es sie ja ebenfalls einen Scheißdreck an.«

»Sie ist die Witwe. Und sie scheint keine Ahnung zu haben, was Sache ist. Twomby und St. Clare haben die Show völlig autoritär abgezogen. Und DiRienzo war auch da. Als Beobachter, wie er sagte.«

Der Letztgenannte schien das milde Interesse Inglisis zu wecken. »St. Clare wird dann wohl Vollstrecker sein, nicht wahr? Und damit DiRienzo etwas beobachtet, muß es ihn schon anspringen und beißen. Aber warum in aller Welt interessiert Sie das?«

»Ich will wissen, worauf ich mich einlasse.«

»Ich werde Ihnen sagen, worauf Sie sich einlassen. Auf verbrannte Finger. Jetzt haben Sie gerade die Met gewonnen – herzlichen Glückwunsch nebenbei – und Sie sind drauf und dran, im Classic zu spielen. Verticken Sie die verdammten Schläger, Schluß, aus und gelaufen. Mischen Sie sich nicht weiter ein, als es unbedingt sein muß. Denken Sie immer an Florida.«

39

»Das hier ist nicht Florida.«

»Florida war auch noch nicht Florida, als es anfing. Sie haben jemandem einen Gefallen getan. Wenn Sie sich da unten jedoch um Ihren eigenen Kram gekümmert hätten, dann wären Sie jetzt schon auf der Tour, wir hätten dieses Gespräch nicht und auch keines der letzten zwei Jahre.«

»Ich habe keine Dummheiten vor. Nichts wird mich vom Classic abhalten.«

»Aber Sie haben Ihre Neugier nicht im Griff.«

Ich nickte so demutsvoll, wie ich nur konnte. Etwas von dem Stahl in seinen Augen schmolz.

»Ich müßte die Geheimnisse eines Klienten preisgeben«, sagte er.

»Eines ehemaligen, verstorbenen Klienten. Und wir waren Partner, also gilt die Regel hier nicht.«

Ich wußte, daß ich gerade die letzte Hürde genommen hatte. Der Richter warf einen letzten sehnsuchtsvollen Blick in den Hangar, schüttelte den Kopf und scheuchte mich auf einen Maschendrahtzaun zu, der die Rollbahn vom Parkplatz trennte. Die Sonne hing niedrig über dem entfernten Wald und versprühte Rosa am Abendhimmel.

»Ich habe nicht viel für Miles gearbeitet«, sagte Inglisi, schob einen dicken Ellenbogen zwischen die Stacheln des Drahts und lehnte sich zurück. »Er hat seine Rechtsangelegenheiten gern auf mehrere Anwälte verteilt. Einen hatte er für seine Geschäftsangelegenheiten in New York, einen anderen in Connecticut. Ein dritter war für seine Immobilien zuständig. Und ich für sein Testament.

Das erste war das typische Testament eines wohlhabenden Junggesellen. Das meiste seines Vermögens ging an karitative Einrichtungen, einiges bekam sein Bruder, einige symbolische Zahlungen gingen an bewährte Angestellte und frühere Freundinnen.

Eines Tages kam er dann wegen eines Vorfalls während einer Tagung in Chicago zu mir. Er wurde Zeuge einer Prügelei in der

Hotelbar. Älterer Mann, jüngere Frau. Eine richtige wilde Schlägerei. Er versuchte dazwischenzugehen und endete mit seiner Faust im Mund des Mannes. Bei dem waren dann vier Zähne locker. Miles war besorgt wegen einer möglichen Anzeige. Ich sagte ihm, daß er, wenn er nicht direkt verhaftet worden sei, von dem Mann vermutlich nichts zu befürchten habe, besonders dann nicht, wenn die Frau nicht seine Ehefrau war und die Ehefrau von der Frau nichts wußte. Miles war erleichtert. Er erzählte mir, er habe den Rest der Tagung mit ihr verbracht. Sie war eine Sekretärin aus Cleveland, und der Kerl mit den Zahnproblemen war ihr Chef. Sie nahmen an derselben Tagung teil wie Miles.«

»Adrienne?«

Der Richter nickte. »Miles war verrückt nach ihr. Noch von meinem Büro aus rief er eine Fluggesellschaft an und reservierte drei Tickets; eines nach Cleveland und zwei zurück nach New York. Flog einfach am nächsten Tag dahin und überredete sie, ihn zu heiraten. Sie langte erfreut zu. Mensch, die war ihren Job schon los, bevor ihr Chef auf den Boden knallte.«

»Alle glauben, sie habe Miles verführt.«

»Na und? Jeder denkt eine Menge Sachen, die nicht stimmen. Ich weiß auch nicht genau, was in Chicago passiert ist. Auf jedenfall war es aber – wenn – anders herum.

Das Ergebnis war schließlich, daß Miles sein Testament vom typischen Junggesellenmodell zum typischen Ehemannmodell hin ändern lassen wollte. Alles der Ehefrau, keine Bedingungen. Kein Nießbrauch, kein Treuhänder, nichts. Alles ging an eine dreißig Jahre jüngere Frau, die er auf irgendeiner verdammten Tagung kennengelernt hatte. Ich versuchte ihm so diplomatisch wie möglich nahezubringen, daß er einen Ehevertrag machen sollte. Könnte Ihnen das Leben retten, sagte ich im Scherz. Aber er war so verrückt nach der Braut, daß er davon nichts wissen wollte. Wollte von einem Ehevertrag nichts wissen, wollte nur dieses neue Testament. Also hab ich das Ding aufgesetzt. Für die mickrigen 50 Dollar, die ich zu der Zeit berechnete, lohnte sich der Streit wahrlich nicht. Jedenfalls waren mir die Gebühren für die gesetzliche Erbregelung sicher; ganz egal, wer die Begünstigten waren.

Einige Monate vergingen, ohne daß etwas passierte. Dann stand Miles wieder mal vor der Tür und verkündete, er wolle Adrienne komplett enterben. Ich wies ihn darauf hin, daß man einen Ehegatten in New York nicht völlig enterben kann. Ein solches Testament käme nie durchs Anerkennungsverfahren. Okay, sagte er, dann kriegt sie nur das Minimum. Also kürzte ich ihr Erbe auf den Pflichtteil runter, setzte seinen Bruder wieder für das Kleckersümmchen ein und vermachte den Hauptbatzen karitativen Einrichtungen.

Das Karussel kam in Schwung. Jeden Monat kam Miles, kürzte Adriennes Erbteil, legte wieder drauf, berücksichtigte seinen Bruder, enterbte ihn wieder, wechselte die wohltätigen Zwecke nach Laune. Man konnte sich seinen Teil denken – sie kamen nicht miteinander aus. Einen Ehevertrag hatte er abgelehnt, also konnte er nicht anders handeln als so. Ich mußte bereits etwa fünfzehn Testamentsergänzungen gemacht haben, als ich ihn schließlich fragte, warum er sich nicht endlich scheiden lasse und uns beiden den Brassel erspare. Er schnappte ein und erklärte mir, in seinem Alter sei eine Scheidung schlimmer als eine miese Ehe. Finanziell gesehen stimmt das natürlich. Danach hat er mich nie mehr konsultiert.«

»Was waren das für Ergänzungen?«

»Ach, Kieran. Ich erinnere mich nicht mehr an jedes Detail. Sie waren blödsinnig. Zum Beispiel sollte Adrienne einmal bestimmte Aktien zu einem bestimmten Zeitpunkt kaufen und zu einem späteren Zeitpunkt ohne Rücksicht auf ihren Wert wieder verkaufen. Das war deshalb Blödsinn, weil Adrienne immer ein Vermögen blieb, egal, wie ich die Ergänzungen schrieb. Nur dranzukommen war manchmal leichter, manchmal schwerer für sie. Nach dem, was Sie mir erzählt haben, ist Syl sich auch weiterhin treu geblieben.«

Kapitel 3

Andy Andersons Reparaturwerkstatt befand sich mitten in der Ödnis eines halbverlassenen Industrieparks irgendwo an den Gleisanlagen der Metro North Railroad. Trotz der frühen Morgenstunde hatte Andy bereits Gesellschaft. Ein Sportwagen mit barocken Heckflossen und zahlreichen stachligen Antennen stieß mit der Schnauze fast gegen die Eingangstür. Doppelt getönte Scheiben paßten perfekt zu seiner tiefvioletten Lackierung.

Ich quetschte meine Karre in den verbleibenden Platz und zwängte mich vorsichtig durch den Türspalt, denn die geringste Berührung würde sicher eine moderne Alarmlage aktivieren. Als ich die losen *Blitzschläger* im Kofferraum einsammelte, ging die Ladentür qietschend auf. Ich knallte den Kofferraum zu und sah, daß Onizaka mich anstarrte.

Schwarzes Haar glänzte über seiner breiten, flachen Stirn und fiel ihm fransig über den Kragen. Knitterfalten verunzierten Hemd und Hose, es waren dieselben Sachen, die er am letzten Tag des Met getragen hatte. Er legte den Kopf schief, als wolle er mich abschätzen. Doch trotz seines eindringlichen Blickes war kaum zu verkennen, daß er leicht schwankte und Mühe hatte, sich aufrecht zu halten.

Ich schulterte die *Blitzschläger* und ging mit ausgestreckter Rechten auf ihn zu, um ihm jene bittersüße Mischung aus Beglückwünschungen und Formeln des Bedauerns auszuprechen, die bereits unmittelbar nach dem Stechen fällig gewesen wären. Schon aus knapp zwei Meter Entfernung wehte mir seine Fahne entgegen. Ich murmelte etwas Nichtssagendes über das Wesen des Wettkampfes. Aus Onisakas Augen sprach Hohn; er ignorierte meine ausgestreckte Hand und musterte mich mit dumpfem Blick von Kopf bis Fuß. Es juckte mir in den Fingern, und sie schickten sich an, sich bei der ersten falschen Bewegung zur Faust zu ballen. Aber Onizaka verzerrte seinen Mund bloß zu einem seltsamen Grinsen und torkelte dann zu dem Sportwagen.

Nachdem ihm ein paarmal die Räder durchgedreht waren, schoß er davon in einer Wolke aus Gummi und Kies.

Ich zwängte die Ladentür mit Fuß, Hand und Schulter auf. Das Gebäude war kaum mehr als eine Hütte mit offen verlegten Rohren und Leitungen, einem splittrigen Holzboden und einem dickbauchigen Ofen. Die Geschäftseinrichtung war ähnlich ärmlich – zerkratzte Werkbänke, rostige Schraubstöcke, heruntergekommene Drehbänke, kohleverkrustete Schweißbrenner, alle möglichen Sorten von Schrauben, Nägeln, Holzeinlagen, Griffen in verzogenen Zigarrenschachteln. Lediglich Andys Zauberkünste verliehen dieser Ansammlung von Antikmüll magische Kräfte.

Andy war nach Amerika gekommen, um der professionellen Crew des berühmten Winged Foot Country Club eine internationale Note zu verleihen. Da ihn der soziale Aspekt des Clublebens nie sonderlich begeistert hatte, verbrachte er alle seine freien Stunden damit, die hohe Kunst der Schlägerfertigung, die ihm sein Vater und Großvater in Schottland beigebracht hatten, zu verfeinern. Eines Tages kündigte er und machte sich selbständig. Er fertigte einen Schlägersatz pro Monat (»nur für den Kenner«) und übernahm knifflige Reparaturarbeiten von ortsansässigen Golf-Pros (»die meisten können nichtma'n Griff erneuern, ohne den Schläger zu versauen«).

Andys Kenntnis des golferischen Sagengutes war phänomenal. Er konnte einen stundenlang mit Geschichten über die windgepeitschten Golfplätze des Schottland zur Zeit König Jakobs unterhalten oder über die Evolution des Fünfereisens in einer Sprache referieren, die der eines Physikers ebenbürtig war. Seine wahre Befriedigung zog er jedoch daraus, in seinem Minivan die Gegend abzuklappern und arglosen Antiquitätenhändlern wertvolle Schläger zu lächerlichen Preisen abzuhandeln.

»Cheerio, Kieran«, sagte er und steuerte ein Gestell frisch bearbeiteter Hölzer zum Trockenraum.

Andy anzuschauen hatte etwas davon, in den Spiegel zu gukken, wenn ich nicht zu genau hinsah. Wir waren beide gertenschlank um die Hüften und hatten breite Schultern, als trügen wir unsere Hemden samt der Kleiderbügel. Andy hatte die Hände eines Hufschmieds und seine Sehnen wanden sich wie dicke Telefonkabel die Unterarme hinunter. Meine waren vom selben Typ, obwohl bei einer Kraftprobe sicherlich Andy Sieger gewesen wäre. Der größte Unterschied lag in der Haarfarbe. Andys Schopf war noch immer goldbraun, während mein Haar bereits in ein verfrühtes Grau überging. Aber natürlich hatte Andy auch nie als Anwalt gearbeitet.

Das Gestell blieb an einer Bodenlatte hängen und kippte beinahe um.

»Verdammt!« rief Andy und mühte sich, die Früchte seiner Arbeit zu retten.

Er stabilisierte den Ständer und schob ihn flugs in den Trockenraum.

»Sie haben Ihren Rivalen nur knapp verpaßt«, rief er von drinnen. »Der hatte ordentlich ein' im Tank, würd' ich sagen.«

»Hat direkt nach dem Met damit angefangen.«

»Immer, klar. Und Glückwunsch, Junge! Ihr kurzer Prozeß muß den Mann ganz schön erschüttert haben!«

»Sah man.«

»Aber das hier hamse noch nicht gesehn!«

Andy fuchtelte mit einem gebrochenen Schläger herum. Ich erkannte den leuchtend blauen, pistolenförmigen Griff. Vor zwei Tagen war dies Onizakas hammerköpfiger Putter gewesen. Jetzt sah er aus wie eine großgeratene Grillgabel.

»Er hat das Scheißding einfach in der Luft zerfetzt«, sagte Andy, »und ein paar andere auch noch. Und jetzt will er sie auf der Stelle repariert haben. Und wissen Sie, warum?«

Ich antwortete nicht.

»Weil er glaubt, daß er im Classic spielen wird. Oder das zumindest hofft.«

»Er glaubt, daß ich für ihn zur Seite trete?«

»Sie müssen das verstehen, Kieran. Der Mann ist verzweifelt. Und mitleiderregend. Ich bin heute morgen um sechs hier gewesen und fand ihn schlafend in seinem Wagen. Hat dann ne Stunde auf mich eingeredet – ein ziemlicher Ringkampf zwischen seinem Englisch und dem Schnaps. Er sagte mir, sein Sponsor habe ihn fallenlassen, und er brauche den Met unbedingt, und einen Platz im Classic, um in den Staaten bleiben zu können. Ansonsten müsse er zu einem dreistöckigen Drivingrange in Tokyo zurück.«

»Was ist mit seinem Job?«

»Offenbar kann der ihn auch nicht hier halten.«

»Mir kommen die Tränen.«

»Sie wollen das Classic nicht aufgeben, wie?« lachte Andy.

»Nur über meine Leiche. Hat er irgendwas über meinen Job gesagt?«

»Beim MCC? Sind Sie da nicht fest?«

»Soweit ich weiß, schon. Aber ich habe gehört, der Club solle an eine japanische Firma verkauft werden, mit Onizaka als vorgesehenem Club-Pro.«

»Davon hat er nichts zu mir gesagt. Aber dafür hat er sich sehr eindeutig über das Classic geäußert. Er will spielen.«

Ich machte ein paar wilde Schwünge mit einem der *Blitzschläger*. Fisk, der Richter, die Offiziellen der PGA-Tour, und nun Onizaka und Andy. Ich war die Leute leid, die auf den wenigen Dingen herumhackten, die ich im Leben richtig machte.

Andy kam zurück und rieb sich mit einem öligen Fetzen die Hände.

»Was haben Sie denn da? Noch nen Reparaturjob? – Verdammte Scheiße.«

Er schnappte mir den Schläger aus der Hand und schleppte ihn unter eine Lampe.

»Nein, doch. Nein, oder doch?« debattierte er mit sich selbst, während er das Eisen drehte, um es aus jedem Winkel und von oben bis unten zu betrachten. »Bringen Sie den Rest mal her, Sportsfreund.«

Er wischte einen Teil der Werkbank mit einem Unterarm frei. Dann arrangierte er den gesamten Schlägersatz mit den Griffen zur Wand und den Hacken der Schlägerköpfe in exakter Reihenfolge – mit einer Vorsicht, die an Ehrfurcht grenzte.

»Ich glaub's einfach nicht«, sagte er.

»Was glauben Sie nicht?«

Andy hörte mir gar nicht zu. Er holte ein dickes Buch mit Ledereinband von einem Dachbalken herunter. Der Einband war kaputt, die Seiten lose und die Goldschrift auf dem Deckel verblichen. Dennoch konnte ich erkennen, daß der Titel *Golf Arcana* lautete, von H. T. Hillthwaite. Andy schlug das Buch vorsichtig an der richtigen Stelle auf, trat dann zurück, wie ein Maler, der seine Leinwand begutachtet.

»Ja«, entschied er schließlich. »Woher in Gottes Namen haben Sie die bloß?«

»Lassen wir das einmal beiseite. Was sind das für welche?«

»Für einen Golfsammler sind sie Moby Dick, der Heilige Gral und El Dorado in einem. Sie wissen nichts über *Blitzschläger*?«

»Bis gestern nie davon gehört.«

»Dann ist ne kleine Geschichtslektion fällig«, sagte Andy. »Während des Zweiten Weltkriegs verlor ein hochrangiger SS-Offizier eine Golfpartie gegen einen seiner Untergebenen. Weil er nicht glauben konnte, daß mangelndes Talent die Ursache dafür war, beschloß er, daß seine Schläger schuld daran sein mußten, und so ersann er einen Plan, nach dem es möglich sein sollte, einen perfekten Satz Schläger herzustellen. Er verstand davon nichts; also beschlagnahmte er in typischer Nazi-Manier eine kleine bayrische Dorfschmiede und beauftragte einen Fachmann damit, einen Satz Schläger herzustellen, der der Herrenrasse würdig sein sollte. Und hier ist das Ergebnis.«

»Klingt wie ein Märchen«, sagte ich.

»Das sagen die meisten. Der Spezialist hat nur zwölf Sätze hergestellt, jeden mit leichten Variationen; dann war der Krieg aus. Niemand auf dieser Seite des Atlantiks hat jemals welche zu Gesicht bekommen. Mein Vater hatte einmal einen Kunden, der behauptete, einen Satz zu besitzen; aber die Schläger erwiesen sich als Fälschungen.«

»Und woher wissen Sie, daß diese hier nicht falsch sind?«

Andy gab mir das Buch. Es gab keine Fotos, lediglich detailreiche Beschreibungen eines Kenners. Das waren Miles' Schläger, klar. Sie hatten dieselbe Hacke-Spitze-Balance, dasselbe matte Metallfinish, dieselbe Krümmung im Verbindungsstück zwischen Schlägerkopf und Schaft, dieselben Hakenkreuzverzierungen und Malteserkreuze, und auch denselben zuckenden Blitz, der die Aufschrift *Blitzschläger* unterstrich.

Der Text bestätigte alles, was Andy mir erzählt hatte; zusätzlich stand dort, daß sämtliche zwölf Sätze verschwunden waren, nachdem ein Zug alliierter Soldaten die Schmiede kurz nach Deutschlands Kapitulation geplündert hatte. Die Zeichnungen waren exakte Reproduktionen von Zeichnungen des Herstellers, die man einige Zeit später versteckt in der Schmiede fand.

»Sehen Sie diese Schäfte?« fragte Andy.

»Graphit?«

»Genau«, sagte er und war vollends unfähig, seine Erregung unter Kontrolle zu halten. »Stellen Sie sich das nur vor, mein Lieber. Graphitschäfte im Jahre 1945 – die Dinger waren die V-2-Raketen der Golfwelt!«

Er kramte eine Kamera aus der Schublade eines farbbeklecksten Schreibtischs und machte mehrere Aufnahmen der Schläger aus verschiedenen Winkeln.

»Sie gehörten Sylvester Miles.«

Andy knipste weiter.

»Haben Sie gehört?«

»Schon«, sagte Andy. »Er hat sie Ihnen vermacht, richtig?«

»Nicht ganz. Er wies seinen Testamentsvollstrecker an, mich als Experten hinzuzuziehen, um bei einer Auktion den höchstmöglichen Preis für die Schläger zu erzielen.«

»Wußte Miles denn gar nicht, daß Sie von Raritäten keinen Schimmer haben?«

»Deshalb bin ich ja hier. Welchen Preis könnte ein Satz wie dieser bei einer Auktion erzielen?«

»Lassen Sie mich Ihnen erklären, wie Schläger geschätzt werden. Diese hier sind in nahezu tadellosem Zustand, aber das ist weniger wichtig, als man so denken könnte. Der entscheidende Faktor ist Seltenheit. Wir wissen nun, daß nur zwölf *Blitzschläger*-Sätze existieren. Das ist wenig für Schläger, die niemand Berühmtem gehören wie zum Beispiel Young Toms Morris' Holz Nr. 2 oder Bobby Jones' Calamity-Jane-Putter. Der Hauptnachteil ist das fehlende Pitching Wedge. Aber selbst unter diesen Umständen würde ich sagen, ein mittlerer fünfstelliger Betrag wäre angemessen. Auf dem richtigen Markt.«

»Für einen Satz Golfschläger?«

»Für einen Mythos.«

»Das ist verrückt.«

»Sicher, aber bedenken Sie Folgendes: Vor ein ein paar Monaten hat ein anonymer Besitzer ein sogenanntes Rechen-Eisen bei einer Auktion angeboten. Der Schläger ist jetzt nicht mehr erlaubt, war aber um die Jahrhundertwende sehr beliebt, als es noch keine Beschränkung auf vierzehn Schläger gab und alle möglichen Schläger für denkbare Widernisse entworfen wurden. Das Recheneisen war entworfen worden, um aus einem nassen Lie zu schlagen. Sechs vertikale Einschnitte in der Schlagfläche ließen den Schläger leicht durch Schlamm oder Wasser gleiten. Daher auch der Name. Fünf japanische Sammler haben sich fast die Köpfe eingeschlagen wegen dieses einen Schlägers.«

»Da mischen die auch mit?«

»Warum denn nicht? Was Japanern an alter Golftradition fehlt, das machen sie mit ihren Sammlerstücken wett. Die Bieterei dauerte Stunden. Keiner der fünf wollte zuerst nachgeben. Am Ende gewann ein Mann namens Hayagawa. 90.000 Dollar waren sein Gebot.«

»90.000 Dollar für einen einzigen Schläger?«

»Das war sein Gebot.« Andy runzelte die Stirn. »Leider weiß keiner, ob der Verkauf jemals zustande kam. Hayagawa ist nicht der Mann, der große Summen hinlegt, wenn er auch anders an sein Ziel kommt. Wenn Sie wissen, was ich meine.«

»Der kriegt Hausverbot bei der Auktion.«

»Das könnte ganz schön heikel werden. Der hat seine Kontakte. Vermutlich weiß er von denen hier auch schon.«

»Vergessen wir ihn fürs erste. Wo sollen wir sie verkaufen?«

»Die meisten Auktionen finden anläßlich größerer Golfturniere statt«, sagte Andy. »Die größte amerikanische Auktion war beim Memorial im Mai. Die nächste große wird Ende August bei den World Series in Firestone stattfinden. Aber die größte von allen ist in zwei Wochen, bei den British Open.«

»Sind die Auktionen gleich lohnend?«

»Ziemlich. Aber die British Open könnten am lohnendsten sein, weil da am meisten Spekulanten rumlaufen.«

Zwei Wochen, dachte ich. Inglisis Predigt vom Vorabend hallte in meinem Schädel nach. Einen Trip zu den British Open mit der Teilnahme am Clássic zu koordinieren, war verrückt, wenn nicht komplett unmöglich.

»Und was wäre der Satz wert, wenn das fehlende Wedge auftauchen würde?«

»Eine niedrige sechsstellige Summe, wenn der Markt nicht plötzlich mit *Blitzschlägern* überschwemmt wird. Was mich auf einen anderen Faktor bringt. Nehmen wir an, Miles hatte alle zwölf Sätze in seinem Besitz. Sie könnten den Preis hochtreiben, indem Sie dem potentiellen Käufer versicherten, daß die anderen Sätze niemals bei irgendeiner anderen Auktion auftauchen.«

»Bis wohin hochtreiben?«

»Bis zu einer Viertelmillion.«

Der Golfsport ist ein Riesenmarkt; und jeder Riesenmarkt bringt wirtschaftliche Phänomene hervor, die jeder Logik hohnlachen. Aber die Vorstellung, daß in sich wertlose Gegenstände solche Preise erzielen sollten, erschien mir geradezu obszön. Warum sollte eine Stange, die einen Leder- oder Gummigriff mit einem trapezförmigen Stahlklumpen verband, soviel kosten wie ein Haus oder oder ein Medizinstudium? In meiner Welt nutzten die *Blitzschläger* der Menschheit mehr, wenn man sie in die Erde steckte, um daran Tomaten zu züchten.

Aber nur wenige Menschen teilten mein Weltbild; und Andy Anderson war gewiß keiner von ihnen. Bevor ich bei seinem Laden angekommen war, hatte ich die *Blitzschläger* lose auf dem Rücksitz transportiert wie einen Satz Secondhand-MacGregors. Er nun ließ mich nicht gehen, ohne die Schlägerköpfe in Noppenfolie zu hüllen, Packpapier um die Griffe zu wickeln und das Ganze schließlich mit einem Badetuch zu windeln. Der Rücksitz war ihrer Majestät nicht würdig; der Kofferraum war völlig außer Frage; also stellte Andy sie aufrecht auf den Beifahrersitz und schnallte sie fest an. »Fahren Sie vorsichtig«, ermahnte er mich, als handele es sich um eine Ming-Vase, die auf einem Dutzend Fabergé-Juwelen balanciert werden müßte.

Ich verstaute die Schläger hinter der Tür des Kabäuschens, das ich mein Büro nannte, und verbrachte den Rest des Tages damit, die neuesten Informationen gar nicht erst wirken zu lassen. Was immer meine philosophische Haltung den *Blitzschlägern* gegenüber war – ich hatte es noch immer mit Werten aus dem Nachlaß von Syl Miles zu tun, und es war meine Pflicht, von Andys Beurteilung entweder dem Testamentsvollstrecker oder dem Anwalt zu berichten. Was das betraf, so bestand jedoch eine erheblich verlockendere Alternative.

Adrienne Miles öffnete die Tür in einem weißen Bodystocking und taubenblauen Legwarmern; ein farblich darauf abgestimmtes Sweatshirt hatte sie lose über ihre Schultern geknotet. Ihre geröteten Wangen verrieten Verausgabung, und zwei feuchte Strähnen blonden Haares ringelten sich an ihren Ohren vorbei. Aerobic-Musik dudelte im Hintergrund.

»Darf ich reinkommen? Es geht um die Golfschläger.«

Adrienne biß sich auf die Unterlippe, machte dann jedoch um 180 Grad kehrt. Wir kamen in einen Raum, der bis auf eine harte Turnmatte, eine baßlastige Stereoanlage und eine pylonenartige Leuchte völlig unmöbliert war. Adrienne brachte die Anlage zum Schweigen und ließ sich mit untergeschlagenen Beinen auf dem Boden nieder. Ich kauerte mich ein Stück entfernt von ihr hin, als visierte ich einen Putt an. Die Abendsonne leuchtete auf der glatten Oberfläche der Matte.

»Was wissen Sie über diese Schläger?« fragte ich.

»Nur sehr wenig«, antwortete sie. »Golf interessiert mich nicht, deshalb habe ich nie auf so was geachtet. Syl bewahrte sie in seinem Arbeitszimmer auf und benutzte sie, wenn er abends trainierte. Ich dachte, das werden wohl seine Übungsschläger sein.«

»Er hat sie Ihnen gegenüber nie erwähnt?«

»Nein, wir … Nein, hat er nicht.«

Ich begann, ihr zu erklären, daß die zwölf *Blitzschläger*-Sätze einen Golfmythos darstellten. In den Ohren einer Nichtgolferin muß das geklungen haben wie die Hirngespinste eines Phantasten. Doch Adrienne ersparte mir peinliche Bemerkungen und kam direkt zur Sache.

»Wieviel sind sie wert?«

»Wie es im Moment steht, das heißt, mit dem fehlenden Pitching Wedge, ist der Satz etwa 40–50.000 Dollar wert. Mit dem Wedge wären es mindestens 100.000.«

Adriennes Blick verlor sich einen Augenblick lang in weiter Ferne. Sonst keine Reaktion. Keine Überraschung, keine Enttäuschung. Nichts. Sie zog ihre Beine hervor und ging in einen Spagat. Sie mochte längst auf der falschen Seite der vierzig sein, aber sie war noch immer so geschmeidig wie eine olympische Turnerin.

»Besaß Syl noch einen weiteren der übrigen elf Sätze?«

Adrienne schüttelte den Kopf, als hätte meine Frage sie jäh aus tiefen Gedanken gerissen.

»Sorry, ich habe gerade wohl nicht richtig zugehört.«

Ich wiederholte die Frage.

»Ich habe nie andere hier gesehen, aber ich könnte natürlich mal rumkramen. Warum fragen Sie?«

»Aus keinem bestimmten Grund.«

Es läutete an der Tür. Sie kam aus dem Spagat hoch und lockerte ihre Gelenke mit einem Schreiten, bei dem sie die Füße von

52

Ballen bis Zeh abrollte. Vom Boden aus gesehen sah das überaus interessant aus. Eine Wand verstellte mir die Sicht auf die Haustür; aber ich hörte Adrienne sagen: »Hi, Bill.« Und das in einer Stimme, die laut genug war, um mich mithören zu lassen. Dann sprachen sie eine Weile lang im Flüsterton. Ich stand auf und rang mit der Neugier. Dann erhob Adrienne ihre Stimme erneut.

»Wir haben Besuch, Billy.«

Sie schlenderten in den Raum. St. Clare hatte sich mit seinem dicklichen Arm bei ihr eingehängt, und Adrienne ließ ihre Zehen wie ein Schulmädchen über den Boden schleifen, das sich in den schwachköpfigen Klassensprecher verknallt hatte. Der Anblick wurmte mich, obwohl ich nicht genau sagen konnte, warum.

»N'Abend, Kieran«, sagte St. Clare in einem fehlgeschlagenen Versuch, leutselig zu klingen. Er hätte mir ebensogut sagen können, ich solle verschwinden.

»Mr. Lenahan ist gerade vorbeigekommen«, sagte Adrienne. »Er hat gute Neuigkeiten, was diese Schläger angeht.«

»Aha?« erwiderte St. Clare. »Sollten Sie die nicht eigentlich zuerst dem Testamentsvollstrecker mitteilen?«

Adrienne kniff ihm in die Wange. »Jetzt sei doch nicht so schrullig, Billy. Kommt es denn wirklich drauf an, wer es zuerst erfährt?«

St. Clare lief rot an. Er haßte es noch mehr, für schrullig erklärt zu werden, als er es haßte, in seiner Funktion als Testamentsvollstrecker mißachtet zu werden.

»Wohl nich«, brummte er.

»Nun gut«, zwitscherte Adrienne. »Die Schläger sind etwa zehntausend Dollar wert. Das Doppelte, wenn der fehlende auftaucht.«

Ich wußte nicht, was für ein Spiel Adrienne spielte, aber sie hatte aufgespielt; und ich beschloß zu passen.

»Zehntausend, hm?«

»Ist das nicht wunderbar?« sagte Adrienne.

»Doch«, antwortete St. Clare, obwohl es offensichtlich war, daß er ihren Enthusiasmus nicht teilte. Ich im übrigen auch nicht.

Ich wünschte den beiden noch einen schönen Abend und machte mich auf den Heimweg.

Ich wohnte in einem Zwei-Schlafzimmer-Apartment über einer Garage, das einem jungen italienischen Ehepaar gehörte, deren Kinderschar sich ständig vermehrte. Eine Außentreppe, der ungestrichene Bretter als Geländer dienten, kletterte seitlich an der Garage hoch. Ich angelte mir ein Sixpack aus dem Kühlschrank und setzte mich auf die Stufen, um die Sonne untergehen zu sehen. Adriennes fröhlich vorgetragene Lüge St. Clare gegenüber wollte mir nicht aus dem Kopf gehen. Nicht, daß mir St. Clares seelische Befindlichkeit in irgendeiner Weise etwas bedeutete. Der Mann war schlicht doof. Er hatte vor über dreißig Jahren zwei nicht weiter erwähnenswerte Amtszeiten als Bürgermeister hinter sich gebracht und stolzierte noch immer die Merchant Street hinunter, als wäre er in Amt und Würden. Er bellte der Polizei sogar Befehle zu, wenn der öffentliche Notstand ausgebrochen war, was in Milton auf gelegentliche Stromausfälle nach einem Gewitter hinauslief. Ich wußte nicht, ob er DiRienzos Ermittlungen verfolgt hatte. Mit Sicherheit aber hatte er ein persönliches Interesse an der Witwe.

Die Lüge hingegen war etwas anderes. Wenn jemand mich benutzen wollte, dann wollte ich wissen, warum.

Drei Biere nach Sonnenuntergang bahnten sich Autoscheinwerfer ihren Weg in die Einfahrt und zerbarsten schließlich an der Garagenwand. Das Licht wurde diffuser. Ein Motor lief noch kurze Zeit leise und wurde schließlich abgestellt. Aus der Dunkelheit schälte sich langsam die Gestalt Adriennes heraus. Irgendwie erstaunte mich das gar nicht. Sie kletterte bis zu einer Stufe unter mir hoch, drückte sich dann mit dem Rücken gegen die Ziegel und stützte sich mit den Füßen auf eines der Bretter. Jeans und Bluse hatten den Body ersetzt, die Wirkung blieb jedoch dieselbe. Ich reichte ihr ein Bier. Sie riß den Verschluß auf und stürzte einen gierigen Schluck hinunter.

»Ich schulde Ihnen eine Erklärung«, sagte sie.

»Das kann man wohl sagen.«

»Sie finden es sicher schrecklich, wie ich St. Clare angelogen habe.«

»Was Sie St. Clare erzählen, ist Ihre verdammte Sache. Aber wenn Sie mich mit reinziehen, ist es auch meine.«

»Warum haben Sie ihm nicht die Wahrheit gesagt?«

»Die Schläger haben ihren festen Wert und nicht den, den Sie St. Clare verklickern. Er wird schon noch von selbst dahinterkommen.«

»Aber Sie haben mir ihren Wert genannt«, sagte sie. »Das hätten Sie nicht zu tun brauchen. Soviel weiß ich darüber, wie Erbangelegenheiten geregelt werden.«

»Woher wußten Sie eigentlich, daß ich nicht längst mit St. Clare oder Twomby gesprochen hatte?«

»Ich wußte es einfach. Sie haben mich völlig unvorbereitet angetroffen. Ich habe einfach nicht gedacht, daß Sie mit einer Schätzung der Schläger so schnell sein würden. Und als er dann auftauchte, wußte ich nicht, was ich machen sollte.«

»Dafür haben Sie aber sehr prompt reagiert«, sagte ich. »Vor einer Minute noch schuldeten Sie mir eine Erklärung. Ich warte noch immer.«

Adrienne drückte die Bierdose leicht gegen ihre Schläfe.

»Ich möchte nicht, daß St. Clare den wahren Wert dieser Schläger kennt, zumindest eine Zeitlang nicht.«

»Warum das?«

»Ich habe meine Gründe.«

»Offenbar sind sie nicht gut genug. Ich bin per Testament zu etwas verpflichtet worden, und ich nehme meine Pflichten sehr ernst. Ob es Ihnen nun paßt oder nicht – Sie sind auf mich angewiesen, was für trübe Machenschaften Sie auch immer vorhaben.«

»Keine Machenschaften!«

Ich konnte ihr Gesicht im Halbdunkel nicht besonders gut erkennen; aber ihre Stimme klang glaubhaft verzweifelt.

»Verdammt«, sagte sie. »Als ich hörte, daß Sie auch im Testament erwähnt sind, da dachte ich, ich hätte endlich jemanden, mit

55

dem ich reden könnte. Und als Sie heute abend zu mir kamen, da war ich mir sicher, daß ich Ihnen vertrauen kann. Dabei sind Sie bloß wie alle anderen in dieser beschissenen Stadt.«

»Soll ich mich jetzt geschmeichelt oder beschämt fühlen?«

»Scher'n Sie sich zum Teufel!« Sie kletterte die Stufen hinunter und schmiß die Bierdose verächtlich auf den Rasen.

Ich rührte mich nicht. Dasselbe vage Gefühl, das ihr Erscheinen ausgelöst hatte, sagte mir, daß sie nicht gehen würde. Einen Augenblick später stand sie wieder am Fuß der Treppe.

Wir gingen in mein Apartment. Sie quetschte sich mit übereinandergeschlagenen Beinen und verschränkten Armen in eine Ecke des Sofas. Eine defensive Haltung, wie jemand sagen würde, der sich mit Körpersprache auskennt. Unter den 300 Watt der Deckenspotlights sah ihre Haut weniger nach Karamel als nach zuviel Sonnenstudio aus. Trotzdem gab sie immer noch eine hübsche, wenn auch reichlich verkrampfte Frau ab.

Ich hatte schon so manchen Zeugen ins Kreuzverhör genommen. Manchmal war es so schwierig gewesen, als hätte man einen eingefrorenen Motor ankurbeln müssen. Dann wieder war es so leicht gegangen, als hätte ich nur einen Reifen angestochen und zugehört, wie die Luft herausströmt. Ich rechnete nicht damit, daß Adrienne sehr gesprächig sein würde; also versuchte ich es mit dem üblichen Schreckschuß.

»Ich weiß einiges über Syl und seine Testamente. Mein ehemaliger Partner hat das erste Dutzend oder so aufgesetzt. Sie bekommen das Geld für die *Blitzschläger*, stimmt's?«

Adrienne reagierte kaum. Ich kam zu dem Schluß, daß dies einfach ihre Art war. Sie lächelte nur nachsichtig und lachte leise.

»St. Clare hat sie nicht mehr alle«, sagte sie nur.

»Ich kenne den Bürgermeister.«

»Es ist viel schlimmer, als Sie es sich vorstellen können. St. Clares Freundschaft zu meinem Mann ging weit über das Übliche hinaus. Er betete Syl an. Vielleicht wegen dieser Kriegsheldengeschichte. Oder Syls geschäftlichem Aufstieg aus dem Nichts heraus. Oder meinetwegen. Vielleicht wegen allem zusammen. Seit allerdings Syl nicht mehr ist, hat St. Clare sich völlig verändert. Ich nehme an, ein Psychologe würde das Übertragung nennen. Manchmal hält er sich schon für Syl. Das würde mich normalerweise nicht weiter kümmern, aber seit Syl tot ist, hält er sich eben auch für meinen Mann.

Ich weiß über das Testament nur, daß ich die Hälfte von dem bekommen soll, was die Schläger beim Verkauf einbringen. Die Heimlichtuerei ist nur St. Clares Art, mich herumzukommandieren; und dieser komische Twomby genießt es genauso, mich im Ungewissen zu lassen. Er hat seit Jahren nur Syls Version der Geschichte gehört und hält mich für das Allerletzte.

Alles, was ich will, ist heraus aus der Stadt. Ich hasse sie, habe sie immer gehaßt. Wahrscheinlich denken jetzt alle hier, ich hätte Syl wegen des Geldes umgebracht, wie ich ihn ja auch schon wegen des Geldes geheiratet haben soll. Wenigstens konnte ich die Polizei von meiner Unschuld überzeugen. Detective DiRienzo glaubt mir.«

Sie lächelte zuckersüß, um mir eine Vertrauensbezeugung zu entlocken. Worauf ich verzichtete.

»Warum verlassen Sie Milton dann nicht?«

Adrienne rieb ihre Finger aneinander – das universelle Zeichen für Geld.

»Ich habe keins. Ich weiß nicht einmal, ob ich überhaupt noch ein Dach über dem Kopf habe, oder ob Syl auch das Haus karitativen Einrichtungen vermacht hat.«

»Sie können das Testament anfechten. Da gibt es klare Gesetze.«

»Ich kenne die Gesetze. Aber es würde ein echtes Gefecht bedeuten. Genauso wie eine Scheidung in Krieg ausgeartet wäre. Und ich habe keine Kraft mehr zu kämpfen.«

»Was haben Sie davon, St. Clare die Wahrheit vorzuenthalten?«

»Das Überraschungselement«, sagte sie. »St. Clare hat Absichten, was mich angeht. Er weiß, daß ich es mir nicht leisten kann zu verschwinden, weil ich nichts und niemanden habe, wo ich hingehen könnte. Die einzigen Verwandten, die ich noch habe, würden mich nicht aufnehmen. Und mein einziges Barvermögen ist ein Bankkonto mit einem Pipibetrag drauf. Das Geld wäre in einem Monat weg. Er glaubt tatsächlich, daß er mich auf die Tour weich kriegt und ich ihn heirate. Aber er weiß auch, daß ich fliehen würde, wenn ich nur könnte. Solange er denkt, die Schläger seien 10.000 oder 20.000 Dollar wert, wird ihn das nicht beunruhigen. Er weiß, daß ich mit der Hälfte davon nicht weit käme, und wird die Schläger versteigern lassen. Wenn er aber erfährt, daß sie 50.000 bis 100.000 Dollar wert sind, wird er das für immer zu verhindern wissen.«

»Natürlich, denn mit runden 50.000 oder 100.000 Dollar kommen Sie schon ein ganzes Stück weit.«

»Ich habe nicht die Absicht, dem Vermögen meines Mannes etwas abzugaunern. Ich will nur, was mir zusteht – keinen Penny mehr und keinen weniger. Wenn ich diese Stadt verlasse, möchte ich niemandem Dankeschön sagen müssen.«

»Warum zum Teufel hat St. Clare dann keinen Freudensprung gemacht, als Sie ihm von den zehn Riesen erzählten?«

»Er muß nervös gewesen sein, weil Sie da waren. Nachdem Sie gegangen waren, hat er versucht, mich auszuquetschen, worüber wir geredet hätten. Ich habe ihm nichts verraten. Dann jedoch konzentrierte er sich auf die Zahlen, und ich konnte spüren, wie er sich entspannte.«

Ich wußte nicht, was ich von ihr halten sollte. Gute Lügner servierten ihre Geschichten in authentisch klingendem Ton. Schlechte überkompensierten mit einer Flut von Details. Adrienne hatte tief aus ihrer Seele gesprochen. Oder aus dem, was mir als ihre Seele erscheinen wollte.

Halten Sie sich da raus, hatte der Richter mir geraten; doch ich war bereits voll in der Sache drin, und mit jeder Minute, die verstrich, geriet ich tiefer hinein. Ich konnte Adrienne helfen, ohne meine ethischen Überzeugungen über Bord zu werfen. Es würde Wochen dauern, bis die Auktion arrangiert war. Bis dahin war das Classic vorbei, und St. Clares unerwiderte Liebesbrunst hatte sich vielleicht längst abgekühlt. In der Zwischenzeit konnte ich es mir erlauben, niemandem etwas zu sagen.

Ich brachte Adrienne zu ihrem Wagen. Ich verriet ihr nicht, was ich vorhatte; sie fragte auch nicht danach. Bevor sie jedoch losfuhr, kurbelte sie das Fenster herunter.

»Syl hat immer viel von Ihnen gehalten. Ich kann verstehen, warum.«

Kapitel 4

Am nächsten Morgen schafften es die Cops, vor mir im Club zu sein. Drei Streifenwagen und ein ziviler Plymouth bildeten einen groben Halbkreis um die Veranda des Pro-Shops. Ihre Türen waren geöffnet und ihre Signallampen blitzten. Aus den Funk-geräten knackte und rauschte es. Der Geruch von verbranntem Gummi hing in der Luft. Schleuderspuren führten zurück zu den Reifen des Plymouth.

Zwei der Golfer, die regelmäßig in den frühen Morgenstunden spielten, standen an der Ladentür und gafften nach drinnen, wo die Musik spielte.

»Wir haben es entdeckt«, sagte einer von ihnen triumphie-rend. »Wir haben die Polizei gerufen.«

Ich drückte mich an ihnen vorbei. Ein Cop preßte seine Nase gegen den Sims des einzigen kleinen Fensters. Ein zweiter streu-te Pulver zur Abnahme von Fingerabdrücken auf die Glasober-fläche der Theke. Ein dritter hielt am Eingang zum Lagerraum Wache. Hinter ihm knatterten schroffe Stimmen wie Maschinen-gewehre.

»Wo ist DiRienzo?« fragte ich.

Der Cop trat zur Seite und gab so den Blick auf DiRienzo frei, der gerade Pete gegen die Werkbank drückte.

»Hast du gestern abend abgeschlossen?« brüllte DiRienzo auf Pete ein.

»Ich brauche Ihre saublöden Fragen nich zu beantwor-ten.«

»Ich nehm dich mit zum Hauptquartier, da werden wir ja sehen, was für'n Mumm du hast.«

»Wow, als ob ich da noch nie gewesen wäre.«

»Hey!« sagte ich.

DiRienzo richtete sich auf. Pete drehte sich von ihm weg und rieb mit einer Hand über die Stelle seines Rückgrats, wo ihn die Kante der Werkbank gedrückt hatte.

»Ach nee, Lenahan«, sagte DiRienzo. »Da sind Sie ja endlich. Hat Ihr Laden neuerdings Öffnungszeiten wie ne Bank?«

»Was zum Teufel ist jetzt schon wieder los?«

»Das versuche ich gerade herauszufinden.«

»Jemand hat gestern nacht hier eingebrochen«, sagte Pete. »Sherlock glaubt, daß ich darüber was weiß.«

»Ich habe bloß Routinefragen gestellt. Und er hier erzählt mir einen Haufen Scheiße.«

»Sie würden Scheiße nicht mal erkennen, wenn sie Ihnen auf den Kopf fallen würde!«

»Behalt's drin, Pete«, sagte ich. »Du hast zu tun. Geh an die Arbeit.«

Pete grinste DiRienzo höhnisch an und stolzierte dann zurück in den Lagerraum.

»Der Junge macht ewig Schwierigkeiten«, bemerkte DiRienzo.

»Früher mal. Jetzt arbeitet er verdammt konzentriert und fleißig, wenn man ihn nicht belästigt.«

»Wer belästigt ihn denn? Ich habe nur Routinefragen gestellt.« Er klopfte mit der Kante des Notizbuchs gegen sein Handgelenk. »Ich zeig Ihnen, was passiert ist.«

Wir gingen zurück zum Laden. Der – oder vielleicht auch die – Einbrecher, erläuterte mir DiRienzo, sei durch das Fenster eingedrungen, nachdem er das halbmondförmige Schloß aufgebrochen habe. Das Fenster befand sich hoch oben über der Kassentheke. Es habe zweier Einbrecher – oder eines sehr athletischen – bedurft, um die Außenwand hochzukommen und durch eine Öffnung zu klettern, die keine sechzig Zentimeter breit war. Im Augenblick denke DiRienzo noch ersteres, obwohl er seine Meinung natürlich ändern könne.

»Pete hat einen Schlüssel«, bemerkte ich, um den unterschwelligen Anschuldigungen entgegenzutreten. »Warum sollte er durch ein Fenster klettern?«

»Moment, ich habe nicht gesagt, daß der Junge es war. Aber wenn er mir so kommt wie eben, dann werde ich natürlich hell-

61

hörig.« DiRienzo breitete seine Pranken aus. »So haben wir den Tatort vorgefunden. Nichts verwüstet worden und gar nichts, aber die Kasse war offen.«

»Ich lasse sie abends immer offen«, sagte ich. »Mir ist es lieber, wenn jemand das bißchen Bargeld stiehlt, als wenn er die Kasse mit einem Hammer zertrümmert.«

»Was passiert mit den Tageseinnahmen?«

»Ich bringe sie jeden Abend zur Bank. Oder Pete.«

DiRienzo lächelte süffisant. »Und es kommt wirklich an?«

»Jeden verdammten Abend.«

Ich verschaffte mir einen kurzen Überblick. Nicht ein Penny fehlte. Alle Waren im Regal. Nichts war auch nur einen Millimeter verrückt. Dann schaute ich in mein Büro. Ein einziges Stückchen Noppenfolie auf dem Grund eines ansonsten leeren Abfalleimers traf mich wie ein Schlag. Ich schlug die Tür zurück. Die *Blitzschläger* waren verschwunden.

»Was?« fragte DiRienzo. Selbst er konnte in meinem Gesicht lesen.

Ich erklärte es ihm.

»Und das sind die Schläger, die Sylvester Miles hinterlassen hat?«

Ich nickte.

»Hochinteressant«, bemerkte er, als er sein Notizbuch aufschlug.

Es war alles so perfekt, dachte ich, als ich über den Golfplatz fuhr. Sie kannte den wahren Wert der Schläger, zog mich in ihre Lügenaffäre mit William St. Clare hinein und spionierte mein Apartment aus. Die einzig möglichen anderen Verstecke waren der Pro-Shop oder der Kofferraum meines Wagens, und sie hatte richtig getippt. Ich hatte sie förmlich vor Augen, wie sie ihren straffen, athletischen Körper durch das Fenster schob, über die Theke ein Rad schlug und im perfekten Stand auf dem Boden landete. Und ich war der komplette Idiot, der ihr die Rührgeschichte abgekauft hatte.

Ich war wütend genug, um einfach so bei ihr reinzuplatzen und sie zur Rede zu stellen. Bei einer Extrarunde im Heideteil jedoch besann ich mich schließlich darauf, meinem Verstand zu folgen. Ein Frontalangriff würde nicht funktionieren; und sie war zu schlau, um die Schläger an einer leicht erratbaren Stelle zu verstecken. Meine größte Chance bestand darin, ihr Informationen zu entlocken, während ich mich dumm stellte.

Adrienne öffnete munter die Tür. Ihr Bademantel und ihr nasses Haar erinnerten mich daran, wie früh es noch war.

»Es gibt schlechte Neuigkeiten«, sagte ich. »Gestern nacht hat jemand in meinem Pro-Shop eingebrochen und die *Blitzschläger* gestohlen.«

Adrienne wich einen Schritt zurück. Mit einer Hand tastete sie nach einem kleinen Tisch im Flur. Mit der anderen hielt sie sich den Kragen ihres Bademantels zu, als wäre ich mit einem eisigen Wind ins Haus gefegt. Ihre Hand fand den Tisch; und sie ließ sich auf den zugehörigen Stuhl nieder, während sie unausgesetzt ins Leere starrte. Wenn es sie nicht wirklich kalt erwischt hatte, dann war sie eine verdammt gute Schauspielerin.

Nach einer ganzen Weile hob sie schließlich den Kopf und sah mir direkt in die Augen.

»Sie denken, daß ich es war.«

Soviel also zum Thema Informationen entlocken. »Die Möglichkeit ist mir durch den Kopf gegangen.«

»O Mann«, sagte sie. »Das ist nicht gut. Das ist gar nicht gut.«

Ich erzählte ihr die Einzelheiten und suchte währenddessen ihr Gesicht nach Reaktionen, Zeichen von Eingeständnis oder Schuld ab. Doch ich sah nichts als Augen, die in die Ferne starrten, und ein Zucken um die Mundwinkel, das das Vorspiel zu einem lautem Aufschluchzen hätte sein können.

»Jack«, sagte sie sanft.

»Wer ist Jack?«

Adrienne antwortete nicht. Sie schlug auf den Tisch und biß die Lippen zusammen. »Verdammter Hund.«

»Wer ist Jack?«

»Syls jüngerer Bruder«, erwiderte sie. »Er ist College-Professor. Einer dieser widerlichen Besserwisser. Er und Syl sind nicht besonders miteinander ausgekommen. Sie haben sich nur etwa einmal im Jahr gesehen. Jack tauchte dann immer an seiner Tür auf, meist nachts und unangemeldet. Sie gingen in Syls Arbeitszimmer, um miteinander zu reden. Naja, im Grunde stritten sie mehr miteinander. Nach dem zu schließen, was ich durch die Tür hören konnte, ging es immer um Geld. Jack brauchte es für irgendwas. Er beharrte immer darauf, er habe seinen Teil zu dem Deal beigesteuert, aber Syl sei wortbrüchig.

Ich habe nie mitbekommen, was Syl darauf geantwortet hat. Aber ich kann förmlich hören, wie er eine ähnlich nachsichtige Mildheit in seine Stimme legt, als spreche er zu einem Kind. Genauso sprach er nämlich mit mir. Ich hatte das Gefühl. daß er Jack das Geld nicht völlig verweigern wollte. Er wollte die Zahlung nur aufschieben.

Ich weiß nicht, was Syl ihm vermacht hat, aber viel kann es nicht sein. Wenn er das Geld immer noch gebraucht hat, dann konnte er annehmen, daß die Schläger die einzige Möglichkeit waren, schnell an Bargeld zu kommen.«

»Wie konnte Jack überhaupt von den *Blitzschlägern* wissen?«

»Sie haben mir doch erzählt, die Schläger seien aus dem Nachkriegsdeutschland, richtig? Jack hält sich für einen Experten in Sachen Zweiter Weltkrieg. Ebenso hält er sich für einen Schriftsteller; doch weiß ich von nichts, das er je vollendet, geschweige denn veröffentlicht hätte. Ich bin mit ihm übrigens auch nicht besonders klargekommen. Als wir uns das erste Mal trafen, versprach er mir, mir die wahre Geschichte von Syls Kriegsheldentum zu erzählen. Ich sollte wohl erfahren, daß mein Ehemann in Wirklichkeit ne Menge Dreck am Stecken hatte. Das Versprechen hat er jedoch nie eingelöst.«

»Woher aber wußte Jack, daß ich die *Blitzschläger* in Verwahrung hatte?«

»Er hat Sie doch gesehen!«

Die Gestalt des x-beinigen Mannes kristallisierte sich aus

64

meiner Erinnerung heraus. Schlagartig fiel mir die Ähnlichkeit mit Syl auf, wie bei einem Kippbild, das auf einmal die Gestalt veränderte, wenn man sich anstatt auf Schwarz auf Weiß konzentrierte.

»Der Mann, der so beleidigt abgezogen ist?« fragte ich.

»Genau der.«

Ich brauchte nicht unbedingt anzunehmen, daß Adrienne die Schläger nicht gestohlen hatte, aber ich beschloß, mich zurückzuhalten. Selbst wenn sie sie gestohlen hatte, war es höchst zweifelhaft, daß es ihr gelang, sie loszuschlagen, ohne Aufsehen zu erregen. Außerdem war ja auch DiRienzo hinter der Sache her, eine Vorstellung, die ich ungewohnt beruhigend fand.

Adrienne hatte mir gesagt, Jack Miles lehre an der State University in Purchase. Er lebte in einem kleinen gemieteten Apartment, das die Universität bereitgestellt hatte, und besaß ein Häuschen an einem See im Bezirk Putnam. Vermutlich sollte das seine Schreibklause sein. Doch solange Adrienne ihn kannte, war er dabei gewesen, das Häuschen zu renovieren; und sie hatte große Zweifel, ob es jemals fertig würde.

Ich fand Jack Miles in einem stickig heißen Gebäude in der Philosophischen Fakultät. Die Tür war angelehnt. Der einzige Stuhl vor seinem Schreibtisch war leer. Er schien nichts zu tun zu haben, sofern man Tagträumerei nicht als ernsthafte Tätigkeit ansah. Mein Plan war einfach. Wenn seine Feindseligkeit Adrienne gegenüber der ihren ihm gegenüber in etwa gleichkam, dann brauchte ich ihn lediglich zum Reden zu bringen. Ich klopfte gegen den Türrahmen, und er kehrte zur Erde zurück.

Es war unübersehbar, daß er mich erkannte, obwohl keiner von uns beiden sich etwas anmerken ließ. Auf die Preliminarien verzichteten wir. Ich war der Golf-Pro am Country Club seines Bruders – offiziell also Syls Angestellter. Und ich brauchte seine Hilfe bei einem Problem.

»Wie könnte ich einem Golf-Pro helfen?«

»Das Problem hat auch mit dem Zweiten Weltkrieg zu tun. Ich habe gehört, Sie seien Spezialist dafür.«

»Wer hat Ihnen das gesagt?«

»Adrienne.«

»Verstehe.« Jack Miles faltete mit seinen Handflächen ein Dach vor seinem Gesicht und atmete tief aus. So hinter seinem Schreibtisch sitzend wirkte er nicht so groß, wie ich ihn in Erinnerung hatte. Sein Rücken war gebeugt und sein Brustkorb eingesunken. Jetzt, da ich wußte, daß er Syls Bruder war, konnte ich dieselbe habichtartige Schädelstruktur unter dem wirren Haarschopf ausmachen.

»Und Syl«, fügte ich hinzu. »Er hat bei einigen Gelegenheiten von Ihnen gesprochen.«

»Ich kenne mich auf dem Gebiet gut aus«, sagte er.

»Aber wenn es Ihnen gerade nicht paßt …« Ich machte Anstalten, mich zu erheben.

»Wir können uns genauso gut jetzt unterhalten, Mr. Lenahan. Was, bitte, ist Ihr Problem?«

»Ihr Bruder hat mich in seinem Testament aufgeführt«, sagte ich. »Ich weiß zwar auch nicht warum, aber er bittet darum, daß ich die Versteigerung eines Golfschlägersatzes organisiere. Er stammt aus Deutschland, und ich nehme an, daß Ihr Bruder sie nach dem Krieg hat mitgehen lassen.«

Ich trug ihm die *Blitzschläger*-Saga genauso vor, wie sie in Hillthwaites Buch stand. Jack Miles setzte einen finsteren Blick auf.

»Plünderungen waren nach dem Krieg recht häufig«, sagte er. »Die Nazis hatten Osteuropa unzähliger Kunstschätze und anderer Dinge, deren sie habhaft werden konnten, beraubt. Nach dem Krieg haben die Alliierten sozusagen zurückgeplündert. Einige taten es auf eigene Faust, wie der GI, der sich mit dem Quedlinburger Domschatz unterm Regenmantel davongemacht hat. Andere waren vom Staat organisiert, wie zum Beispiel der Fall der Zeichnungen alter Meister, die ursprünglich einem Finanzmann namens Koenigs gehört hatten und von den Russen aus einem sächsischen Schloß gestohlen worden waren.

Die Geschichte mit den Golfschlägern klingt nach einer Grup-

66

pe souvenierhungriger Soldaten. Ich könnte mir durchaus vorstellen, daß Syl bei einer solchen Aktion mitgemacht hätte. Für die feinen Künste hatte er sowieso nie ein Gespür. Aber wie dem auch immer sei; ich bezweifle stark, daß diese Golfschläger viel wert sind. Für einige wenige mögen sie interessant sein, aber für die meisten nicht.«

»Da bin ich aber froh, daß Sie so denken«, sagte ich, »denn sie sind gestern nacht aus meinem Pro Shop gestohlen worden.«

»Das tut mir leid«, sagte Jack Miles. »Ich hoffe, man kann Sie dafür nicht haftbar machen.«

»Um ehrlich zu sein, habe ich mich um das Problem noch nicht gekümmert«, sagte ich. »Aber das bringt mich zur nächsten Frage. Was wissen Sie über Adrienne?«

»Inwiefern?« fragte er vorsichtig.

»Ich habe den Eindruck, daß das Testament nicht gerade zu ihren Gunsten ausgefallen ist.«

»Und Sie glauben, sie hat diese Schläger gestohlen, um ihr Erbe aufzubessern?« Er klang zunächst milde erheitert, verfiel dann aber in tiefes Schweigen. Schließlich verhärteten sich seine Züge. »Ich weiß nicht, was sie erbt. Und um ehrlich zu sein – es interessiert mich auch nicht. Wieviel auch immer sie bekommt, es ist zuviel.«

Endlich floß die Galle. Er schob sich von seinem Schreibtisch zurück und sortierte ein paar Bücher neu, die er bereits auf der Klimaanlage am Fenster ordentlich hingestapelt hatte.

»Mein Bruder und ich sind unserer eigenen Wege gegangen, nachdem er aus dem Krieg zurückgekommen war«, fuhr er fort. »Das ging schon auf seine erste Ehe zurück. Er heiratete eine Frau, die einer reichen Südstaatenfamilie entstammte, und brachte nicht den Anstand auf, sie nach Brooklyn zu bringen, um sie der Familie vorzustellen. Er löschte einfach seine Vergangenheit aus, auf der Suche nach – wie F. Scott Fitzgerald wohl gesagt hätte – der nächsten platonischen Idee von sich selbst. Ich verachtete ihn dafür. Viele Jahre haben wir nicht miteinander gesprochen; und als Adrienne auftauchte, waren wir gerade dabei, unsere Beziehung wieder zu kitten.

Ich hatte das Projekt schon seit einiger Zeit in der Schublade. Es handelte sich um einen postmodernen Roman, der unmittelbar in den Wirren nach dem Zweiten Weltkrieg spielte. Ich wandte mich an Syl; er zeigte Interesse an der Sache und versprach, mir zu helfen. Natürlich wollte er keine Zeile schreiben. Schreiben ist meine Stärke. Aber seine Kriegserlebnisse sollten den Kern meiner Erzählung bilden.

Syl war nicht der Kriegsheld, für den ihn jeder hielt. Ich war bei seinem Gedenkgottesdienst und fand ihn ziemlich albern. Mein Bruder hat keine Minenwerferstellung im Alleingang eingenommen, obwohl er an einer ähnlichen Mission teilgenommen hat. Syl agierte mit einem Hauptmann und einem Feldwebel zusammen, die beide innerhalb einer Woche fielen. Und die Minenwerferstellung hielten Polen, nicht Deutsche. Die Achsenmächte waren auf dem Rückzug, und Volksdeutsche wurden nur selten in Rückzugsgefechten verheizt. Dennoch hat Syl die Legende über sich selbst aufrechterhalten; und die Leichtgläubigkeit der Nachkriegsöffentlichkeit ist es, die mich interessiert. Ich glaube nicht, daß Syl je geschwant hat, wie ironisch ich seinen Heldenstatus in meinem Buch behandelt hätte.

Wir sprachen über seine Finanzierung des Projekts. Ich rechnete mit drei Jahren reiner Schreibzeit, hatte jedoch nur Anspruch auf ein Forschungsfreijahr. Ich führe nun wirklich kein Luxusleben, aber hunderttausend brauchte ich schon, um einigermaßen über die Runden zu kommen. Ich wollte ja keine Wohltätigkeit. Ich hatte durchaus die Absicht, Syl die Tantiemen abzutreten. Doch er war ganz Geschäftsmann. Wollte unbedingt einen groben Abriß sehen. Ich habe ein Jahr damit verbracht, einen zusammenzustellen. Als ich ihn dann hatte, war Syl nicht mehr interessiert. Er hatte Adrienne geheiratet.«

»Was hat Syl Ihnen hinterlassen?«

»Warum ist das wichtig?«

»Sie wirkten wütend, als Sie das Haus nach der Testamentsverlesung verlassen haben.«

»Sie haben mich gesehen?« Jack Miles kniff die Augen zusammen. »Hätte ich mir auch denken können. Ich stand einfach noch unter Schock. Wäre es Ihnen anders gegangen?«

»Käme drauf an, was mich schockiert hätte.«

»Mein Bruder ist gerade gestorben«, sagte er so sachlich, als rede er über das Wetter.

»Es ging also gar nicht um Ihr Erbe?«

»In keiner Weise«, sagte er. »Syl hat mir mehr hinterlassen, als er sich je hätte erträumen lassen.«

Als ich Jack Miles' Büro verließ, wußte ich, daß sich die Zahl meiner Verdächtigen verdoppelt hatte.

Kapitel 5

Ich kehrte nach zwölf zu einem seltsam stillen Caddie-Raum zurück. Ein einsamer Caddie döste auf einer Bank. Ein ›Bin in zehn Minuten zurück‹-Schild hing im Fenster der Bude für den Caddiemaster. Ein älterer Kunde trommelte mit seinen Spikes ungeduldig gegen die Veranda des Pro-Shop.

»Wurde auch Zeit, daß mal einer aufmacht!«

Die Tür des Pro-Shop war abgeschlossen. Ich händigte dem Golfveteran eilig seine Schläger aus und fragte mich, warum Pete seinen Posten verlassen hatte. Alles, was ich vorfand, waren Nachrichten auf dem Anrufbeantworter, die bis zum mittleren Vormittag reichten, und Spuren von Fingerabdruckpulver auf allen Oberflächen.

Das Telefon lieferte die Antwort. Zumindest teilweise.

»Er möchte, daß Sie sofort kommen«, sagte Inglisis Geschäftsstellenleiter.

»Kann er nicht ans Telefon kommen?«

»Er ist im Gericht.«

»Ich kann meinen Laden nicht einfach so verlassen.«

»Wollen Sie mein Blut an Ihren Händen?«

Richter Inglisi führte den Vorsitz bei einer Gerichtsverhandlung, die im obersten Stock des Westchester County Court Building stattfand, einem Hochhaus mit zwanzig Stockwerken. Es stand dort, wo glitzernde 80er-Jahre-Fassaden und verlassene Baugruben aus den 90ern aufeinandertrafen. Ich drückte mich in die letzte Reihe auf der Galerie, während der Verteidiger einen nervösen jungen Mann im Kreuzverhör über die Einzelheiten eines Autounfalls hatte. Der Richter warf mir einen Blick zu, ließ sich aber nicht anmerken, daß er mich erkannte.

Es war das erste Mal, daß ich Big Jim als Richter agieren sah. Ich hatte etwas Komisches erwartet, eine Art Humpty Dumpty, so groß wie breit, in schwarzer Robe, der begriffsstutzigen Anwälten böse Blicke zuwarf und lüstern nach hübschen Jurorinnen schielte. Weit gefehlt; ich sah einen Mann, der wachsam war, geistreich und – das darf ich sagen – hoheitsvoll. Er saß da mit seinen Ellenbogen auf der Richterbank und drehte seinen Kopf wie eine alte Eule zwischen hochgezogenen Schultern hin und her. Seine dünnen weißen Haarbüschel leuchteten wie Neon im Licht seiner Tischlampe. Mit jeder Faser war er beim Geschehen im Gerichtssal dabei. Wenn die Aufmerksamkeit der Jury einmal nachließ, forderte er sie mit einer witzigen Bemerkung wieder ein. Wenn der Verteidiger mit einer Frage zu weit ging und der Staatsanwalt nicht sofort protestierte, bewahrte er den Zeugen vor Demütigungen. Er war völlig in seinem Element – und ich tief beeindruckt.

Um Punkt vier kündigte er mit einer Stimme, die ritualisierte Routine verriet, eine kurze Sitzungspause an. Eine Minute später führte mich ein Gerichtsdiener ins Richterzimmer. Richter Inglisi trug eine maßgeschneiderte Robe, um ein Maximum an Eleganz zu gewährleisten. Er lockerte seinen Kragen, und als er den Mund aufmachte, war er wieder ganz Big Jim.

»Wo zum Teufel haben Sie gesteckt?«

»Ich war auf der Suche nach Sylvester Miles' Golfschlägern. Sie sind gestern nacht aus meinem Pro Shop gestohlen worden.«

»Na großartig. Während Sie fort waren, hat die Polizei Pete O'Meara wegen des Mordes an Miles verhaftet.«

Ich sank auf einen Stuhl.

»Deirdre hat mich angerufen«, sagte er. »Genauer gesagt, sollte ich ihr einen Anwalt empfehlen.«

»Was ist passiert?«

»Deirdre wußte nichts Genaues. Sie war bei dem Jungen zu Hause, als er vom Miltoner Polizeipräsidium aus anrief. Sie sagte, seine Mutter sei auf der Stelle hysterisch geworden und sein Vater gerade lange genug aus seiner dumpfen Welt aufgetaucht, um danach zu fragen, was für'n Scheiß denn jetzt schon wieder los sei. Deirdre flitzte rüber ins Präsidium; aber Pete war schon auf dem Weg hierher, zur Anklageerhebung.«

»Wen haben Sie ihr empfohlen?«

»Keinen konkreten Anwalt. Ich habe ihr nur gesagt, wie sie vorgehen müsse, um einen guten Strafverteidiger zu finden, und ihr ein paar Namen genannt, von denen sie besser die Finger lassen sollte. Natürlich rein inoffiziell.«

»Wann ist die Anklageerhebung?«

»Sobald man alle erforderlichen Hanseln zusammen hat, das wissen Sie doch.« Der Richter zog den Reißverschluß seiner Robe bis zu seinen Hängebacken hoch und nahm seine hoheitsvolle Haltung wieder ein. »Und unser Gerede hier bringt rein gar nichts. Ich weiß, was Sie denken. Wir haben uns beide Beine ausgerissen, um dem Jungen zu helfen, deshalb können wir ihn jetzt doch nicht einfach so fallenlassen. Aber wir beide sind keine Strafverteidiger mehr. Ich muß jetzt zurück auf die Richterbank. Sie sollten den Aufzug nehmen, in Ihren Wagen steigen, ganz schnell wegfahren und für das Classic trainieren. Sie mögen sich im Moment selbst hassen, aber morgen werden Sie mir dankbar sein.«

Ich nahm den Aufzug nur bis zu dem Stock, wo die Anklageerhebung stattfand. Die traurige Berühmtheit des Verbrechens hatte dafür gesorgt, daß mehrere Dutzend Leute im Flur herumstanden; Reporter auf der Suche nach einer Story mischten sich mit Rentnern auf der Suche nach einem Drama, das spannender war als ihre Seifenopern. Ich bahnte mir meinen Weg durch die Menge und hielt nach den O'Mearas Ausschau. Als ich keinen der beiden fand, schlich ich mich um eine Ecke in einen anderen Flur. Gina O'Meara saß verloren auf einer Holzbank. Das pechschwarze Haar fiel ihr über die knochigen Schultern.

»Richter Inglisi hat mir das mit Pete erzählt«, sagte ich.

Sie murmelte etwas auf Spanisch und nickte in Richtung gegenüberliegender Wand, wo Deirdre an einem Münzfernsprecher telefonierte. Ich hatte Deirdre seit fast einem Jahr nicht gesehen. Ihr Haar, das sie sich für die Arbeit im Krankenhaus hochgesteckt hatte, war von einem bräunlichen Rot. Ein paar Extrapfunde versteckten sich unter ihrem Schwesternweiß; dennoch war sie nach allen denkbaren Maßstäben noch immer schlank und langbeinig. Sie bedeutete mir mit einem Finger, daß sie in einer Minute fertig wäre, und steckte dann langsam ein winziges schwarzes Notizbuch in ihre Umhängetasche. Die Minute ging vorbei, und sie kam zu uns.

Ich wiederholte wörtlich, was ich zu Gina gesagt hatte, wohl unterschwellig davon ausgehend, daß Inglisis Name alles rechtfertigte. Deirdre qietschte mit ihren Freizeitschuhen auf dem Terrazzoboden.

»Ich hole Tom«, sagte sie schließlich und verschwand hinter einer Ecke. Sie schien eher Schlittschuh zu laufen als zu gehen, eine Eigenart von ihr, die mich auch auf dem Höhepunkt vieler unserer Zankereien immer für sie eingenommen hatte. Gina zog sich sofort in ein Gemurmel zurück, das nach Gebet klang. Ich trat an ein Fenster und hätte mich am liebsten im Himmel verloren, landete aber in Hörweite von Deirdres scharfer Zunge.

»… weil er dein Sohn ist, deshalb«, sagte sie und packte Tom O'Meara, der auf dem Boden saß, beim Arm.

»Sekunde, verdammt nochmal.« Er fuchtelte mit einer Holzkrücke herum. »Mein Bein.«

»Dein Bein ist nicht halb so kaputt, wie du tust.«

Ich gesellte mich wieder zu Gina. Tom humpelte, von Deirdre, die hinter ihm ging, angetrieben, auf uns zu. Die engen Jeans ließen genau erkennen, wie der Unfall die Knochen und Muskeln seines kaputten Beins umstrukturiert hatte. Sein ganzer Körper war gekrümmt wie der eines Buckligen. Er ließ sich auf einem Abschnitt der Bank nieder, den Gina hastig für ihn frei gemacht hatte. Er hatte tiefliegende Augen und Deirdres kantiges Gesicht, allerdings mit erheblich weniger Fleisch, um die Züge weicher erscheinen zu lassen. Längeres rotes Haar, das von einzelnen drahtigen weißen Haaren durchzogen war, bauschte sich auf, um sich ausbreitende kahle Stellen zu überspielen. Ein Dreitagebart umschattete seine Kiefer.

Zum dritten Mal erklärte ich, warum ich da war.

»Richter Inglisi?« fragte Tom. »Was hat denn der damit zu tun?«

»Nichts, Tom«, sagte Deirdre. »Ich habe ihn angerufen.«

»Wieso'n das? Kann er Pete raushauen?«

»Ich habe ihn angerufen, weil er ein Freund von mir ist.« Sie sah mich an. »Ignorier ihn einfach. Laune unter Null.«

»Als häddich kein Recht zu leben. Mein Bein, mein Job, und nun verhaftense auch noch mein' Jungen. Und ich soll kein Recht ham, schlecht gelaunt zu sein.«

»Mein Baby ein Mörder!« jammerte Gina.

»Halt's Maul«, schnauzte Tom und hämmerte mit seiner Krücke auf den Boden. Gina hielt das Maul. Tom fixierte Deirdre. »Is das der Anwalt, den du beauftragt hast?«

»Nein.«

»Was zum Teufel will er dann hier?«

»Er ist hier, weil Pete ihm am Herzen liegt.«

»Ach was. Der is doch bloß da, um unser Elend zu begaffen.«

»Tom, das ist nicht fair«, sagte Deirdre.

»Warum soll ich mit dem reden?«

»Das ist Kieran Lenahan. Du erinnerst dich doch sicher an ihn! Er ist Anwalt, weißt du noch? Er kann …«

»Ich weiß, wer das is«, sagte Tom. »Du brauchst mit mir nich zu reden wie mit nem verdammten Kind. Ich sach nur, ich weiß nich, warum ich mit dem reden sollte.«

Deirdre setzte zu einer Antwort an, aber er winkte ab.

»Ich bin aus zwei Gründen da«, sagte ich. »Deirdre hat recht. Ich habe was übrig für Pete. Ich weiß auch, wie verwirrend und schrecklich das Rechtssystem sein kann.«

»Seh ich etwa ängstlich aus?« Tom krümmte seinen Rücken, klopfte mit der Krücke gegen seine Brust und forderte mich so heraus, seine Frage zu verneinen.

»Nein, du siehst wütend aus«, gab ich diplomatisch zurück. Mit seinen aufgerissenen Augen und dem zitternden Mund sah er dennoch aus, als habe er panische Angst.

Meine Erläuterungen zu der Anklageerhebung waren wirklich

nicht sehr kompliziert, aber Menschen in einer Notlage wie ihrer hatten einfach den Kopf nicht frei; also versuchte ich es häppchenweise und ganz langsam. Ich war allerdings noch nicht sehr weit gekommen, als Tom auf seine Füße taumelte.

»Was quasseln Sie denn da?« sagte er. »Wir sind arm, und ein Reicher ist tot. Das ist das einzige, was zählt.«

»Tom …« sagte Deirdre, aber er humpelte bereits den Flur hinunter.

»Tut mir leid«, murmelte sie.

»Schon gut«, sagte ich. »Ganz nebenbei – an welchen Anwalt hast du dich gewandt?«

»An einen mit Namen Cooper. Vorname Arthur, glaube ich.«

»Arturo Cooper? Das kann nicht sein.«

»Ich weiß, wen ich beauftragt habe, Kieran«, sagte sie ungehalten.

»Kann einfach nicht sein. Arturo Cooper ist Fachmann für Wirtschaftsrecht. Ich hatte vor ein paar Jahren mit ihm zu tun, als Texaco das Land von den Spencer-Zwillingen kaufte. Er arbeitet nicht als Strafverteidiger.«

»Ich werde es dir zeigen. Seine Karte habe ich irgendwo.« Sie wühlte ihr Notizbuch durch. »Als erstes habe ich Big Jim angerufen. Er empfahl mir, sofort zum Gericht zu flitzen, weil gute Strafverteidiger nie in ihren Büros anzutreffen seien.«

»Arturo Cooper hing im Gericht herum?« Ich war jetzt sicher, daß es zwei Arturo Coopers in der Stadt geben mußte. Meiner kultivierte eine Aura britischer Vornehmheit; er kleidete sich nur in Grau oder Schwarz und stülpte beim Sprechen seine Unterlippe lässig vor, um nach Oberschicht zu klingen. Er sah kaum je einen Gerichtssaal von innen, und wenn, dann kaum wegen einer Anklageerhebung.

»Rumhängen ist nicht das richtige Wort. Ich stand draußen vor einem Gerichtssaal und habe diejenigen Anwälte überprüft, deren Namen Big Jim erwähnt hatte. Das waren furchtbar schmierige Typen; die Sorte von Mann, die Nadelstreifenanzüge trägt und sich ihre vier Haarsträhnen über die Glatze kämmt.

»Es geht nichts über den Augenschein«, sagte ich.

Deirdre ignorierte mich. »Cooper sah nicht schmierig aus. Ich erläuterte ihm mein Problem, und er erklärte sich bereit, den Fall für 500 Dollar zu übernehmen. Er sagte, er würde eine Auftrittsbescheinigung einreichen, oder so ähnlich.«

»Die Nachricht, daß er auftreten werde«, sagte ich. »Das bedeutet, daß das Gericht ihn rufen wird, sobald alles für die Anklageerhebung vorbereitet ist. Und er wollte nur 500 Dollar für den Fall?«

»Mehr Bargeld hatte ich nicht dabei. Ich habe ihm angeboten, ihm einen Scheck zu schreiben, aber er sagte, über Honorarfragen würden wir uns nach der Anklageerhebung unterhalten.«

Ich hatte noch immer Zweifel, ob wir über denselben Mann sprachen, aber schließlich fand Deirdre seine Karte. Sie gehörte meinem Arturo Cooper, denn es stand derselbe Name der Nobelsozietät drauf, in der er es bald zum Partner bringen würde. Jemand hatte die Nummer der Durchwahl ausgestrichen und eine gänzlich andere eingesetzt, was mich jedoch nicht weiter irritierte. Allerdings fragte ich mich doch, welche Anwandlung von sozialem Engagement den saftlosen Cooper antreiben mochte, einen Klienten »mit Vergangenheit« – O-Ton Cooper – zu verteidigen.

Ich kundschaftete den Gerichtssaal aus. Die Reporter ignorierten mich; vermutlich deshalb, weil meine Golfkleidung mich nicht als ›wichtig‹ erscheinen ließ. Der Gerichtsdiener im Saal erinnerte sich von früheren Zeiten her flüchtig an mich. Ich sagte ihm, ich sei mit der Familie O'Meara da und bat ihn, uns aus unserem Versteck zu rufen, sobald es losging.

Gina war weggegangen, um Tom zu suchen, und hatte Deirdre allein auf der Bank zurückgelassen. Sie saß dort mit einwärts gerichteten Fußspitzen, die Ellenbogen auf die Knie gestützt, das Kinn in den Händen. Ich setzte mich neben sie, und sie rutschte kaum merklich zur Seite. Der Unterbiß gab ihr einen Zug görenhaften Trotzes um den Mund. Ihre Augen waren so leuchtend türkisfarben, daß andere Frauen Kontaktlinsen gebraucht hätten, um mithalten zu können.

Deirdre und ich waren beide Arbeiterkinder aus Limerick. Wir waren beide in einer Weise ›aufgestiegen‹, die die Gesellschaft gern sieht. Ich war erst Anwalt geworden, dann Golf-Pro; sie arbeitete in Milton als ausgebildete Intensivschwester auf der Herzstation eines Komplexes von Eigentumswohnungen mit dem geistlosen Namen ›Waterledge‹. Wir verstanden einander auf sehr ursprünglicher, nonverbaler Ebene. Obwohl wir seit Jahren nicht miteinander geschlafen hatten, schwelten wir dennoch in der Gegenwart des anderen vor uns hin; und manchmal kam es zu Gefühlsausbrüchen, die wir beide nicht unter Kontrolle hatten. Heute jedoch bemühten wir uns, vernünftig zu sein, zusammengeschweißt vom einzigen gemeinsamen Interesse, das wir noch hatten.

»Du erinnerst dich doch daran, Kieran, was du vor langer Zeit gesagt hast, bevor du nach Florida gegangen bist. Du sagtest, du seist es leid, als Anwalt zu arbeiten, weil du es leid seist, für andere deren Dreck wegzuräumen.« Deirdre richtete sich auf, streckte ihre langen Beine aus und starrte auf ihre Füße. »Ich war so wütend auf dich, daß ich gar nicht richtig hingehört habe. Als Mama jedoch krank wurde und ich erst einmal alle meine Pläne beerdigen mußte, weil die Männer der O'Mearas in Notfällen absolut unbrauchbar sind, da habe ich verstanden. Und jetzt räume ich schon wieder anderen den Dreck weg.

Ich dachte, Pete sei endlich auf dem richtigen Weg. Ich habe das wirklich geglaubt. Er schien weniger Scherereien mit der Polizei zu haben. Es sah so aus, als hätte er sich selbst endlich gefunden. Dieser Job bedeutet ihm viel. Er liebt Golf. Und vorher hatte er noch nie etwas geliebt. Bei allem, was er mit Tom unternahm, mußte er sich immer von ihm herunterputzen lassen. Angeln, Basketball, Baseball. Tom hat sich immer auf seine Kosten eins raufgesetzt. Schon ein toller Hecht, mein großer Bruder. Aber Golf ist etwas, wovon Tom nichts versteht.«

Da gibt es eine Menge, wovon Tom keine Ahnung hat, dachte ich.

Deirdre fuhr sich mit der Hand übers Haar. Sie hatte lange, schlanke Finger mit kurzgeschnittenen Nägeln, ein Opfer, das der Beruf von ihr verlangte. Sie zwang ihrem Mund ein Lächeln auf, aber die Augen machten nicht mit.

»Glaubst du, daß er Miles umgebracht hat?«

»Wenn ich auf meinen Bauch höre, nein«, sagte ich.

»Aber?«

»Pete hat etwas Unberechenbares. Da denkst du, du kennst ihn; und dann reagiert er in einer Situation so, daß du dich nur am Kopf kratzen kannst. Und er ist cholerisch.«

»Hat er vom Vater.« Deirdre umklammerte ihre Ellenbogen und schüttelte sich, als ob ein kalter Wind ihren Körper durchwehte. »Tom hat ja irgendwo auch recht. Wer zum Teufel sind wir denn im Vergleich zu jemandem wie Sylvester Miles? Jetzt, wo Pete schon verhaftet ist – wer wird da noch an seine Unschuld glauben?«

Ich hätte mehrere Antworten parat gehabt, keine jedoch, die sich gelohnt hätte. Deirdre war deprimiert wegen Pete, und das war ich auch. Einige Minuten lang sagten wir nichts.

»Mein Vater, dieser sentimentale alte Aufschneider, brüstete sich immer damit, daß er und Miles in der Army Kameraden gewesen seien«, sagte sie schließlich. Ich hab' da nie was drauf gegeben. Er hat sich sowieso hauptsächlich mit Tom über so Kram unterhalten. Und als Tom es dann leid war, erzählte er seine Kriegsstories Pete. Eines Tages, als ich erfahren hatte, was wirklich zwischen ihm und meiner Mutter vor sich ging, hörte ich, wie er diese Geschichte noch einmal wiederkäute. Ich konnt's einfach nicht mehr hören. Ich brüllte zurück: ›Wenn Miles und du so tolle Kameraden gewesen seid, warum ist er dann stinkreich, und du arbeitest bei der Bahn?‹ Er hat danach Miles oder den Krieg mir gegenüber nie mehr erwähnt.«

Eine Stunde verging. Gina kam mit der Meldung zurück, Tom sei Zigaretten holen gegangen. Deirdre führte einige Telefonate mit dem Krankenhaus. Meist klangen sie kühl und geschäftlich; doch während eines Gesprächs lehnte sie sich gegen die Wand, schmiegte ihr Kinn an den Hörer und fuhr mit der Hand langsam an der Schnur auf und ab. Nichts ist so hartnäckig wie alte Gewohnheiten.

Der freundliche Gerichtsdiener lugte um die Ecke. Die Anklageerhebung mußte also gleich beginnen.

Ich scheuchte Gina und Deirdre in die erste Reihe der Galerie. Einige Reporter, die sofort rochen, daß es sich hier um ›die Familie des Angeklagten‹ zu handeln schien, setzten zum Angriff an und wollten Kommentare. Deirdre zischte nur, sie sollten hingehen, wo der Pfeffer wächst. Niemand bringt Deirdre dazu, gegen ihren Willen zu reden. Die Reporter wichen zurück.

Unterdessen machte ich mir ein Bild von der Szenerie. Der Pflichtverteidiger auf der Geschworenenbank lehnte sich zurück und gab einem Reporter gelassen ein Interview. Sein Job bestand darin, sich jeden Angeklagten zu ›schnappen‹ bzw. zu verteidigen, der zur Anklageerhebung ohne privat engagierten Anwalt erschien. Da Deirdre bereits Cooper beauftragt hatte, konnte der Pflichtverteidiger nur zuschauen. Der stellvertretende Staatsanwalt saß an einem Anwaltstisch und wühlte mit gelassener Miene in Akten. Sein Name war Fowler, und er hatte ein ausgeprägtes Puttengesicht. Aber die äußere Erscheinung konnte trügen; in dieser Hinsicht ähnelte die Juristerei dem Golfsport: Es war nicht möglich, vom Gesicht eines Gegners auf dessen Stärke und Zähigkeit zu schließen.

Tisch und Bank des Verteidigers waren leer. Daran war nichts Außergewöhnliches. Der Verteidiger war meist der Letzte, der vom genauen Termin der Anklageerhebung erfuhr; und die Richter nahmen nur selten auf ihrer Bank Platz, bevor der ganze Zirkus versammelt war. Es hatte keinen Zweck, meinen Freund, den Gerichtsdiener, zu fragen, wer der Verhandlung vorsitzen werde. Richter behandelten Anklageerhebungen, die nach den üblichen Zeiten angesetzt waren, als Notfälle. Jeder Richter, der zufällig im Gebäude war, konnte es treffen.

Eine Stahltür in der Wand öffnete sich. Pete, den zwei untersetzte Wachen flankierten, schlurfte zur Anklagebank. Die Ketten, die von den Handschellen bis zu den Fußfesseln herunterreichten, rasselten bei jedem Schritt. Er warf einen Blick in unsere Richtung, aber seine Augen schauten durch uns hindurch.

79

Gina drohte, ohnmächtig zu werden. Deirdre richtete sie wieder auf und lehnte sich zu mir hinüber.

»Wo ist unser Verteidiger?«

Ich drehte mich zum Eingang des Saales herum. Menschen drängelten den Mittelgang entlang, Arturo Cooper jedoch war nicht darunter. Eine Wache plazierte Pete auf einem Stuhl.

»Wo bleibt der verdammte Verteidiger?« sagte Deirdre.

»Wenn er eine Nachricht hinterlassen hat, daß er auftreten werde, dann müßten sie ihn gerufen haben.«

Eine Frau mit aufgetürmtem Haar erklomm die Richterbank. Der Beamte der Geschäftsstelle klopfte mit der Hand auf das Holzgeländer der Gerichtsschranke, bat um Ruhe und stellte die Frau als Richterin Betty Hartnett vor. Sie mußte ganz frisch gewählt worden sein, da ich noch nie von ihr gehört hatte und sie offenbar ehrgeizig genug war, sich um diese späte Stunde noch im Gebäude aufzuhalten. Die Veteranen machten sich gewöhnlich gegen fünf davon.

»Wo ist der Anwalt der Verteidigung?« Ihre Stimme polterte durch den großen Saal. Sie zielte mit ihrem Blick auf den Pflichtverteidiger, der ungelenk von der Geschworenenbank aufsprang, als hätte ihn eine Kuh mit den Hörnern gestoßen.

»Kieran, was ist los?« flüsterte Deirdre.

»Sind die Geschworenen zur Verhandlung bereit?« fragte Richterin Hartnett.

»Bereit, Euer Ehren.«

»Möchte die Verteidigung mit dem Angeklagten sprechen?«

»Ja, Euer Ehren«, sagte der Pflichtverteidiger.

»Bitte. Drei Minuten.«

»Kieran, was ist denn bloß los? Wo ist Cooper?«

Die Tür öffnete sich ein weiteres Mal, aber der Mann, der eintrat, war nicht Cooper.

»Du hast ihn in bar bezahlt?«

»500 Dollar.«

»Gib mir seine Visitenkarte.«

Ich rannte hinaus zu den Münzfernsprechern im Flur und

80

wählte hastig. Eine widerwärtige synthetische Stimme informierte mich darüber, daß es keinen Anschluß mehr unter dieser Nummer gebe.

Ich polterte den Mittelgang hinunter und trat das Tor der Gerichtsschranke auf. Ich weiß nicht, warum die Gerichtsbeamten mich nicht daran hinderten. Vielleicht lag es an dem aufrichtigen Ausdruck in meinem Gesicht. Vielleicht rief aber auch der Anblick eines Mannes in Golfklamotten nicht gerade den wahren Schrecken hervor. Warum auch immer – es gelang mir, Richterin Hartnetts volle Aufmerksamkeit auf mich zu lenken, bevor mich jemand stoppen konnte.

»Was zum … Wer zum …«, stammelte sie.

»Kieran Lenahan, Euer Ehren. Ich trete in Sachen Mr. O'Meara auf.«

»Wie schön für uns«, bemerkte sie sarkastisch, während zwei Händepaare nach meinen Armen packten und zwei Ellenbogen sich in meinen Rücken bohrten. »Sind Sie Anwalt?«

»Ja. Ich weiß, daß ich momentan nicht gerade danach aussehe. Aber ich bin wirklich Anwalt und … Euer Ehren, darf ich nähertreten?«

Sie lehnte sich auf ihrem Stuhl zurück und betrachtete mich aus Augenschlitzen, als versuche sie abzuschätzen, was ich im Schilde führen könnte. Zwei Beamte drehten mir die Arme auf den Rücken und schoben mich zur Richterbank. Fowler kam hinzu; routiniertes Zucken theatralischer Verzweiflung um den Mund teilte seine Wangen.

»Was soll die Zirkusnummer hier?« fragte Richterin Hartnett durch die Zähne.

»Die Dame in der ersten Reihe ist Mr. O'Mearas Tante. Sie hat einem Anwalt 500 Dollar bezahlt, um den Jungen bei der Anklageerhebung zu vertreten, und er ist einfach nicht erschienen. Ich wollte das dem Hohen Gericht zur Kenntnis bringen, noch bevor Sie den Pflichtverteidiger beauftragten …

»Wer soll dieser andere Anwalt sein?«

»Arturo Cooper.«

Sie schürzte die Lippen, als sage ihr der Name etwas, rollte dann jedoch auf ihrem Stuhl zum anderen Ende der Bank. Ein Beamter der Geschäfstsstelle flüsterte ihr etwas ins Ohr. Als er fertig war, schüttelte sie den Kopf ungnädig und rollte zurück.

»Wie ich eben höre, hat niemand dieses Namens eine Nachricht hinterlassen, daß er diesen Fall übernehmen wolle«, sagte sie. »Welche Verabredungen auch immer die Familie des Angeklagten mit einem Mitglied der Anwaltskammer getroffen hat, ist nicht Sache dieses Gerichts.«

»Gut, dann übernehme ich den Fall.«

»Das wäre höchst unüblich.«

»Ist es vielleicht höchst üblich, daß ein Mitglied der Anwaltskammer einer arglosen Frau 500 Dollar abgaunert?«

Richterin Hartnett starrte, als wolle sie mit Blicken töten. »Wer sagt mir denn, daß Sie überhaupt Anwalt sind?«

Meine Brieftasche enthielt allerlei Ausweise, aber nichts, was beweisen konnte, daß ich Mitglied der Anwaltskammer war. Dann fiel mir ein, daß der Gerichtsdiener, der meinen rechten Arm gepackt hielt, mein alter Kumpel war.

»Fragen Sie ihn.«

Der Beamte bürgte für mich; und Richterin Hartnett gab meiner Bitte statt.

»Kann ich zehn Minuten mit meinem Klienten sprechen?« fragte ich und wischte die Fingerspuren von meinen Hemdsärmeln.

»Drei.«

»Wie wär's mit fünf?«

»Überspannen Sie den Bogen nicht, Herr Verteidiger.«

Pete und ich steckten auf der Verteidigungsbank die Köpfe zusammen. Ein Aufnäher mit dem Alligator hing an einem einzelnen Faden von seinem teilweise ausgebleichten Golfshirt herab.

»Kieran, was machen Sie hier?« Seine Stimme zitterte.

»Egal. Lange Geschichte. Wie behandeln sie dich?«

»In Milton war es okay. Aber hier gibt es ein paar ziemliche Typen. Die machen immer Knutschgeräusche.« Er senkte den

Kopf und hob seine Hände, aber die Ketten spannten, bevor sie sich berührten. »Kieran, ich habe Angst.«

»Ich weiß. Wir haben nicht viel Zeit. Das hier nennt man Anklageerhebung. Das heißt, der Staatsanwalt sagt dir, wessen du angeklagt bist, und der Richter fragt, worauf du plädierst. Natürlich auf ›nicht schuldig‹.«

»Dieser Kerl da, der Staatsanwalt, ist nach Milton gekommen und hat mich mit Fragen gelöchert.« Pete schluckte hart. »Der glaubt wirklich, daß ich's war.«

»Es gehört zu seinem Job, das zu glauben. Hast du ihm was erzählt?«

»Nee. Ich kenn das Spiel. Was man sagt, kann gegen einen verwandt werden.«

»Richtig. Denk dran, ich bin auf deiner Seite; und jeder, den wir letztlich beauftragen, den Fall zu übernehmen, wird ebenfalls auf deiner Seite sein. Keiner sonst. Angekommen?«

Er nickte. »Wer sind all die Leute da draußen?«

»Reporter, Neugierige. Deine Mum und Tante Dee auch. Hör zu, wir haben nur noch eine Minute. Laß mich reden. Die Richterin wird dir eine Frage stellen, und wenn ich dich anstupse, dann sag ›nicht schuldig‹. Und zwar so laut, wie du es auch meinst. Ich werde dann versuchen, dich auf Kaution freizukriegen. Ich wüßte nicht, aus welchem Grund die Richterin das verweigern könnte.«

Der Hoffnungsfunke in Petes Augen leuchtete so hell, daß mir angst wurde.

»*Sind* wir endlich soweit?« fragte die Richterin.

Fowler und ich bejahten. Rein formal gesehen hätte Pete darauf bestehen können, daß die Anklage gegen ihn verlesen wurde. Ich verzichtete darauf, um Pete eine solche, sich in die Länge ziehende Szene zu ersparen. Die Anklagepunkte reichten von Mord zweiten Grades bis zu den erfreulicheren Spielarten des Totschlags. Fowler trug seine Anklage in einer hochnäsig abgehackten Weise vor, als ob jeder von ihm Angeklagte automatisch schuldig sei und der Prozeß ein überflüssiges Spielchen, das sich die Gründerväter ausgedacht hatten.

»Worauf plädieren Sie?«

Ich trat Pete gegen den Fuß.

»Nicht schuldig«, erwiderte er in zwei verschiedenen Oktaven.

Ich formulierte meinen Antrag, ihn auf Kaution freizulassen. Er sei noch sehr jung, sagte ich, ein Schüler, der fest in seiner Gemeinde verwurzelt sei, einer Teilzeitbeschäftigung nachgehe und eine Familie habe, die sich ganz offenkundig um sein Wohlergehen sorge. Fowler focht alles an, sogar den Job.

»Er arbeitet für mich«, sagte ich mit dick aufgetragenem Sarkasmus.

Gelächter schwappte durch den Gerichtssaal. Richterin Hartnett setzte eine Lesebrille auf, um ein Papier lesen zu können, das der Gerichtsbeamte ihr gereicht hatte. »Der Antrag ist durchaus vereinbar mit der Argumentation der Verteidigung«, sagte sie. »Dennoch neige ich, jetzt, da ich sehe, daß der Angeklagte vorbestraft ist, dem Antrag des Staates zu. Das Verbrechen ist ganz besonders verabscheuungswürdig. Und das Opfer war ein Mann von großer Bedeutung für unser Gemeinwesen. Der Angeklagte wird bis auf weiteres in Untersuchungshaft bleiben.«

»Euer Ehren …«

»Die Verteidigung kann ihren Antrag zu einem späteren Zeitpunkt erneut vorbringen.«

»Aber …«

»Mr. Lenahan, ich habe mir heute genug von Ihnen bieten lassen. Noch ein Wort, und ich verurteile Sie wegen Mißachtung des Gerichts.«

»Kieran, was soll das heißen?« fragte Pete. Seine schlotternden Hände brachten die Ketten zum Rasseln.

Entschuldigungsphrasen, Erklärungen und laue Ermutigungen blieben mir in der Kehle stecken, als die beiden Wachen ihn fort zerrten. Seine Schreie hallten im Gang zu den Zellen wider.

»Ich dachte, ich könnte nach Hause! Kieran, das haben Sie doch versprochen! Sie haben es doch versprochen!«

Kapitel 6

Als der Gerichtssaal sich geleert hatte, fragte ich den Beamten der Geschäftsstelle, was er der Richterin über Arturo Cooper gesagt hatte. Ich traute meinen Ohren kaum.

Coopers Anwaltsfirma hatte Filialen in mehreren großen Städten. Das Büro in White Plains war eine rückständige Klitsche gewesen, bis einige gewichtige Klienten in die nördlichen Vororte aus New York City geflohen waren. Nun brummte das Geschäft; das Büro produzierte im Namen der großen Justitia ganze Wälder von Papierwust.

Ich platzte in einen klinisch unterkühlte Rezeptionsbereich hinein. Da ich vier Blöcke gesprintet war, siedete mein Nacken in der klimatisierten Luft. Eine Empfangsdame, die ganze Klumpen von blauem Lidschatten trug, unterbrach das Nägelfeilen gerade lange genug, um meine Frage zu beantworten.

»Nie von gehört«, sagte sie. Und schon war der Mund wieder fest zu.

Ich nahm das Klemmbrett aus Plastik von der Theke und blätterte durch das interne Register, bis ich eine Eintragung unter Cooper fand.

»Wasse nich sagen. Man lernt nie aus«, murmelte sie, klang aber nicht sonderlich überrascht. Sie hieb die Nummer in die Tasten. »Jemand für Sie da. Nein, weiß ich nicht.« Sie bedeckte den Hörer. »Wie heißen Sie?«

Ich sagte ihr meinen Namen; sie gab ihn durch.

»Er hat noch nie von Ihnen gehört.«

»Erwähnen Sie den Texaco-Spencer-Deal. Vor etwa sieben Jahren.«

»Er erzählt mir hier was von nem Texaco-Deal. Weiß ich nicht. Hören Sie, er möchte mit Alex Cooper sprechen. Ich sollte eigentlich wissen, daß Sie zu tun haben?«

»Arturo Cooper.«

»Warten Sie«, sagte sie. »Er will mit einem *Arturo* Cooper

sprechen. Kennen Sie die Durchwahl? Was? Soll ich ihm das sagen? Nein? Und wenn er es wissen will? Okay.« Sie knallte den Hörer auf die Gabel. »Trottel. Nicht Sie. Ich meine ihn. Arturo Cooper hat die Firma letztes Jahr verlassen. Er hat sein Büro in der William Street 1.«

»Was sollten Sie mir nicht verraten?«

Hinter vorgehaltener Hand flüsterte sie: »Er wurde gefeuert.«

William Street Nr. 1 war ein mittelhohes Bürogebäude mit Art-Deco-Schnörkeln. Eine eingetopfte Maispflanze rang in der Lobby mit dem Tod, und die Leuchtanzeigen des Aufzugs weigerten sich zu funktionieren. Ich folgte den Schildern entlang eines labyrinthartigen Flurs zu einer Tür, auf der Abziehbuchstaben in unregelmäßiger Anordnung »Anwaltsbüros« verhießen. Dahinter klapperte eine Schreibmaschine.

Ich klopfte höflich an. Das Klappern wurde fast unhörbar leise, dann wieder lauter. Ich klopfte noch einmal, dieses Mal so heftig, daß die Scharniere quietschten. Das Klappern hörte auf. Eine sauertöpfische Blondine in lavendelfarbenem Jogginganzug öffnete die Tür gerade so weit, wie die Sicherheitskette es zuließ. Über ihre Schulter hinweg konnte ich eine Empfangstheke sehen, einen Schreibplatz, etwas, das vage nach Fachbibliothek aussah, und zwei Türen, die vom allgemein zugänglichen Bereich zu den Büros führten. Eine Tür war angelehnt, die andere geschlossen. Das Namensschild auf letzterer verkündete Mr. »Arturo Cooper«.

»Ich möchte zu Mr. Cooper.«

»Das Büro ist geschlossen. Sind Sie ein Klient?«

»Das Büro ist nicht geschlossen, ich sehe Licht. Und ein Klient bin ich schon gar nicht.«

»Mr. Cooper ist morgen ab neun wieder im Büro.«

Wenn sie etwas größer oder ich etwas kleiner gewesen wäre, hätte ich nicht gesehen, wie Coopers Tür kurz aufging und sich sogleich wieder schloß.

»Lassen Sie mich bitte vorbei!« sagte ich und rammte meinen Fuß in den Türspalt.

»Ich sagte Ihnen doch, Mr. Cooper ist nicht da.«

Ich wiederholte meine Bitte. Als ihr klar wurde, daß ich nicht nachgeben würde, trat sie zurück. Ein Stoß mit der Schulter reichte, um die Sicherheitskette abzusprengen.

»Was fällt Ihnen ein? Ich rufe sofort die Polizei!« Sie hob den Telefonhörer auf dem nahebei stehenden Schreibtisch ab.

»Nur keine Hemmungen«, zischte ich. »Das erspart mir einiges!«

Sie lief mir nach, kläffend wie ein übellauniger Pudel.

Ich riß Coopers Tür auf. Er kniete auf dem Boden; sein Kopf war im Schoß einer weißschenkeligen Frau vergraben, die sich auf einem ledernen Chesterfieldsofa räkelte. Augenblicklich bedeckte sich die Frau mit einer Aktenmappe. Cooper schwankte auf die Beine. Seine Hosen hingen ihm um die Knöchel.

»Was soll das?« sagte er, während er nach seinen Hosenträgern tastete.

»Sie wissen verdammt genau, was das soll. Sie, Herr Anwalt, haben von einer verzweifelten Frau 500 Dollar genommen – nein, streichen Sie das im Protokoll – *gestohlen.*« Ich griff nach seinem zerknüllten T-Shirt und schleuderte Cooper so gegen seinen Schreibtisch, daß die Kante ihn in die Magengegend traf und er zu Boden sackte. Die Frau wimmerte. Ich warf ihr einen roten Minirock von der Größe eines Taschentuchs zu.

Cooper rollte auf die Seite und versuchte, zu Atem zu kommen. Die Frau glitt hastig in ihren Rock. Da sah ich auf einmal auch Deirdres 500 Dollar. Sie bestanden nicht mehr aus Bargeld; Cooper hatte sie in Naturalien verwandelt, in eine winzige Pyramide aus Kokain, die liebevoll auf einer Glasplatte arrangiert war. Ich nahm ein dekorativ herumliegendes Hämmerchen, wie Präsidenten und Richter es benutzen, und zerstampfte sie zu einem nutzlosem Häuflein. Dann packte ich Cooper und drückte ihn mit dem Gesicht hinein.

»Wenn Sie diese Nummer noch einmal abziehen«, keuchte ich, »dann komme ich wieder und sorge dafür, daß Sie Ihre Lizenz los sind, was auch immer davon noch übrig sein mag.«

Ich packte Cooper an seinem Schreibtisch und drängte mich an der Blondine vorbei, die wie erstarrt im Türrahmen stand.

»Wer zum Teufel sind Sie?« fragte sie.

»Ich bin vom Disziplinarkommitee der Anwaltskammer.«

Die Miltoner Polizei teilte sich mit dem Städtischen Gericht ein massives Steingebäude auf dem Station Square. Der diensthabende Sergeant, einer aus der Limericker Nachbarschaft, ließ mich ohne größeren Aufhebens vorbei. DiRienzos Büro verriet die Ordnungsliebe des typischen analen Charakters. Fein säuberliche Kreuzchen strichen die Tage auf dem Kalender mit Jagdmotiven aus. Eine Phalanx von nadelscharfen Bleistiften stand griffbereit auf einer neuwertigen grünen Schreibtischauflage. Akten reihten sich in einem Regal aus Preßspan auf. Farbige Reißzwecken spießten Ankündigungen, Notizen und Fahndungsplakate ans Schwarze Brett. Ich war gerade dabei, DiRienzos geheimen Farbcode zu knacken, als eine Toilettenspülung hörbar wurde und eine Tür aufging. Herein kam DiRienzo, der noch dabei war, das Hemd in die Hose zu stopfen.

»Dachte mir schon, daß ich Sie früher oder später wiedersehe«, sagte er. »Ich habe von Ihrem Auftritt bei Gericht gehört. Brauchen Sie sowas?«

»Ich habe nur getan, was nötig war. Und jetzt bin ich hier, um über Pete zu sprechen.«

»Was soll es da zu besprechen geben?« DiRienzo ließ sich auf seinem Stuhl nieder und rückte seine Krawatte zurecht. Ein zu enger Kragen staute sein Blut im Kopf.

»Was haben Sie gegen ihn in der Hand?«

»Wenn Sie es genau wissen wollen, dann lesen Sie es morgen in der Zeitung nach.«

»Ich komme nicht aus Sensationsgier. Ich habe Petes Fall übernommen.«

»Dann wenden Sie sich an Ihren Klienten.«

»Er ist nicht weit davon entfernt, völlig wirr zu reden.«

»Tut mir leid. Wenn Sie etwas wissen möchten, wenden Sie sich an das Büro der Staatsanwaltschaft, wie es das Verfahrensrecht vorschreibt.« Er verschränkte die Arme vor der Brust und grinste selbstzufrieden, obwohl er kurz zum Bücherregal hinüberschielte, um von dort seelische Unterstützung zu beziehen.

»Ich hab's Ihnen gleich gesagt, Lenahan. Und das wissen Sie auch. Vor zwei Jahren wollte ich, daß der Junge in eine Besserungsanstalt kommt, da hätte er etwas Richtiges lernen können. Aber nein, Sie mußten ihn sich ja schnappen und ihm Golf beibringen. Alle haben mich einen Faschisten geschimpft für das, was ich als Jugendbeauftragter getan habe. Deshalb will diese Stadt auch nicht der Tatsache ins Auge sehen, daß hinter einigen ihrer wohlanständigen Fassaden eine üble Brut aufwächst. Naja, und jetzt ist eben einer der führenden Bürger der Stadt tot. Sagen Sie bloß nicht, daß ich Ihnen das nicht gesagt hätte.

Wenn Sie anfangen herumzuschnüffeln, um den Jungen rauszupauken, dann werden Sie auf Granit beißen. Denken Sie immer daran. Ich habe diesen Fall so schnell gelöst, weil niemand diese Stadt so gut kennt wie ich.«

Trotz seiner Aufplusterei hatte DiRienzo nicht das Monopol auf Insider-Informationen. Seine größte Konkurrenz war Gloria Zanazzi. Gloria war bei Inglisi & Lenahan Empfangsdame gewesen, bis die Firma eingegangen war. Nun heftete sie beim Miltoner Stadtgericht Verkehrsstrafmandate ab, ein Job, der ihrer Berufung zur Oberklatschbase sehr entgegenkam. Leider erreichte mein Anruf lediglich ihren Anrufbeantworter. Ich hängte ein, ohne eine Nachricht zu hinterlassen, und machte mich eilig auf den Weg zu Inglisis Haus.

Die Attraktion in Big Jims Arbeitszimmer war eine riesige Klimaanlage, die Tausende von Kilokalorien am Grill befestigter, fluoreszierender grüner Luftschlangen vorbeiblies. Der Richter selbst nahm den größten Teil der Couch ein, ein nasses Hand-

89

tuch lag auf seinem Nacken. Die Überreste eines Sixpacks müllten den Boden um seine Latschen herum zu. Auf einem gigantischen Fernsehschirm prügelten zwei Amazonen in G-Strings im Ring aufeinander ein.

»Was gucken Sie sich denn an?« sagte ich. Noch war ich keine zwei Minuten da, aber schon verärgert. Außerdem fror ich mir den Arsch ab.

Der Richter stopfte sich eine Erdnuß in den Mund und tupfte sich mit dem Handtuch die Stirn ab.

»Paßt Ihnen an meiner Programmwahl etwas nicht?«

»Das ist doch alles bloß Show.«

»Jetzt hören Sie mal gut zu, mein Freund«, brummte Inglisi. »Sport im Fernsehen ist immer bloß Show. Football, Baseball, Basketall, Damencatchen. Alles dasselbe. Ich bestreite nicht, daß richtige Athleten hart trainieren und ihre Leistungen mit Anmut und Stolz präsentieren. Aber die Leute vor der Glotze interessiert das einen Dreck. Wir veranstalten die Wettkämpfe ja nicht. Unser Job ist es, genug Spaß am Programm zu haben, um die Werbeeinblendungen durchzuhalten.«

»Und wer sponsort das hier?«

»Eine Firma, die Kleintransporter mit Ballonreifen vertickt. Vielleicht kauf ich mir ja einen.« Inglisi riß sich das Handtuch vom Nacken herunter und warf es in eine Ecke. »Wo liegt das Problem?«

Zunächst berichtete ich ihm über Cooper, solider Gesprächsstoff, der mir als Fundament diente, während ich eigentlich etwas ganz anders wollte. Inglisi glotzte weiter unverwandt auf den Bildschirm. Erst sein kaum hörbares Kichern über die Szene in Coopers Büro verriet mir, daß er überhaupt zuhörte.

»Cooper hat seine Firma vor etwa zwei Jahren verlassen«, sagte er, als ich fertig war. »Niemand wird in einer solchen Firma offiziell gefeuert. Man sucht sich einen ›neuen Geschäftspartner‹ oder kündigt die ›Eröffnung eines eigenen Büros‹ an. Cooper hat letzteres gemacht. Will heißen, er hat zusammen mit ein paar anderen einzeln praktizierenden Anwälten, die von der Hand in den

Mund leben, in der William Street Nr. 1 Räume gemietet. Es hat Gerüchte darüber gegeben, daß er Gerichtstermine vernachlässigt und Geld von Anderkonten verjubelt haben soll. Das Disziplinarkommitee hat ihn jedoch nie so recht drangekriegt. Anzunehmen, daß er noch immer ein verdammt guter Anwalt ist, wenn er Lust dazu hat. Jedenfalls hat er sich länger durchgemogelt, als er verdient.«

»Ganz schön dreist, bei der Anklageerhebung einfach nicht zu erscheinen und mit dem Geld von Deirdre durchzubrennen«, bemerkte ich.

»Du brauchst nur lange genug mit mir zu tauschen, und du kriegst eine Ahnung davon, wie einfallsreich die Leute sind, wenn es darum geht, sich gegenseitig zu bescheißen.«

Ich erzählte ihm von der Anklageerhebung gegen Pete. Jetzt schaute er nicht mehr auf den Bildschirm. Statt dessen durchbohrte er mich mit Blicken, die mein Hirn im Schädel hätten kochen können.

»Ich ahne, wie wirksam meine Ermahnungen von heute nachmittag waren«, brummte er.

»Ich hatte nicht vor, den Fall zu übernehmen. Aber jetzt, wo ich drin stecke, muß ich rausfinden, was hier eigentlich läuft.«

Inglisi legte sich ein frisches Handtuch um den Hals. »Kommen wir langsam mal zur Sache?«

Ich erzählte ihm, daß DiRienzo sich geweigert hatte, mir zu sagen, welches Belastungsmaterial gegen Pete vorlag.

»Was ist mit Gloria?«

»Ich kann sie nicht finden. Und mir ist auch nicht nach irrelevantem Klatsch, wenn ich ihn irgendwie vermeiden kann.«

Der Richter tastete im Müll zu seinen Füßen herum, bis er eine volle Dose Bier gefunden hatte. Schaum spritzte auf den Boden. Aber er sah nicht einmal hin.

»Ich habe mich geirrt«, sagte er schließlich. »Dies hier ist kein neues Florida. Sie glauben, Sie könnten die Sache mit Deirdre wieder kitten, indem Sie Pete helfen. Wenn es so ist, dann machen Sie einen Riesenfehler.«

Auf dem Bildschirm schrien die beiden Amazonen einander über die gekrümmten Schultern des männlichen Ringrichters hinweg wie wild an.

»Ich mag diese Damen da«, beschied Inglisi. »Sie sind ehrlich.«

Nachdem es mir einmal mehr gelungen war, Inglisi das Versprechen zu entlocken, mir behilflich zu sein, fuhr ich nach Limerick zurück. Aus dem Küchenfenster meiner Vermieter strömte diffuses Licht auf einen kleinen Rasenflecken zwischen dem Haus und der Garage. In einem der oberen Räume krähte ihr neuestes Baby.

Ich hängte einen alten Teppich auf die Wäscheleine und sammelte ein halbes Dutzend Golfbälle ein, die verstreut im Gras lagen. Während ich Schlag auf Schlag gegen den Teppich drosch, dachte ich darüber nach, wie unentwirrbar mein Leben mit dem der O'Mearas verknüpft war.

Eines Abends, kurz nachdem ich Big Jims Partner geworden war, hatte es mich in eine der besseren Kneipen Miltons verschlagen. Heraus kam ich als ein anderer; mein Leben war gründlich auf den Kopf gestellt. Limerick war zu klein, als daß es dort Leute gegeben hätte, die man zum ersten Mal sah. Ich kannte Deirdre als Tom Mearas jüngere Schwester; eine schlaksige Rothaarige, die schließlich doch noch Formen bekam. Wir redeten, tranken, flirteten und verbrachten dann das gesamte Wochenende zusammen. Als es vorüber war, hatte ich mich dreist in ihren prachtvollen Rotschopf, ihre schlanken Beine und ihre *Carpe-diem*-Haltung verliebt, und sie sich in meine vernünftige Art, mein ausgeglichenes Wesen und meinen Charme.

Die nächsten fünf Jahre verbrachten wir damit, diesem einen Wochenende hinterherzujagen.

Wir waren erst ein paar Monate zusammen, als die Leute begannen, uns als Heiratskandidaten anzusehen. Und in Limerick waren Hochzeiten kein gewöhnlicher Gesprächsstoff. Man spürte den angehaltenen Atem, die kaum verhaltene Erwartung in der

Nachbarschaft; dies reichte vom vielsagenden Schweigen der Muttchen und Tanten auf den Veranden über das geile Gelächter der Stammgäste im Toner's Pub bis hin zu den Hänseleien durch die kleinen Biester meines Vermieters.

Vermutlich habe ich dem Druck widerstanden, weil die einzigen Leute, die zählten, keinen ausübten. Corny O'Meara hat mich nie zu sich zitiert, um mich über meine Absichten zu verhören, was seine Tochter anging. Dolores behandelte mich wie eine Art Sohn. Auf ganz eigenartige Weise hat vielleicht sogar die Unaufgeregtheit der Familie zu meinen eigenen Zweifeln an einer Heirat beigetragen. Die volle Tragweite meiner Zweifel habe ich erst sehr viel später begriffen.

Meine Erinnerungen an die Familie O'Meara waren Festtagsschnappschüsse. Corny am Kopf der Dinnertafel, mit Eulenaugen hinter dicken Gläsern, der sich nach jedem Bissen das Kinn abtupfte; Dolores am gegenüberliegenden Ende, mit braunem Haar, straff aus der breiten Stirn gezurrt, die an einem Plastikbecher voller Whiskey nippte; der hyperaktive Pete saß neben Corny und bedrängte seinen Großvater, vom Krieg zu erzählen; Tom, der sich vor seinem Unfall sehr gerade hielt, warnte Pete davor, die Geschichten seines Großvaters seien eben Geschichten, genau wie irgendwelche Ammenmärchen; Gina, die, unruhig wie immer, eine Auseinandersetzung zwischen Ehemann und Schwiegervater befürchtete und daher in die Küche eilte, um mehr Brot, Butter oder Soße zu holen; Deirdre neben mir, die unter der Spitzentischdecke ein Bein über meine geschlagen hatte und mir teuflische Versprechen ins Ohr flüsterte.

Später, nachdem alle Geschenke den Besitzer gewechselt hatten, saßen wir im Wohnzimmer und beobachteten, wie die Flammen zerknülltes Packpapier auffraßen.

»Er hat eine Freundin«, sagte Deirdre.

»Wer?«

»Mein Vater, der Gastgeber. Und meine Mutter weiß das auch. Aber alles, was sie macht, ist den Rosenkranz beten. Nicht mit mir. Wenn du mich jemals in eine solche Lage bringst, Kieran

Lenahan, das schwöre ich bei Gott, dann hat dein letztes Stünd-lein geschlagen.«

Corny erlebte keine Weihnacht mehr. Er starb im darauffol-genden Herbst kurz vor seiner Pensionierung bei der Bahn an ei-nem Aneurisma. Tom, der nach seinem Unfall im Krankenhaus lag, war weder bei der Aussegnung noch bei der Beerdigung da-bei. Cornys Freundin warf sich auf dem Friedhof über seinen Sarg. Dolores betete einen Rosenkranz.

Deirdre und ich hielten aneinander fest; jedoch führten wir ein Leben, das von unseren Jobs diktiert war. Big Jim beförderte mich zu seinem Partner. Deirdre stieg zur Oberschwester der kar-diologischen Intensivstation am Bezirkskrankenhaus auf. Ich war jeden Tag lange im Büro. Ihre Arbeitszeiten waren unregel-mäßig. Ich brauchte ein Jahr, um dahinter zu kommen, daß sie mich betrog.

Wir trennten uns; dennoch stürzte Deirdre noch immer zu je-der Tages- und Nachtzeit in mein Apartment, meist nach einem Date, das schiefgelaufen war. Ich warf sie die ersten sechs Male raus, dann aber redeten wir. Sie gestand mir, daß die Entdeckung der väterlichen Untreue das schrecklichste Ereignis ihres Lebens gewesen sei. Sie war als Sechzehnjährige auf Liebesbriefe und Fotos gestoßen, als sie einen alten Schreibtisch im Keller aus-wischte. Sie hatte bewußtlos auf dem Boden gelegen, bis ihr Bruder sie fand. Doch Tom war skeptisch. Er vergötterte seinen Vater, hing an seinen Lippen, was immer er an grotesk Über-triebenem, Erstunkenem oder Erlogenem hervorbrachte. Als Adresse der Freundin ließ sich ein Apartment im irischen Viertel der Bronx ausmachen; sie sahen Corny hineingehen, aber nicht wieder herauskommen. Tom klammerte sich an harmlose Erklä-rungen. »Besonders helle war er ja nie«, sagte Deirdre damals zu mir, »konnte den Dingen nie so ins Auge blicken wie ich.«

Schließlich zog Tom doch seine Schlüsse und zeigte seinem Vater von da an die kalte Schulter. Deirdre wahrte ihrer harmo-niebedürftigen Mutter zuliebe den Schein. Tief im Innern aber schwor sie sich, daß sie sich niemals von einem Mann so schäbig behandeln lassen würde. Aus psychologischer Sicht war ihr Fremdgehen nichts anderes als ein Versuch, unsere Beziehung zu sabotieren, bevor ich es tat.

Wir beschlossen zusammenzuziehen. Das blies vorübergehend frischen Wind in unsere Beziehung, bevor wir wieder bei den alten Vorwürfen und Verdächtigungen ankamen. Unsere Liebe war tot; dennoch traute sich keiner von uns beiden, den letzten Nagel in den Sag zu schlagen. Dann gewann Big Jim seine Wahl. Da mich nichts mehr in Milton hielt, packte ich meine Sachen, um nach Florida zu gehen.

Meine Lehrzeit als Profi hatte ich schnell hinter mir; und nachdem ich mir meine PGA-Karte verdient hatte, konzentrierte ich mich darauf, einen Platz bei der PGA-Tour zu ergattern. Jedes Jahr veranstaltete die PGA ein Qualifikationsturnier, bei dem Hunderte von Hoffnungsträgern sich durch acht Runden quälten, die Marquis de Sade entworfen hatte. Dabei ging es um eine Handvoll Teilnehmerschaften – das unbeschränkte Recht, ein ganzes Jahr lang auf der Tour zu spielen. Die genaue Anzahl der Teilnehmerschaften, die jedem Qualifikationsturnier zur Verfügung standen, hing davon ab, wie viele Touring Pros ihren Platz einbüßten, weil sie im vorangegangenen Jahr nicht genug Preisgeld gewonnen hatten.

Die meisten ›Lehrlinge‹ bereiteten sich auf diese Turniere vor, indem sie sich bei Mini-Touren aneinander maßen; allwöchentliche Turniere wurden in den Wintermonaten veranstaltet. Das Preisgeld war bescheiden; aber der Wettkampf war hart. Erfolg bei den Minis kam einem Platz bei der Tour gleich.

Ich gewann drei Mini-Tour-Kämpfe und wurde Zweiter in zwei anderen. Für mich gab es keinen Zweifel, daß ich gut genug abschneiden würde, um meinen Traum, Touring Pro zu werden, endlich erfüllt zu sehen. Doch der Staatsanwalt von Florida hatte sich das anders gedacht.

In einem Urlaubsland, in dem auf Handballer, Vollblüter, Traber, Greyhounds und Alligatoren gewettet wird, hatte jemand eine Methode ausgeklügelt, wie sich auf Golfer wetten ließ.

Während ich das Preisgeld einsteckte, das kaum die Unkosten deckte, besserten einige meiner Mitstreiter ihre Einkünfte auf, indem sie sich an illegalen Spielwetten beteiligten. Im einzelnen war es unklar – und letzlich ist auch nichts bewiesen worden –, der Staatsanwalt jedoch hatte eine Ermittlung vom Zaun gebrochen, die das Interesse der Funktionäre weckte.

Mich hatten die Ermittler nicht im Fadenkreuz, einige meiner Freunde schon. Die Vorgehensweise war unfair und von Einschüchterungen geprägt. Ich gab meinen Freunden Ratschläge, wie sie die Ermittlungen am besten behindern konnten. Die Funktionäre, die über meine subversiven Aktivitäten empört waren, wiesen meine Bewerbung zurück. Mit anderen Worten: Ich wurde zum Störenfried erklärt. Da mir nichts anderes blieb, kehrte ich nach Limerick zurück. Der Miltoner Country Club hatte gerade seinen langjährigen Pro verloren; und ich erklärte mich bereit, seine Nachfolge anzutreten.

Ich bekam den Job. Meine ehemaligen Vermieter nahmen mich gnädig wieder auf. Plötzlich war ich wieder in meiner Heimatstadt, gewissermaßen zu neuem Leben erwacht, als ob der vorangegangene Trubel nur ein Traum gewesen wäre. Dolores O'Meara erlitt einen Schaganfall; und Deirdre machte ihre Pläne rückgängig, nach Texas zu ziehen, um sich um sie kümmern zu können. Irgendwie war mir klar, daß keiner von uns beiden Milton je verlassen würde.

Inglisi hatte recht: Wenn ich allein in Florida geblieben wäre, hätte ich mich auf Tour befunden, weit weg von Pete, Deirdre und der ganzen Sippschaft. Aus einem geringfügig anderen Winkel betrachtet: Wenn Corny mehr Druck auf mich ausgeübt hätte, wäre bald eine Heirat mit Deirdre angesagt gewesen – und ich niemals Golf-Pro geworden.

Kapitel 7

Ein Teil meiner Fragen beantwortete sich mir am nächsten Morgen – ausgerechnet! – bei der Lektüre des Lokalblattes. Randall Fisks Kolumne nahm die ganze erste Seite des Sportteils ein. Überschrift: »Das Dritte Reich fordert ein weiteres Opfer«.

Der Artikel kontrastierte eine idyllische Schilderung des Miltoner Golfplatzes mit den appetitlichen Details des Mordes an Sylvester Miles. In einem Zeitsprung wurde dann ein kurzer Abriß der *Blitzschläger*-Saga gegeben, der H.L. Hillthwaites Text geschickt paraphrasierte. Der Artikel schloß mit der Behauptung, Miles sei einer der amerikanischen Soldaten gewesen, die anno '45 die bayrische Schmiede geplündert hatten.

Dann hagelte es mehr oder weniger versteckte Anspielungen:

»Die Geschichte wird sonderbarer und sonderbarer. In seinem Testament beauftragt Miles den kürzlich gekrönten Met Champ Kieran Lenahan, die *Blitzschläger* bei einer Auktion zu versteigern, wobei der Erlös bislang nicht genannten Erben zukommen soll. Pikant: Die *Blitzschläger* verschwanden letzte Nacht auf eine Weise aus Lenahans Pro-Shop beim MCC, die die Polizei als ›verdächtigen Einbruch‹ bezeichnet. Sind jedoch nicht alle Einbrüche *per definitionem* verdächtig? Ein Sprecher der Polizei formulierte es so: ›Wir fanden ein aufgebrochenes Fenster vor, sind allerdings nicht davon überzeugt, daß man auf diesem Wege eingedrungen ist.‹ Da stellt sich die Frage, ob zwischen ›den *Blitzschlägern* und dem Mord ein Zusammenhang besteht‹. Derselbe Sprecher erwidert, dies sei ›eine ihrer Arbeitshypothesen‹«.

Bei dem Polizeisprecher handelte es sich zweifellos um DiRienzo; und die Implikationen seiner Arbeitshypothese ärgerten mich maßlos. Minder intelligente Menschen neigen oft dazu, die geistigen Fähigkeiten anderer zu unterschätzen. Bei DiRienzo war das Gegenteil der Fall: Wenn er sich erst einmal auf einen Verdächtigen eingeschossen hatte, traute er ihm alle nur erdenklichen Teufeleien zu. Eine Woche zuvor noch hätte er einen *Blitzschläger* nicht von einem Tennisschläger unterscheiden können. Und nun hängte er seine Mordfallermittlung komplett an diesen deutschen Artefakten auf.

Ich überlegte. Fisks Artikel wollte glauben machen, Miles sei wegen der *Blitzschläger* ermordet worden. War das fehlende Wedge am Tatort verschwunden? Hatte der Mörder später die restlichen Schläger ausfindig gemacht? Pete mußte den seltsamen Schlägersatz bemerkt haben. Dutzende Male ging er täglich in mein Büro. Wußte er, daß sie Miles gehört hatten? Wußte er, wie wertvoll sie waren? Manipulierte er auch, wie der Artikel raunte, das Fenster, um einen Einbruch vorzutäuschen?

Ich hätte das Rätsel sicher vollständig gelöst, wenn das Läuten des Telefons meine Gedankenkette nicht jäh hätte abreißen lassen. Deirdres Irisch klang schrill.

»Sie sind heute morgen um acht in unserem Haus aufgetaucht, um nach einem Satz Golfschläger zu suchen. Tom hat sie nicht daran gehindert.«

Bingo, Mr. Fisk. »Hatten sie einen Durchsuchungsbefehl?«

»Denke schon.«

»Dann hätte Tom auch nichts machen können.«

Deirdre gab einen fauchenden Ton von sich. Sie wünschte, daß ich stinksauer auf Tom wäre. Auf irgendwen. Nächster Punkt: Arturo Cooper. Hatte ich ihn wenigstens inzwischen kontaktiert?

»Ich war in seinem Büro.«

»Hat er dir verraten, warum er nicht erschienen ist?«

»Er hatte keine überzeugende Entschuldigung parat.«

»Was ist mit meinem Geld?«

Ich öffnete eine Zigarrenschachtel, die ich mit fälligen Rechnungen vollgestopft hatte. Wenn ich nur die Hälfte davon einkassierte, konnte ich ihr die 500 Dollar geben, ohne meinen Gewinn beim Met anbrechen zu müssen.

»Er hat nicht protestiert, als ich es an mich nahm.«

»Muß ja ne ziemliche Unterhaltung gewesen sein.«

»Wir sind zu einer Einigung gekommen.«

»Und was ist jetzt? Pete sitzt noch immer im Knast.«

»Gib mir ein bißchen Zeit zum Nachdenken.«

»Kieran, du hättest wirklich anderes …«

»Ich weiß. Aber das kann warten. Bin außerdem schon dabei …«

Sie hatte eingehängt, wohl verärgert über den Eindruck, versagt zu haben. So war Deirdre nun einmal. Ihr ansonsten dicker Panzer hatte ein paar verwundbare Stellen.

Um die Mittagszeit stürmte Inglisi herein.

»Viel hab ich nicht rausgekriegt, aber was ich gehört habe, klingt gar nicht gut.« Er zwängte sich durch den Türrahmen und ließ sich auf einem Schemel nieder. »Sie haben einen Zeugen, der Pete zur Tatzeit in der Umgebung des Tatorts gesehen haben will, der wiederum nicht notwendig mit dem Golfplatz identisch sein muß. Die Polizei glaubt nicht, daß Miles in der Nähe des Teiches umgebracht wurde. Ich weiß zwar nicht, wo sie den Tatort vermuten, aber am Teich kann es schon mal nicht gewesen sein. Miles ist geschleift worden. Seine Schuhspitzen waren zurückgebogen und Dreck zwischen den Zehen. Ob er aber nun 30 oder 300 Meter geschleift wurde, weiß ich nicht. Auch gibt es Indizien, die Pete mit dem Schauplatz verbinden. Fragen Sie mich nicht welche, denn das konnte ich ebenfalls nicht rausfinden.«

»Wissen sie denn, wann Miles ermordet wurde?«

»Zwischen Dämmerung und Dunkelheit. Genauer wird sich das nicht mehr feststellen lassen. Ich habe selbst mit dem Büro des Pathologen gesprochen. Ging darum, daß Wasser irgendwie Blutfluß und Blutgerinnung beeinflußt. Ich versteh das Fachchinesisch schlecht. Sie wissen allerdings noch immer nicht, wie er gestorben ist. Ein Schlag mit einem stumpfen Gegenstand brach ihm das Schlüsselbein und verletzte eine Arterie. Der zweite Hieb auf den Hinterkopf war dann nur noch Kino.«

»Könnte die Mordwaffe ein Golfschläger gewesen sein?«

»Ist ein Golfschläger ein stumpfer Gegenstand?« sinnierte Inglisi. »Naja, vielleicht dann, wenn ich ihn schwinge.«

Ich schob dem Richter den Sportteil zu. Er schob ihn wieder zurück.

»Den Artikel hab ich schon gelesen. Fisk ist keineswegs auf der falschen Fährte. Die Polizei hat keinen Schläger, der Miles gehört hätte, im Teich gefunden.«

»Was bedeuten könnte, daß Miles nicht getötet wurde, während er trainierte?«

»Es könnte auch bedeuten, daß der Junge, oder der Täter, Miles den Schläger weggenommen hat. Dann hat er rausgefunden, wie wertvoll die Dinger sind und hat in Ihrem Laden eingebrochen, um sich die restlichen zu holen.«

»Demnach hat Pete zu einem unbekannten Zeitpunkt an einem unbekannten Ort – aber mit Sicherheit nicht dem Golfplatz – Miles umgebracht, die Leiche zum Teich geschleift, sie mit Steinen beschwert und versenkt und hat sich schließlich mit dem Pitching Wedge der *Blitzschläger* davongemacht.« Ich legte eine Kunstpause ein, um die Absurdität des Szenarios auf Inglisi wirken zu lassen. Der zuckte nur mit den Achseln.

»Dann fand er den Rest des Satzes im Laden und täuschte einen Einbruch vor. Hat er die Schläger noch vor seiner Verhaftung vertickt, oder hat er sie irgendwo versteckt?« Ich wartete Inglisis Antwort nicht ab. »Tut mir leid, aber ich glaub den Käse nicht. Pete wäre zu sowas gar nicht fähig.«

»Sind Sie fertig?« brummte der Richter. »Da wäre nämlich noch eine Kleinigkeit, die Sie in Erwägung ziehen sollten, bevor Sie Pete für die Heiligsprechung nominieren. Bei der Untersuchung auf Drogen fand man in Petes Blut Spuren von Kokain, und zwar genug davon, um ihn die gesamte Mordnacht extrem high zu machen.«

Das Bezirksgefängnis von Westchester ist ein niedriges Betongebäude direkt neben dem Bezirkskrankenhaus der Stadt Valhalla. Nicht gerade das Paradies auf Erden. In dem Gefängnis sitzen sowohl Leute wegen geringfügiger Vergehen ein als auch mutmaßliche Schwerverbrecher, die auf ihren Prozeß in White Plains warten. Pete O'Meara fiel in die zweite Kategorie.

Ein Vollzugsbeamter stellte mir am Eingang Fragen. Einen Metalldetektor und zwei Doppeltüren aus Stahl später stand ich an dem verglasten Kontrollraum, der Bubble genannt wurde. Der Wachhabende drinnen bat mich um meinen Ausweis. Ich schob meine Brieftasche durch einen Schlitz.

»Lenahan, aha. Sie warn doch schon mal da. Zu wem wollen Sie noch?«

Ich füllte ein Formular aus und erhielt eine Karte, auf der mit rotem Fettstift Petes Name stand. Der Officer drückte auf einen Knopf, und eine Türe öffnete sich mit metallisch klingendem Getöse.

Der Besucherraum wirkte wie ein unterirdisches Verlies. Draußen war der Himmel strahlend blau gewesen, die Sonne schien; doch nach hier drinnen drang nur fahlgraues Licht durch ein winziges vergittertes Fenster sechs Meter über dem Boden. Die schmutziggrüne Oberfläche des kleinen Metalltisches zierten Obszönitäten. Abdrücke von Händen sprenkelten die schlakkigen Betonwände. In der Luft hing der Geruch von ungewaschenen Körpern. Unwillkürlich schüttelte ich mich. Ich hatte nie verstanden, warum das Prinzip der Abschreckung nicht bei allen so funktionierte wie bei mir.

Eine Wache kam mit Pete herein, nahm ihm die Handschellen ab und schloß uns ein. Pete rieb sich die Handgelenke, bevor er sich gegenüber an den Tisch setzte. Er trug weiße Hosen aus grobem Baumwollstoff und ein Jeanshemd. Die Anspannung ließ ihn, der sich sonst notorisch krumm hielt, hoch aufrecht sitzen.

»Sind Sie immer noch mein Anwalt?«

»Solange, bis ich jemanden finde, der die Sache besser macht.«

»Und wann ist das?«

»Das ist im Moment unwichtig« sagte ich. »Was ist gestern passiert, nachdem ich den Laden verlassen hatte?«

»DiRienzo ist auch sofort verschwunden«, erwiderte Pete. »Eine Stunde später kam er mit zwei Bullen zurück und sagte, er hätte nen Haftbefehl gegen mich. Ich dachte, das ist ein Scherz. Aber dann hat er mir den Wisch um die Ohren gehauen, und die zwei Cops haben mich bei den Armen gepackt. DiRienzo legte mir Handschellen an und betete den alten Scheiß runter, daß ich nicht zu antworten bräuchte und einen Anwalt nehmen könnte. Dann haben sie mich mit zur Wache genommen.«

»Haben Sie dir Fragen gestellt?«

»Nä. Aber Fingerabdrücke haben sie mir abgenommen und mich eingebuchtet und haben dann herumgehangen, bis dieser fettärschige Staatsanwalt auftauchte.«

»Und Fragen haben sie dir nicht gestellt?«

»Der Staatsanwalt schon. Der fing auch an, ich bräuchte nicht zu antworten und könnte mir nen Anwalt nehmen. Erst hab ich gehofft, daß Sie nach mir suchen würden. Aber dann habe ich lieber zu Hause angerufen. Der Staatsanwalt fragte mich, was ich an dem Abend gemacht hatte. Ein Zeuge hätte gesagt, daß ich es war. Kapier ich nicht.«

»Hast du geantwortet?«

»Hey, Kieran, ich kenn mich mit dem ganzen Rechtskram ein bißchen aus.« Er versuchte, den starken Mann zu markieren. Sein Zittern jedoch verriet das Kind.

Diese Festnahme bereitete mir Kopfzerbrechen. DiRienzo hatte einen Haftbefehl und einen Zeugen, um ihn zu stützen. Vermutlich hatte er den Haftbefehl nach der Untersuchung des Einbruchs beantragt, was bedeutete, daß er schon eine Weile auf Pete fixiert gewesen sein mußte. Seltsam, daß er Pete nicht vernommen hatte. Vielleicht wollte er beim größten Fall seines Lebens besonders vorsichtig sein. Und das Risiko nicht eingehen, aus Pete ein Geständnis herauszuquetschen, das ein liberaler Richter demontieren konnte.

Wir sprachen über den Mordabend. Pete käute wieder, was er er mir und DiRienzo an dem Nachmittag bereits erzählt hatte, an dem die Leiche gefunden worden war. Es war ein nebelverhangener Abend gewesen, und kein Golfer war auf dem Platz. Kurz bevor Pete den Laden zumachen wollte, bat Dr. Frank Gabriel darum, sich einen Golfwagen leihen zu dürfen, um den Rasensprenger auf dem Back Nine zu inspizieren. Er ließ Pete ungefähr eine halbe Stunde warten und gab ihm dann zwei Dollar Trinkgeld für seine Geduld. Pete zog es vor, von der Post Road nach Hause zu trampen, anstatt den direkten Weg über den Golfplatz, an Miles' Haus vorbei, zu nehmen.

»Wann bist du nach Hause gekommen?«

»Vielleicht um viertel vor acht.«

»War da jemand zu Hause?«

»Nein. Dad war angeln. Das macht er in letzter Zeit oft. Er fährt am späten Nachmittag mit dem Boot raus und kommt erst zurück, wenn es schon dunkel ist. Meist schleppt er bloß dämliche Bergalls an, tut aber so groß, als hätte er nen Thunfisch oder nen Schwertfisch gefangen. Mom war einkaufen, aber sie packt mir mein Abendessen immer in Alufolie ein und läßt es auf dem Herd. Ich bin damit nach oben gegangen und hab gegessen, während ich mich fertigmachte.«

»Wofür?«

»Nichts besonderes. Ich hörte, wie Dad nach Hause kam, während ich oben war. Ich wollte nicht, daß er mich weggehen sieht. Das muß etwa um halb neun gewesen sein. Er machte die Glotze an. Ich konnte hören, wie er auf der Veranda ›Sieg auf hoher See‹ laufen ließ. Ich wollte nicht, daß er sieht, wie ich weggehe, weil er immer sauer auf mich ist, weil ich so viel auf dem Golfplatz rumhänge. Als ich fertig war, bin ich leise runtergeschlichen und hab mich an der Veranda vorbeigeduckt. Auf irgendwas Nassem, das auf den Flurboden tropfte, bin ich dann ausgerutscht. Ich weiß nicht, ob er mich gehört hat, denn ich bin gerannt, so schnell ich konnte.«

»Wohin bist du gegangen?«

»Zu Todd Verno, das ist ein Freund von mir. In der achten und neunten Klasse haben wir viel zusammen gemacht. Aber es weiß keiner, daß wir uns auch jetzt noch treffen. Wenn Tante Dee das rausfände, wär sie stinksauer auf mich. Dad ist es egal, und Mom hat eh keinen Schimmer, was läuft. Und so oft treffe ich Todd auch nicht. Er kennt da zwei Mädchen aus Port Chester. Mit denen wollten wir uns eigentlich an unserer Stelle treffen. Paar Bier und so. Sie wissen schon.«

»Wo ist eure Stelle?«

»Auf dem Heideteil. Wenn man die Bank am zehnten Abschlag in Richtung Marschland trägt, dann kommt man an eine Stelle, wo man New York City und die Brücken sehen kann.«

»Toll«, sagte ich ohne jeden Enthusiasmus. »Wann wart ihr da?«

»Nach neun. Die Mädchen wollten um halb zehn da sein. Wir waren etwas früher da, um alles klar zu machen. Die Bank vom Abschlag wegtragen. Sicherstellen, daß das Bier kalt genug ist.«

»Wer sind diese Mädchen?«

»Keine Ahnung. Freundinnen von Todd. Sind sowieso nicht aufgetaucht. Lag wahrscheinlich am Wetter. Da haben wir das Bier halt allein getrunken. Fast ne ganze Kiste zu zweit. Waren ganz schön zu nachher.«

»Was ist aus den Dosen geworden?«

»Die habe ich alle in den Abfalleimer am Abschlag geworfen. Ich mülle den Golfplatz nicht zu, das wissen Sie doch.«

»Und dann?«

»Sind wir gegangen.«

»Du bist den Harbor Terrace Drive entlang, direkt an Miles' Haus vorbei?«

»Das ist der kürzeste Weg nach Hause.«

»Und wann bist du da angekommen?«

»Um Mitternacht. Vielleicht auch was später.«

»Und das war alles.«

»Ja.«

Ich lehnte mich über den Tisch. »Wen zum Teufel versuchst du die ganze Zeit hier zu verarschen?«

»Kieran, ich …«

Ich schlug mit der Faust so hart auf den Tisch, daß er vom Zementboden hoch sprang. Pete wurde kreidebleich. Seine Mundwinkel sackten herunter.

»Du und Todd, ihr habt nicht bloß ne Kiste Bier leergemacht. Ihr habt euch Koks reingezogen. Glaubst du etwa, die haben den Bluttest nur aus Jux gemacht? Meinst du, der Staatsanwalt weiß nichts davon?«

Pete blickte mir nicht ein einziges Mal in die Augen. Er winselte und schniefte und zog beide Ärmel über die Nase. Und dann redete er.

»Okay, Todd hatte was Koks dabei. Ich mach das nicht oft. Wirklich nicht. Das macht mich total kirre, auch am nächsten Tag noch. Aber die Mädels sind ja nicht gekommen. Und da habe ich was genommen. Wir haben den ganzen Stoff, den Todd dabei hatte, aufgebraucht. Muß ein halbes Gramm gewesen sein. Todd kennt zwar jemand, der uns mehr besorgen konnte, aber wir hatten nicht genug Geld. Wir dachten, dann holen wir eben welches.«

»Ihr habt bei Sylvester Miles eingebrochen.«

»Nein, Mann. Ich erinnere mich zwar wegen all dem Bier und Koks nur verschwommen. Wahrscheinlich haben wir uns das Haus auch angeguckt, weil es am nächsten am Golfplatz steht. Aber wir haben nicht eingebrochen.«

»Du hast gerade gesagt, deine Erinnerung sei verschwommen.«

»Hey, ich brauche keinen klaren Kopf, um zu wissen, daß ich von den Häusern am Harbor Terrace Drive lieber die Pfoten lasse. Die haben doch alle Alarmanlagen und Wachhunde.«

»Woran erinnerst du dich denn?«

»Daß wir wie die Verrückten gerannt sind. Wir haben wohl was gehört. Aber ich weiß nicht mehr, was. Um Mitternacht ungefähr war ich wieder zu Hause. Dad schnarchte wie immer vor der Glotze auf der Veranda. Ich glaub nicht, daß er mich gehört hat.«

Das Türschloß öffnete sich geräuschvoll.

»Hier is noch jemand, der zu dem Jungen will«, sagte eine Wache und trat zur Seite.

Brendan Collins fegte herein; ein Regenmantel aus Nylon blähte seine Schulterpartie auf. Sein Gesicht war frisch gebräunt, und sein sonnengebleichtes Haar war so zerzaust, als sei er im Cabrio von Milton angebraust.

»Was zum Kuckuck läuft hier, Brendan?« fragte ich.

»Ich bin beauftragt worden, den Fall zu übernehmen. Und ich bin hergekommen, um mit meinem Klienten zu sprechen.« Er stellte eine Aktenmappe aus Alligatorenleder ab und ergötzte sich ganz unverhohlen an den lauten Schnappgeräuschen der Messingschnallen. »Man sagte mir, Sie seien bei der Anklageerhebung eingesprungen, als der erste Anwalt nicht erschien. Mutig von Ihnen. Hat mich beeindruckt.«

»Wer hat Sie beauftragt?«

»Die Familie.«

»Mir hat keiner was davon gesagt.«

»Wir haben auch erst vor einer Stunde miteinander gesprochen. Ich kann Ihnen die Mandatserteilung zeigen, wenn Sie möchten.«

Collins war ebenfalls in Limerick ausgewachsen und hatte alles erreicht, wovon andere nicht einmal zu träumen wagten – außer ihm selbst. Ich hatte seinen Stil immer beneidet. Nicht seinen Schlitten, seine Jacht oder seine Klamotten, sondern sein lässiges Auftreten. Ganz gleich, wieviel Scheiß ihm um die Ohren flog; er dachte stets daran, daß es in Wirklichkeit die Scheiße seines Klienten war. Er machte nur seine Arbeit. Wenn ich dieselbe Haltung kultiviert hätte, hätte mir der Anwaltsberuf sicher Spaß gemacht. Statt dessen nahm ich den Scheiß mit nach Hause und beschäftigte die ganze Nacht den Kopf damit.

Collins hatte es nicht nötig, einen medienwirksamen Fall zu übernehmen, nur um in den Schlagzeilen zu bleiben. Es mußte Geld sein, das ihn dazu bewogen hatte, und zwar viel Geld. Ich bezweifelte, daß Tom O'Meara sich einen solchen Anwalt leisten konnte.

Collins zeigte mir die Mandatserteilung. Ich überging das vorgedruckte Blabla auf dem Formular und konzentrierte mich auf die Zahlen, die in die Lücken getippt waren, und auf den Namen in der Unterschriftszeile. Sofort war mir klar, wie es dem O'Meara-Clan gelungen war, Collins für die Sache zu gewinnen. Das Honorar war überraschend niedrig, sogar nach meinen früheren Maßstäben. Die Unterschrift erklärte den Rest.

»Ich bin jetzt dein Anwalt, mein Sohn«, sagte Collins.

»Ich bin nicht ihr Sohn!« blaffte Pete.

Collins nickte freundlich, als ob er darauf gefaßt sei, noch erheblich Schlimmeres zu hören zu bekommen. Er schob die Aktenmappe über den Tisch und stupste mich an, damit ich den Stuhl frei machte. Damit jedoch ließ ich mir Zeit.

Pete klammerte sich an meinen Arm. »Kieran!«

»Er hat recht, Pete. Tante Dee hat ihn engagiert. Aber mach dir keine Sorgen, ich laß dich nicht im Stich.«

»Was soll denn das bitte heißen?« fragte Collins, während er sich setzte, das Tonbandgerät und seinen Notizblock auf dem Tisch arrangierte.

»Genau das, was es eben heißt.«

»Mir schielt keiner über die Schulter.«

Ich beugte mich zu ihm herunter und flüsterte: »Dann machen Sie keine Fehler!«

Ich schlitterte hinter einem taubenblauen Kombi, an dessen Rückfenster eine Parkerlaubnis für das Bezirkskrankenhaus befestigt war, in die Einfahrt der O'Mearas. Ein Pfad aus unregelmäßig gelegten Steinplatten führte über einen ungepflasterten Hof. Ich blendete mit der Hand das Tageslicht aus und blickte durch das Fenster in der Tür. Ein langer Flur, der mit Angelgeräten und kaputten Gartenmöbeln vollgestopft war, führte zu einer hell erleuchteten Küche, in der eine blaue Flamme unter einem großen Topf züngelte. Deirdres Stimme erhob sich, eindeutig, aber unverständlich, über das Schlachtengetümmel von »Sieg auf hoher See«. Ich klopfte an die Tür.

Gina O'Meara schlurfte unsicher den Flur entlang, während sie angestrengt in meine Richtung schielte, bis sie mich endlich erkannte. Ich folgte ihr und blieb nur kurz stehen, um nach Tom zu schauen, der schlummernd auf einem Sofa lag, während die Seeschlacht bei den pazifischen Midway-Inseln vor sich hin dröhnte.

Deirdre saß am Küchentisch; eine Schüssel frisch gepellter Kartoffeln stand neben einem ihrer Ellenbogen. Sie trat sofort die Flucht nach vorn an.

»Du willst wissen, warum?« fragte sie. »Ich habe nur das getan, was für Pete das Beste ist. Darum.«

»Du hättest mir ruhig was davon sagen können.«

»Bis heute nachmittag wußte ich nicht einmal, daß es mir überhaupt gelingen würde, einen neuen Verteidiger zu finden. Ich habe im Pro-Shop angerufen, aber du warst schon weg.«

»Warum Collins?«

»Er hat angerufen und gefragt, ob er helfen könnte.«

»Er hat dich angerufen?«

»Sagte ich doch. Er wußte alles über Arturo Cooper und die Anklageerhebung. Er sagte, es gäbe da draußen eine Menge krimineller Typen, die nur darauf warteten, sich auf Leute in Not zu stürzen. Dann bot er an, Pete zu verteidigen, wenn wir nicht schon Ersatz für Cooper gefunden hätten.«

Ich verzog das Gesicht. Als ich noch praktizierte, habe ich stets abgewartet, bis mich potentielle Kunden anriefen. Bin weder hinter Notarztwagen her gerast, noch habe ich je auf Beerdigungen Visitenkarten verteilt. Aber ganz sicher habe ich nie bei der Familie eines Mordverdächtigen angerufen.

»Er verlangt nur die Hälfte des üblichen Honorars.«

»Ich weiß«, sagte Deirdre. »Er verlangt eben nur, was wir … was ich … aufbringen kann.«

»Das ist aber nicht gerade der Brendan Collins, den ich kenne.«

»Wer, bitte, ist der Brendan Collins, den du kennst? Du hast die Ritterlichkeit auf diesem Planeten nicht für dich gepachtet!«

»Niemand hat Collins jemals der Ritterlichkeit bezichtigt.«

»Das ist nur, was du denkst. Collins sagte, er wolle Pete verteidigen, weil er selbst auch mal ein armer Junge aus Limerick gewesen sei.«

»Ich brauch gleich ein Taschentuch.«

»Ja, ja. Und ich nehme auch an, daß du dich für den einzigen hältst, der weiß, was er tut. Deshalb ist Pete ja auch auf Kaution freigekommen.«

»Kaution war unmöglich, nicht bei Petes Vorstrafenregister und der Richterin. Mein Fehler bestand darin, ihm etwas zu versprechen, was ich nicht halten konnte.«

»Das ist es ja, was ich meine. Der Kieran von früher hätte keine unhaltbaren Versprechen gegeben. Sehen wir der Sache ruhig ins Auge. Du hast deine Anwaltskarriere an den Nagel gehängt, um zu spielen. Gut, das war deine Entscheidung.«

»Du weißt genau, daß das zu billig ist.«

»Ach ja?«

»Du erinnerst dich an die Tage damals.«

»Ach so – *ich* war also der Grund dafür, daß du gegangen bist.«

»Seine Praxis aufzugeben, bedeutet nicht, kein Anwalt mehr zu sein.«

»Du kannst also hin- und herschalten, ganz wie es dir beliebt? Mit meinem Neffen jedenfalls wirst du nicht herumstümpern.«

»Ich versuche, ihm zu helfen.«

»Ich auch.«

»Indem du ihn an Brendan Collins verkaufst?«

Der Topf auf dem Herd kochte laut zischend über. Der Kriegslärm im Hintergrund hörte plötzlich auf.

»*Jesu Christi*«, wimmerte Gina und strich ihr verwaschenes Hemdkleid über den knochigen Hüften glatt.

»… zum Henker ist denn hier wieder los?« Tom humpelte steif den Flur hoch. Mit der Schulter riß er ein Paar hüfthohe Anglerstiefel von der Wand. Doch rutschten sie langsam zu Boden. Er haute und stocherte mit seiner Krücke nach ihnen, so daß er sie aufgefangen hatte, bevor sie den Boden erreichten. Mürrisch

109

musterte er einen jeden von uns, bevor er sich auf einen Stuhl fallen ließ, den Gina ihm eilfertig untergeschoben hatte.

»Was soll das ständige Geschrei über Brendan Collins?«

»Ich habe ihn beauftragt, Pete zu verteidigen.«

»Und wer bezahlt den feinen Pinkel?«

»Er hat von sich aus angeboten, den Fall zu übernehmen. Mach dir wegen des Honorars keine Sorgen.«

»Ich will keine Almosen. Der Mann muß sein Geld kriegen.«

»Das bekommt er auch, Tom. Mach dir keine Sorgen. Und denk immer dran, wir reden über Pete.«

»Aber trotzdem muß das Geld doch irgendwo herkommen, Schwesterherz. Einer hier muß doch realistisch bleiben.«

»Ausgerechnet du mußt das sagen.«

»Halt die Klappe«, fauchte Tom; die Krücke zuckte in seiner Hand.

Deirdre tastete mit einer Hand nach dem Schälmesser. Beide starrten einander unverwandt ins Gesicht. Meine Muskeln spannten sich an, damit ich rechtzeitig dazwischengehen konnte.

»Ich bezahl es, Tom«, sagte Deirdre schließlich. »Ich hatte Geld für seinen Collegebesuch zurückgelegt. Und das habe ich Collins gegeben. Zufrieden?«

»College? Du hast ja mächtig Pläne mit meinem Jungen. Nur ich als Vater erfahre natürlich nichts.«

»Als ob es dich nen Dreck interessierte. Ein Collegebesuch wäre sowas Großartiges nun auch wieder nicht. Er wäre nur besser als alles, was der Junge zu Hause zu hören bekommt.« Deirdre wurde rot im Gesicht. Ihre Lippen spannten sich weiß und dünn über den Zähnen, während sie sich bemühte, ihren plötzlichen Zornesausbruch unter Kontrolle zu bringen. »Blöder Hund!« fauchte sie, schüttete die Kartoffeln auf den Tisch aus und lief zur Hintertür hinaus.

»Na klar«, brüllte Tom hinter ihr her. »Kann mir auch sehr gut vorstellen, wie du den Bullen sagen wirst, ich hätte ihm das Morden beigebracht!« Er drehte sich zu mir herum. »Das alles wär

110

nicht passiert, wenn Sie ihm diesen verdammten Job nicht gegeben hätten. Ein bißchen Besserungsanstalt hätte dem nicht geschadet. Da hätte man ihm wenigstens nicht weisgemacht, das Leben wär ein Spiel!«

Er hinkte den Flur hinunter. Mit einer einzigen gezielten Bewegung seiner Krücke hängte er die Anglerstiefel wieder an den Wandhaken. Sekunden später ertönte das Schlachtengetöse erneut. Gina rang ihre Hände. Wieder kochte der Topf über.

Ich lief Deirdre hinterher. Das Hintertor stand offen. Hinter einer schiefen Garage scheppte eine Blechdose, während sie die Neben- und Fußwege hinunterstapfte, die Limerick wie ein Irrgarten durchzogen. Ich wußte, womit sie rang; ich hatte selbst damit gerungen. Mit der Limericker Mentalität. In unserer Nachbarschaft gönnte keiner dem anderen etwas. Fremde Erfolge entblößten unser eigenes Versagen; fremde Ziele erinnerten uns an eigene, die wir längst aufgegeben hatten. Dieses Erbe wurde zuverlässig von Generation zu Generation weitergegeben. Erwarte nicht zuviel, sei dankbar für das, was du hast; das Leben wird wohl nicht besser, kann aber schlechter werden. Ich konnte die Ignoranz oder Dummheit verzeihen, deren Ausgeburt diese Haltung war. Tom jedoch war von einer Galligkeit, die ich nicht verzeihen konnte. Und Deirdre genauso wenig.

Auf der gegenüberliegenden Seite des Hinterhofes ragte ein alter Flaggenstock aus einem Loch, das ins Unkraut gebuddelt war. Er war von Golfbällen umgeben wie von den Sternen eines unbekannten Sternbildes. Ich hob einen auf. Er war schmutzig, abgewetzt von zahlreichen Zusammenstößen mit größeren Steinen, Zaunpfählen und Aluminiumwänden. Der Name eines Tour-Prominenten war mit rotem Marker darauf geschrieben. Als ich einen anderen aufhob und einen weiteren Namen las, mußte ich unwillkürlich lachen. Ich hatte Pete einmal von diesem Spiel erzählt, das ich als Junge ersonnen hatte. Meine private Tour, mit Golfbällen anstelle von Spielern, die bei erfundenen Meisterschaften gegeneinander spielten, auf Golfplätzen, die Grenzpfähle im Territorium der Nachbarschaft markierten. Ich schaute

111

mir den Rest der Bälle an und fand so heraus, welche Namen für Pete die größten waren.

Als letzten las ich meinen.

Zur Hölle mit Tom, zur Hölle mit Deirdre. Zur Hölle mit der ganzen verrückten Familie bis zurück zu dir, Corny. Ich würde Pete trotz seiner verfluchten Sippschaft retten.

Kapitel 8

Ich hatte Glück, daß sich Jack Miles so leicht folgen ließ. Ich erwischte ihn, als er gerade aus der Uni kam, fädelte mich hinter ihm in westlicher Richtung im Verkehr der Schnellstraße ein; auf den langen Serpentinen des Taconic Parkway nahm ich den Fuß etwas vom Gas. Als wir die Grenze zum Bezirk Putnam hinter uns gelassen hatten, versank die Sonne hinter Hügeln und Bergen, und unsere Wagen waren die einzigen beiden in Sicht.

Miles bog in eine ungepflasterte Straße ein, die sich mit hohem Gefälle einen dichten Pinienwald hinunterstürzte. Ich stellte meinen Wagen knapp fünfzig Meter weiter ab. Noch drang genug Licht durch das Nadeldach, um tief drunten das Glitzern von Wasser erkennen zu können.

Ich kämpfte mich vorsichtig durchs Unterholz und blieb mir immer bewußt, wie leicht Geräusche die friedliche Abendstille aufstörten. Die Hütte war mit Holzbrettern verkleidet; Teerpappe hatte dort ausgeholfen, wo Jack Miles' Ressourcen an Energie, Geduld oder Geld erschöpft gewesen waren. Die Veranda hing zwischen zwei gestapelten Steintürmchen durch. Eine nicht eingehängte Drahtgittertür war gegen einen Pfosten gelehnt.

Ich duckte mich um den Volvo herum, der auf einem niedergewalzten Grasflecken neben der Hütte parkte. Auf der Rückseite drang Licht aus einem Fenster wie aus einem beleuchteten Aquarium.

Jack Miles hockte vor einem laufenden Textverarbeitungsprogramm; sein Kopf war einem Papierstapel zugewandt, den eine extrem helle Lampe beleuchtete. Zeile auf Zeile kletterte den blauen Bildschirm hoch, während seine Hände auf der Tastatur spielten. Mehrere Minuten lang tippte er in rasendem Tempo, lehnte sich dann vor und fixierte den Bildschirm wie eine kurzsichtige Giraffe. Er schüttelte den Kopf. Mit einer flüchtigen Handbewegung wischte er das Papier vom Schreibtisch; es flatterte zu Boden.

113

Plötzlich wirbelte Miles auf seinem Stuhl herum, als hätte er mich bemerkt. Ich trat vom Fenster zurück. Als ich wieder hineinblickte, war der Bildschirm dunkel und Miles starrte mit demselben tagträumerischen Ausdruck an die Decke, mit dem ich ihn am Vortag schon in seinem Büro angetroffen hatte. Langsam erwachte er schließlich aus seiner Trance und legte den Kopf schief, als ob ihn das Chaos auf dem Boden verwirrte. Er schichtete die Blätter wieder zu einem ordentlichen Stapel auf, knipste die Lampe aus und verschmolz mit den Schatten.

Die Vordertür fiel zu. Blätter raschelten und Zweige knackten in Richtung See. Ich huschte von Baum zu Baum, bis ich ihn wieder im Blickfeld hatte. Er schritt am Seeufer entlang, zog an seiner Zigarette und kickte mit den Füßen Steine aus dem Schlamm. Die zweite Zigarette, die er sich anzündete, drückte er sofort wieder aus und lief zum Wagen. Der Motor sprang keuchend an, dann knirschten Reifen die Straße hoch. Ich wartete ab, bis seine Rücklichter nicht mehr zu sehen waren, bevor ich mich rührte.

Die Vordertür ließ sich mit einer Kreditkarte leicht öffnen. Der Boden aus Sperrholz, auf dem Reste von Teppichboden klebten, knarrte unter meinen Füßen. Schallisolierende Platten machten einen Teil der Decke aus, bloße Dachsparren den Rest. Ein schmutziges Laken schirmte die Toilette und ein Waschbecken ab. Keiner der Schränke hatte Türen.

Ich durchsuchte im Blitzverfahren alle Stellen, an denen sich ein Satz Golfschläger hätte verstecken lassen. Ich erklomm sogar die Dachbalken und leuchtete mit einer Taschenlampe die Ecken aus. Das Licht fiel auf ein unschuldiges Aktenschränkchen. Keine Spur von den *Blitzschlägern*.

Jack Miles' Schreibecke war von typisch professoraler Unordnung – Stapel von Karten, zurückliegende Ausgaben von *Stars & Stripes*, Fotokopien von mehreren Bill Mauldin-Cartoons, die mit Reißzwecken an ein Brett geheftet waren. Neben dem Computer standen zwei Manuskriptboxen, auf denen Schildchen mit der Aufschrift ›Entwurf 5‹ und ›Entwurf 6‹ des Opus ›*Der Tod der Zukunft*‹ klebten. Entwurf 6 war noch leer. Entwurf 5 enthielt etwa 30 getippte Seiten, auf denen es von Korrekturen mit Bleistift sowie drei verschiedenen Farbstiften wimmelte. Gleich im ersten Absatz eröffnete ein französischer Armeedoktor einem GI namens Sam Mills, daß sein Bein amputiert werden müsse. Ich legte den Deckel auf die Box zurück. Jack Miles' Erzählstil riß mich nicht unbedingt vom Hocker. Zumindest nicht unter diesen Umständen.

Eine große Tafel, über die quer ein Flußdiagramm gekritzelt war, das einer Einsteinschen Formel ähnelte, stand an der Wand. Initialen, Daten, Abkürzungen. Kästchen, Dreiecke, Kreise. Alle waren untereinander mit Pfeilen, Bögen, Linien und Kringeln verbunden.

Ich wollte schon gehen, als mir etwas ins Auge fiel: eine braune Papiertüte, die in eine halboffene Schublade gestopft war. In der Tüte fand ich alte Briefe, die zu vier verschiedenen Stapeln zusammengebunden waren. Ich breitete die Briefe auf dem Schreibtisch aus. Alle waren in den ersten Jahren nach dem Krieg an Sylvester Miles geschrieben worden. Ein Stapel stammte von einem M. Velge aus Brüssel; ein zweiter von einem Hank Press aus East Orange in New Jersey; ein dritter von Eddie ›Z‹ aus Pittsburgh und ein letzter von Corny O'Meara aus Milton. Ich traute meinen Augen kaum. Doch dann erinnerte ich mich an das, was Deirdre mir erzählt hatte – daß ihr Vater Sylvester Miles von Armyzeiten her gekannt hatte. Unter der Papiertüte lagen drei Briefe von Sylvester Miles an Jack Miles, die in Nürnberg aufgegeben worden waren.

Ich hatte keine Ahnung, wie lange Jack fortbleiben würde. Jeden Brief in voller Länge zu lesen, hätte Stunden gedauert. Ich entschied mich, die von Syl eilig zu überfliegen.

Die Tinte auf dem extradünnen glatten Papier war ausgeblichen; und Sylvester Miles' Schreibkünste waren auch nicht gerade das Ergebnis einer besonders gymnasial wirkenden Schulbildung. Dennoch waren die Buchstaben gut genug zu entziffern. Er berichtete davon, nach Kriegsende zu einer Transportkompanie gestoßen zu sein, die am Güterbahnhof von Nürnberg stationiert war. Der Kompanie oblag es, alle Nahrungsmittellieferungen über Nürnberg in die weiter außerhalb gelegenen Bezirke weiterzuleiten. Er beschrieb das Haus eines ehemaligen SS-Offiziers, in dem die Männer sich einquartiert hatten (»nicht gerade das Hotel Ritz der Herrenrasse«); er erwähnte die Kriegsverbrecherprozesse (»todlangweilig, selbst die Angeklagten dösen«); ab und zu schwelgte er in philosophischen Erkenntnissen (»bei der Infanterie ist es zwar verpönt, enge Freundschaften zu schließen, aber nur hier kommt man seinen Kameraden wirklich näher«); und er kommentierte die damaligen Wirtschaftsverhältnisse (»Zigaretten sind wichtiger als Bares«).

Ich stieß auf keine explizite Erwähnung der *Blitzschläger*. Im letzten Absatz des letzten Briefes jedoch schrieb Syl vage von Souvenirs, die er gefunden habe und eines Tages vielleicht in wertvolle Artefakte verwandeln könne, »wenn ich es geschickt anstelle«.

Ich erinnerte mich an Jack Miles' abschätzige Bemerkung über seinen Bruder, der Souvenirs zusammenraffen mochte, sich aber nie für die Schönen Künste interessierte.

Vielleicht hatte Syl ja beides kombiniert.

Ich legte die Briefe in die Schublade zurück und drapierte die Papiertüte genauso darüber, wie ich sie vorgefunden hatte.

Am nächsten Vormittag versuchte ich mehrere Male, Pete an das Häftlingstelefon zu bekommen. Am frühen Nachmittag schließlich rief er mich zurück.

»Er glaubt, daß ich es war. Jeder glaubt das. Aber Kieran, ich war es nicht.«

»Ganz ruhig«, erwiderte ich. »Was ist passiert?«

»Collins hat ungefähr zwei Stunden mit mir geredet. Er hat mich alles mögliche gefragt. Was ich an dem Abend gemacht hätte. Woran ich mich erinnere. Wer mich gesehen hätte. Ob Todd Verno wirklich ein zuverlässiger Freund wäre. Und zum Schluß sagte er, ob ich es nun gewesen wäre oder nicht, würde im Moment sowieso nicht zählen. Ich sitz ziemlich in der Scheiße und muß wahrscheinlich in den Knast, aber er will für mich den besten Deal rausholen, der zu machen ist.«

»Er hat ›Deal‹ gesagt?«

»Ja. Ich hab ihn gefragt, was das heißen soll. Ob das heißen soll, ich käme ohne Knast davon, Besserungsanstalt oder so. Er sagte, er und der Staaatsanwalt könnten aushandeln, wieviel ich absitzen müßte. Die Richterin bräuchte sich zwar nicht danach zu richten, aber meist käm das hin.«

»Hast du irgendeinem Vorschlag zugestimmt?«

»Nein.«

»Ganz sicher nicht?«

»Nein. Ganz sicher nicht.«

»Gut. Und gib in Zukunft nie dein Okay, ohne mich vorher zu fragen.«

Ich fragte ihn nach den *Blitzschlägern*, was ich schon am Vortag vorgehabt hatte, als Brendan uns unterbrach.

»Was zum Henker sollen das für Dinger sein?«

»Die Schläger in meinem Büro, die in Noppenfolie und Papier eingewickelt waren. Die, die gestohlen worden sind.«

»*Die*? Was ist mit denen?«

»DiRienzo glaubt, daß du Miles wegen der Schläger umgebracht hättest.«

»Ich hab ihn nicht umgebracht.«

»Mutmaßlich. Er glaubt so fest an seine Theorie, daß er gestern euer Haus durchsuchen ließ.«

»Echt?«

»Tante Dee hat es mir erzählt. Deine Eltern haben ihn reingelassen. Sie hätten auch gar nicht anders gekonnt. DiRienzo hatte einen Durchsuchungsbefehl.«

»Und? Hat er sie gefunden?«

»Hätte er das können?«

»DiRienzo macht so Sachen«, erklärte Pete. »Hat schon mehreren Jungs Drogen untergeschoben. Aber davon erfährt natürlich keiner was.«

Davon erfuhr natürlich keiner was, weil so etwas nicht vorkam. Nicht in dem Milton, das ich kannte. Aber selbst dann, wenn Petes wilde Phantasien von DiRienzos Geheimmethoden einen wahren Kern hatten, konnte DiRienzo solche Tricks in diesem Fall vergessen. Drogen waren leicht unterzuschieben, die *Blitzschläger* nicht.

»Was weißt du über die Schläger?« fragte ich.

»Absolut gar nichts. Sind die wertvoll?«

»Allerdings. Ich bin mir allerdings nicht sicher, ob DiRienzo weiß, wie wertvoll sie sind. Er glaubt, du hättest einen der Schläger aus Miles' Haus gestohlen, die anderen aus dem Laden und dann einen Einbruch vorgetäuscht.«

»Mensch, das ist doch total verrückt.«

»Es wäre nicht das erste Mal, daß DiRienzo zwei und zwei zusammenzählt und dabei auf fünf kommt. Aber genau damit hast du es jetzt zu tun.«

Brendan Collins hatte sein schniekes Büro an einem verwinkelten Fußweg, der von der Merchant Street abging. Das Büro war allerdings selten besetzt; die meisten Klienten empfing er in seinem Haus am Poningo Point. Der Point, wie die Einheimischen sagten, war eine Landzunge mit happigen Grundpreisen, die den Miltoner Hafen vom Long Island Sund trennte. Die Häuser waren imposanter, die Rasenflächen größer und die Brieftaschen geräumiger als irgendwo sonst in Milton.

Mrs. Mulranny, die Haushälterin, öffnete die Tür. Sie wohnte nicht weit von mir in Limerick.

»Na, war ja klar, daß Sie füher oder später hier auftauchen«, sagte sie und wedelte mit dem Wischmop unter meinem Kinn herum. Sie trug eine schwarzweiße Uniform und, mit Rücksicht auf ihre geschwollenen Ballen, Slipper mit rosa Puderquasten.

Ich wartete auf einer verglasten Veranda von der Größe meines gesamten Apartments, während sie davonschlurfte, um anzufragen, ob der gnädige Herr mich empfangen würde. Jenseits der randlosen Glaswand erstreckte sich ein Rasenstück, das in demselben saftigen Grün schimmerte wie Fairways, bis zu einer Bucht hinunter, in der Collins' Einmaster auf den sanften Wellen schaukelte, die eine vorüberziehende Jacht verursachte.

Mrs. Mulranny verkündete, der gnädige Herr sei bereit, fünf Minuten seiner kostbaren Zeit für mich zu opfern; ihr Ton ließ anklingen, dies sei das Ergebnis ihres Verhandlungsgeschicks. Sie führte mich zu Collins' Büro, wo er hinter einem schweren Schreibtisch aus Eiche stand, auf dem verstreut Akten lagen, und starrte mich an, als sei ich ein Fahrkartenkontrolleur.

»Sie haben den Fall noch keine 24 Stunden übernommen, und schon haben Sie Pete soweit, daß er sich schuldig bekennen will.«

»Moment mal, Kieran.«

»Pete ist ein verängstigtes, verwirrtes Kind. Und Sie sollten ihm ein Freund sein, oder, wenn das schon nicht, dann wenigstens ein Verbündeter. Gerade hat er mich angerufen – er versteht die Welt nicht mehr. Er hat Ihnen seine Geschichte erzählt. Er sagt, er sei unschuldig. Und alles, was Sie ihm im Gegenzug bieten, ist das Versprechen, einen Deal für ihn auszuhandeln.«

»Ich dachte, ich hätte deutlich gemacht, daß ich mir nicht über die Schulter schielen lasse.«

»Vergessen Sie's, Brendan. Bei diesem Fall werden Sie mit mir leben müssen.«

Collins konnte aalglatt sein; übte man jedoch Druck auf ihn aus, so verlor er rasch die Contenance. So wie jetzt. Ein Zucken zeigte sich auf einer Wange.

»Ich wollte nur die Erwartungen des Jungen herunterschrauben«, sagte er von Anwalt zu Anwalt. »Und es ist nicht mein Job zu beweisen, wer den Mord begangen hat.«

»Aber Ihr Job ist es erst recht nicht, gleich anzubeißen, wenn Fowler etwas von Strafminderung murmelt, falls Pete einen Totschlag gesteht. Oder selbst mit solchen Offerten zu kommen.«

Collins winkte ab. »Seine Angehörigen haben kapiert, in welch schwieriger Lage er steckt. Insbesondere der Vater. Sehr gereizt und argwöhnisch, was den Prozeß angeht. Sie kennen die Sorte.«

»Ich dachte, Deirdre hätte Sie mit dem Fall betraut.«

»Hat sie auch. Aber ich kann Pete schlecht verteidigen und gleichzeitig seinem Vater den Mund verbieten, einfach nur, weil er nicht genug Geld hat, um mein Honorar zu zahlen.«

»Was ist überhaupt mit dem Honorar? Haben Sie plötzlich den selbstlosen Wohltäter in sich entdeckt?«

»Ich bin in Limerick aufgewachsen, genauso wie auch Sie. Und wie Pete O'Meara.«

»Die alte Heimat sehen Sie doch nur noch, wenn Sie auf dem Weg zur Merchant Street durchbrausen.«

»Man kann seine Erinnerungen auch pflegen, wenn man nicht mehr dort wohnt, wo man herkommt. Ich zumindest.«

Collins mußte glauben, mir einen empfindlichen Stich versetzt zu haben, denn er ließ sich auf seinem Sessel nieder und holte tief Luft.

»Wissen Sie, wie ich Sylvester Miles in Erinnerung habe?« fuhr er fort. »Ich habe mir meinen Collegebesuch genau wie Sie mit Jobs finanziert. Sie erinnern sich, wie wir damals Ferienjobs gefunden haben. In der Frühjahrspause kamen wir nach Hause zurück und haben die Merchant Street rauf und runter abgeklappert, jeden Ladenbesitzer gefragt, ob er nicht Arbeit für uns hätte. Miles hat sich eine ganze Stunde lang mit mir unterhalten. Oh ja, was für einen tollen Eindruck ich auf ihn gemacht hätte und so weiter. Die große Eröffnung seines neuen Ladens war für den ersten Juni angesetzt, und er brauchte einen Assistenten für den Sommer. Ich sei sein Mann, sagte er, in genau diesen Worten. Ich fuhr mit diesem sicheren Gefühl zur Schule zurück, daß für den Sommer alles geritzt sei. Das Schulgeld würde ich mühelos zusammenbekommen, und darüber hinaus genug Taschengeld.

Am ersten Juni bin ich dann im Laden erschienen und mußte feststellen, daß Miles keinen Assistenten brauchte. Er drängte mich auf die Straße hinaus, als hätte er Angst, ich würde eine Szene machen und die Kunschaft verscheuchen. ›Tut mir leid, mein Sohn‹, sagte er, ›aber es ist einfach nicht mehr genug Platz auf der Gehaltsliste.‹ Ich hatte eine Stinkwut im Bauch. Dieser

Hund hatte mich übers Ohr gehauen. Aber alles, was ich sagen konnte, war: ›Ich bin nicht Ihr Sohn‹, genau wie es Pete gestern mir gegenüber gesagt hat.

In dem Sommer habe ich keinen Job mehr gefunden. Acht Jahre habe ich gebraucht, um den Kredit abzustottern, den ich hatte aufnehmen müssen, um das fehlende Schulgeld aufzubringen. Es waren zwar nur 50 Dollar im Monat, letztlich nicht der Rede wert; ich habe jedoch nie vergessen, daß es Sylvester Miles' Kredit gewesen war.« Collins stellte den Nostalgieschwall ab. »Natürlich rechtfertigen persönliche Animositäten keinen Mord. Aber sicher können Sie verstehen, warum ich sichergehen möchte, daß der Junge ein faires Urteil bekommt. Andererseits muß ich natürlich der Familie gegenüber ehrlich sein. Ich möchte verhindern, daß jemand Wunder erwartet, zumal es einem Vabanque-Spiel gleichkäme, an seiner Schuld noch ernsthaft zu zweifeln.«

»Zu diesem Schluß sind Sie jetzt schon gekommen?«

»Kieran, es gibt da ein großes Problem. Ich habe mit DiRienzo gesprochen. Mir gegenüber war er etwas entgegenkommender als Ihnen gegenüber. Die Polizei hat Petes Fußspuren in Miles' Haus gefunden.«

Es fühlte sich an wie ein K.o.-Schlag.

»Pete hat mir gesagt, er sei nie im Haus gewesen.«

»Das hat er auch mir erzählt«, erwiderte Collins. »Ich habe ihm auch geglaubt. Und möchte ihm immer noch glauben. Aber die Indizien sind eindeutig.«

»Haben Sie mit diesem Verno gesprochen?«

»Noch nicht.«

»Warum hat die Polizei ihn nicht verhaftet?«

Collins sprang von seinem Sessel hoch. Jetzt, da ich die Unterhaltung wieder auf Einzelheiten des Falles gelenkt hatte, warf er seine Limericker Rührpose ab wie eine Schlange ihre Haut.

»Woher soll denn ich das wissen? Ich kenne deren Strategie nicht. Und ich kümmere mich jetzt wohl besser um meinen Klienten als um einen potentiellen Mitangeklagten.«

121

Ich bezweifelte leise, daß dies seine Absicht war; aber wir verstanden eben etwas jeweils anderes darunter, was es hieß, sich um jemanden zu kümmern.

»Was ist mit Frank Gabriel?« fragte ich.

»Pete sagte mir, er sei an dem Abend um sieben herum auf dem Golfplatz gewesen und könnte vielleicht etwas gesehen haben.« Collins seufzte. »Doch die Polizei glaubt, daß Miles mindestens drei Stunden später umgebracht wurde.«

»Ich habe gehört, sie hätten keine genaue Tatzeit.«

»Nicht bis auf die Minute genau. Aber der Zeitraum zwischen zehn und halb elf deckt sich mit den anderen Indizien und Petes eigener Geschichte. Ich werde bald mit Dr. Gabriel sprechen. Vielleicht hat er ja etwas gesehen, das jedem anderen entgangen ist.«

Nicht, bevor ich mit ihm gesprochen habe, dachte ich.

»Hey, Kieran«, rief Collins mir nach. »Letztlich ist doch auch unser Beruf ein Geschäft!«

Genau das machte den Unterschied zwischen uns aus.

Kapitel 9

Dr. Frank Gabriel war eine Miltoner Institution. Seine zahnmedizinische Praxis füllte eine dreiräumige Suite über dem alten Woolworth's auf der Merchant Street. Die Firma Woolworth hatte sich aus Milton aufgrund sinkenden Absatzes und steigender Mieten zurückgezogen. Ein Schild im frisch geputzten Schaufenster kündigte ein neues Mini-Einkaufszentrum mit Boutiquen an. Gabriel hatte seine Heimatstadt nicht so leichthin aufgegeben. Obwohl er komplizierte kieferchirurgische Eingriffe in einem Geschäftshaus in White Plains, das ihm gehörte, durchführte, widmete er zwei Nachmittage der Woche den Zähnen und dem Zahnfleisch der guten alten Miltoner.

Im Wartezimmer roch es, als würde es per Zerstäuber mit Mundwasser parfümiert; die Berieselungsmusik war voller Rauschen und Knacken. Dr. Gabriels seit langem angestellte Empfangsdame war bemüht, ihren Adrenalinpegel zu drücken, während sie telefonierte.

»Dr. Gabriel hat nicht vor, gerichtliche Schritte gegen Sie einzuleiten … Ihre Miete ist bereits einen Monat überfällig … Ich weiß ja, daß Sie Ihre Arbeit verloren haben … Natürlich habe ich das auch dem Doktor gesagt. Aber bitte verstehen Sie auch seine Lage.«

Die Tür zu den inneren Behandlungsräumen ging auf; heraus tapste ein kleines Mädchen, das sich an den Arm seiner Mutter klammerte. Während Gabriel den beiden folgte, rieb er sich die Hände mit einem Handtuch. Die Augen des Mädchens waren rot.

»Was für ein tapferes großes Mädchen«, sagte er. Er tätschelte ihren Kopf, und sie vergrub ihr Gesicht im Rock ihrer Mutter.

»Danke, daß Sie uns drangenommen haben«, sagte die Mutter.

»Da bin ich selber froh. In einer Woche wäre der Zahn vielleicht nicht mehr zu retten gewesen.« Gabriel erspähte mich. »Ach, Kieran Lenahan, mit frischem Lorbeer! Erzählen Sie mir jetzt nicht, Sie hätten Zahnschmerzen!«

123

»Das nicht, aber ich würde Sie trotzdem gern ein paar Minuten sprechen.«

»Von mir aus auch eine Stunde.« Er legte den Kopf schief, um etwas vom Telefonat der Empfangsdame mithören zu können, runzelte einen Augenblick lang die Stirn und bat mich dann hinein.

Der Raum war karg möbliert: ein Schreibtisch, drei Stühle, ein Schrank; ein Lichtkasten, um Röntgenaufnahmen studieren zu können; Plaketten, auf denen Gabriel vom Lions Club als Mann des Jahres ausgewiesen und als Stadtrat für Milton empfohlen wurde.

Ich kannte Frank Gabriel seit etlichen Jahren und war den Verdacht nie losgeworden, daß seine öffentliche Person nichts als eine raffiniert ausgeklügelte Fassade war. Sein Ton war zuckersüß, seine Dauerfreundlichkeit konnte einem auf den Geist gehen, und sein friedliches Wesen konkurrierte in seiner sanften Gleichförmigkeit mit dem Heideareal des Golfplatzes. Richter Inglisi behauptete zwar, er habe Gabriel einmal dazu gebracht, ein herzhaftes ›Verdammtnochmal‹ anstelle seines faden ›Großergott‹ zu äußern; aber Inglisi konnte auch einen echten Heiligen in ein frustriertes Bündel verwandeln.

Nun lebte jeder hinter einer Fassade; und wenn es zu Gabriels Theater gehörte, kleinen Mädchen gegenüber, die sich bei Zahnärzten vor Angst in die Hose machten, eine gespielte Freundlichkeit an den Tag zu legen, dann sollte mich das nicht weiter stören. Außerdem war der gute Doc einer der treuesten Kunden meines Pro-Shops. In meinen ersten beiden Saisons hatte er das Geschäft zum Laufen gebracht, indem er Komplettausrüstungen von hoher Qualität bei mir erstand und beide Male vierstellige Summen ausgab. Letzten April jedoch war er standhaft geblieben. »Schlechte Zeiten?« hatte ich gefrotzelt. Er jedoch lachte nicht.

Gabriel setzte sich auf einen der Stühle und öffnete die Knöpfe seines Kittels. Für einen Mann in den späten Sechzigern schien er vor Gesundheit zu strotzen; er hatte jugendlich wirkende breite Schultern, und an seinen muskulösen Armen kringelte sich dunkler Flaum. Eine goldene Armbanduhr und ein goldenes Armband schmiegten sich um Handgelenke, die einen Golfball mühelos über eine große Entfernung schleudern konnten. Das einzige Zugeständnis, das er an sein vorgerücktes Alter hatte machen müssen, war der vollständig kahle Schädel, der in dem Sonnenlicht glänzte, das durch die Jalousien drang.

»Wenn es schon kein Zahn ist, dann hoffe ich doch, Sie suchen ein Apartment. Ich könnte zur Abwechslung einen finanziell zuverlässigen Mieter gebrauchen.«

»Ich möchte mit Ihnen über Sylvester Miles sprechen.«

»Der arme Syl.« Gabriel nahm seine metallgefaßte Brille ab und begann sie mit einem Zipfel seines Kittels zu putzen. Seine Augen, die hinter der Brille groß und braun wirkten, schrumpften zu farblosen Schlitzen. »Ich muß schon sagen, die Polizei war ver…, äh – recht fix mit einer Verhaftung. Offenbar ist dies heutzutage die Art, wie man Mordopfern die letzte Ehre erweist. Er wird uns allen fehlen. Aber wie kann ich Ihnen helfen?«

»Sie waren am Mordabend auf dem Golfplatz. Haben Sie da zufällig Syl gesehen?«

Gabriels Züge zeigten Zeichen von Anspannung. Er setzte die Brille wieder auf.

»Was gibt Ihnen das Recht, mich danach zu fragen?«

Ich erzählte ihm die Geschichte mit der Anklageerhebung.

»Dann sind Sie jetzt nicht mehr sein Verteidiger.«

»Das habe ich zwar nicht gesagt, aber so ist es.«

Gabriels Augeschlitze wurden noch schmaler. Dann jedoch schien ihm ein Licht aufzugehen, und sein Lächeln kehrte kaum vermindert herzlich zurück.

»Verstehe. Sie haben ein inoffizielles Interesse an dem Fall. Nun, ich habe es immer unterstützt, daß Sie diesem Jungen helfen, immer.«

Das war nicht gelogen. Als ich mich entschloß, Pete auf Bewährung bei mir einzustellen, mußte ich meine Gründe vor

125

den Vorstandsmigliedern erläutern. Alle drei wußten von Petes Schwierigkeiten mit dem Gesetz; ich ließ also keineswegs irgendwelche Katzen aus dem Sack. Gabriel sprach sich eindeutig dafür aus, dem Jungen eine Chance zu geben; und die anderen pflichteten ihm bei.

Ich fügte hinzu, daß Pete zu Beginn der Ermittlungen Di-Rienzo von Gabriels abendlichem Ausflug mit dem Golfwagen erzählt hatte, und daß er am Tag nach seiner Verhaftung mir gegenüber dasselbe wiederholt hatte.

»Völlig richtig, was der Junge sagt«, nickte Gabriel. »Auch ich habe das der Polizei von mir aus mitgeteilt. Einige der automatischen Rasensprenger auf dem Back Nine mußten überprüft werden, als Teil des Berichts, den ich dem Vorstand vorlegen will. Die haben nämlich, wie Sie wissen müssen, nicht mehr einwandfrei funktioniert.«

»Haben Sie Syl noch draußen auf dem Platz gesehen?«

»Nein. Ich sagte doch, daß ich auf dem Back Nine war; und Syl hat normalerweise in der Nähe seines Hauses trainiert.«

»Sie haben ihn also auch nicht vom Gelände aus gesehen – sagen wir, vom siebten Abschlag aus?«

»Keine Menschenseele habe ich gesehen. Keine Golfer, keine Jogger, keine Leute mit Hund. Jetzt, wo ich davon rede, fällt mir ein, wie ich noch dachte, daß dies das erste Mal war, daß ich glaubte, auf dem Golfplatz völlig allein zu sein. Sie wissen ja, wie es da draußen sein kann. Sie erspähen in zweihundert Meter Entfernung jemanden und haben gleich das Gefühl, der Platz sei völlig überlaufen. An diesem Abend jedoch war es nicht so. Muß am Wetter gelegen haben. Auch ich habe den feuchten Nebel in den Knochen gespürt und es sehr bereut, keine Windjacke angezogen zu haben.«

»Pete sagt, Sie seien etwa eine halbe Stunde draußen gewesen.«

»Ich habe nicht auf die Uhr geschaut, aber das kann hinkommen. Ich habe mich extra beeilt, weil der Junge verärgert schien, als ich ihn darum bat, den Karren ausleihen zu dürfen. Wahrscheinlich wollte er nach Hause. Tat mir leid, daß ich ihn aufhalten mußte, also habe ich ihm ein Trinkgeld für seine Geduld gegeben. Das muß er Ihnen doch auch erzählt haben.«

Ich nickte.

»Gott weiß, daß ich Syls Mörder hinter Gittern sehen will«, fuhr er fort. »Wenn aber der Junge doch schuldig sein sollte, dann wäre dies eine doppelte Tragödie.«

Keine besonders ergiebige Unterhaltung. Ein verlassener Golfplatz zwischen sieben und halb acht half sicher nicht, die Todeszeit zu präzisieren, und auch nicht, Sylvester Miles Präsenz auf dem Golfplatz nachzuweisen. Ich dankte Gabriel dafür, daß er sich Zeit genommen hatte. Eine Frage blieb allerdings noch. Doch sie lag etwas abseits vom Thema und ließ sich am besten aus räumlicher Distanz stellen.

Ich blieb an der Tür stehen.

»Das gehört jetzt eigentlich nicht hierher, Doc. Aber ist an dem Gerücht irgendwas dran, daß der Milton County Club zum Verkauf ansteht?«

»Gütiger Gott! Diese Stadt wird niemals aufhören, mich in Erstaunen zu versetzen. Erst dieser Schicksalsschlag, und dann auch noch diese haltlosen Gerüchte. Den Club verkaufen, nachdem Syl so viel Schweiß und Mühe darin investiert hat? Einem Verkauf zuzustimmen hieße, auf sein Grab zu spucken.«

»Ich habe vor dem Mord davon gehört«, log ich. »Ganz Wykagyl sprach während dem Met davon. Irgendwas von einer japanischen Firma, die einen Lokalclub kaufen wolle. Ich hab sogar Gerüchte gehört, daß Miko Onizaka Club-Pro werden soll.«

»Völliger Unsinn.«

Ich bemühte mein bestes Erleichterungslächeln. »Sie verstehen ja sicher, warum ich mir da Sorgen mache. Leitende Pro-Jobs sind rar, und in meinem Alter hätte ich die Geduld nicht mehr, jemandem untergeordnet zu sein.«

»Sie überraschen mich einigermaßen. Denn jemand wie Sie könnte doch jederzeit in seinen alten Beruf zurückgehen.«

»Dazu würde mir erst recht die Geduld fehlen.«

»Ich kann Ihre Sorgen zerstreuen. Solange ich Anteile an dem Club halte, können Sie Pro bleiben. Sie machen Ihre Sache bestens. Nicht jedem Club kommt die Ehre zu, den Met-Champ zu beschäftigen.«

»Danke für Ihr Vertrauen, Doc.«

Gabriel geleitete mich zur Eingangstür; es bestand kein Zweifel, daß er sich Gewehr bei Fuß für weitere Fragen dieser Art bereit hielt. Als wir durch das Wartezimmer gingen, stürzte sich die Empfangsdame gerade in ein weiteres fruchtloses Gespräch über fällige Mieten.

Das Miltoner Telefonbuch kannte nur eine Familie Verno, die in einer gemischten Gegend wohnte, in der auch Andy Andersons Geschäft lag. Sie wurde vom übrigen Milton durch ein Industrieviertel abgeschnitten; und die einsame Sackgasse schien vom Straßenbauamt vergessen worden zu sein. Telefonmasten schwankten über schotterbedeckten Gehsteigen. Das Herbstlaub von letztem Jahr verstopfte die Gullis als getrockneter brauner Matsch. Das Haus selbst stand über einem Felsen, auf dem Sprengarbeiten Narben hinterlassen hatten. Im Hof war ein verrosteter Metallswimmingpool; die Röhren der ehemaligen Filteranlage ragten jetzt ins Nichts. Ein kleines Mädchen tollte auf einem Berg aus getrocknetem Schlamm herum, auf dem Gräser hatten Fuß fassen können. Auf dem Gehsteig wachste ein Teenager mit verkehrt herum getragener Baseballkappe einen neugestrichenen Schrottwagen, der kein Nummernschild hatte und mit den Vorderrädern auf Holzblöcke aufgebockt war.

»Wohnt Todd Verno hier?«

»Wen interessiert'n das?« Er schaute nicht auf. Ölschlieren streiften seine eckigen Wangen wie Ruß auf den Seiten eines Destillierkolbens.

»Ich muß mit ihm über Pete O'Meara reden.«

»Bulle oder so was?«

»Eher oder so was.«

128

»Bin für keinen zu sprechen.« Er knallte einen Klecks Polier-mittel auf die Motorhaube und begann sie dann mit einem schmierigen Lappen zu verteilen.

Das kleine Mädchen fiel von dem Erdhügel herunter und begann zu weinen.

»Halt's Maul, Joannie!« brüllte Todd.

Ich konnte erkennen, daß das Mädchen sich verletzt hatte. Blut war auf die Vorderseite ihres schmutzigen grünen Spielanzugs getropft. Ich hob sie auf und tupfte ihre eingerissene Lippe mit einem Handtuch ab.

»Ist deine Mutter da?«

Sie nickte heulend.

»Geh rein und sag ihr, sie soll kaltes Wasser über deinen Mund laufen lassen.«

Sie wackelte auf die Vorderstufen zu. Ich kratzte eine Hand-voll verfaulten Laubes vom Gehsteig und plazierte es liebevoll auf Todds Poliertuch.

»Hey, was soll der Scheiß?«

Ich wirbelte Todd herum, riß ihm die Mütze vom Kopf und knallte ihn mit dem Rücken auf die Motorhaube.

»Du kannst deine kleine Schwester tyrannisieren, aber mit mir machste das nicht. Wir reden über Pete O'Meara. Jetzt.«

Todd würgte. Ich lockerte meinen Griff etwas, damit er Luft bekam.

»Ich sach gar nix.«

Mit einer Faust donnerte ich neben seinem Kopf so fest auf die Motorhaube, daß das Trommelfell schmerzen mußte.

»Hey, Mann, sind Sie voll bescheuert, oder was?«

»DiRienzo hat dich ausgequetscht, richtig? Er hat dich ge-krallt und zum Reden gebracht. Und du hast gesagt, du wärst an dem Abend mit Pete zusammen gewesen. Was hast du ihm sonst noch verklickert?«

»Nix.«

Ich zauberte der Motorhaube mit einem einzigen Fausthieb Knitterfalten.

129

»Wenn du dran interessiert bist, daß von dieser Schrottkarre noch irgendwas übrig bleibt, dann versuch nicht, mich für dumm zu verkaufen. Kapiert?«

»Schon gut, schon gut. Okay, Mann. Aber lassen Sie den Wagen in Ruhe.«

Ich ließ ihn hochkommen. Er begann sofort, an der beschädigten Stelle herumzupolieren. Ich ließ ihn nicht.

»Erst reden wir. Was hat DiRienzo aus dir rausgequetscht?«

»Er ist am nächstem Morgen gekommen, da hab ich noch geschlafen.« Todd trat mit einer Schuhspitze gegen den Holzblock unter einem der Räder. »Von dem Mord hab ich da noch gar nix gewußt, und er hat mir einfach nen Haufen Fragen gestellt, zum Beispiel, was ich an dem Abend gemacht hätte. Ich hab ihm gesagt, daß ich mit Pete zusammen war. Nur das. Nix davon, was wir gemacht haben. Dann fing er an, er wollte sich meinen Wagen näher angucken, weil der nicht registriert wäre und ich ihn nicht auf öffentlichen Straßen parken dürfte. Als ob die ›Öffentlichkeit‹ diesen Mistweg hier jemals runtergefahren käme! Dann sagte er, wenn er genauer nachsähe, würde er vielleicht was finden, was er gar nich sehn will. Also sollte ich ihm besser sagen, was Pete und ich gemacht hätten.«

Todds Story stimmte ziemlich genau mit Petes überein: die Bierdosen auf dem Golfplatz; die Mädchen aus Port Chester, die nicht kamen; der Koks; der Plan, irgendwo einzubrechen, um an Geld für mehr zu kommen.

»Wir haben es beim ersten Haus versucht, zu dem wir auf dem Harbor Terrace Drive kamen. Hatte keine Ahnung, wer da wohnt, aber Pete meinte, er wüßte es, das wär der Typ, dem der Golfplatz gehört.

Drinnen brannten zwar ein paar Lichter, aber Pete meinte, er wäre sicher, daß keiner zu Hause ist. Wir sind hinten rumgegangen und haben auch eine Tür gefunden, die nicht abgeschlossen war. Ich bin nur bis zu der Tür mitgekommen, weil ich das Ganze total bescheuert fand. Außerdem war ich nich so sicher, daß keiner da war. Pete is auf Zehenspitzen umher. Er durchsuchte so einiges Zeugs auf Tischen und Schränken, zum Beispiel in Vasen oder Krügen, wo Leute manchmal Bargeld drin haben. Plötzlich blieb er dann stehen, als hätt er was gehört. Ich dachte auch, ich hätt was gehört, einen quietschenden Holzboden, oder sowas. Ich hab ihm Zeichen gemacht, er soll rauskommen, aber er is nur noch schneller rumgerannt, um nach Geld zu suchen. Dann blieb er wieder stehen. Scheiße, dachte ich, besser hau ich ab. Ich laß mich doch nicht in nem Harbor-Terrace-Haus erwischen! Mir ist echt der Arsch auf Grundeis gegangen. Dann bin ich einfach nur noch gerannt.«

»Pete auch?«

»Das letzte, was ich gesehen habe, waren ein paar Golfschläger, die neben dem Kühlschrank an der Wand lehnten. Pete nahm einen davon.«

Kapitel 10

Am späten Morgen des nächsten Tages erwischte ich Adrienne schließlich doch noch. Sie hatte keine Erklärung dafür, wo sie die letzten Male gewesen war, die ich nach meiner Unterhaltung mit Todd Verno bei ihrem Haus vorbeigefahren war. Nach minutenlangem, peinlichem, fast schuldbewußtem Schweigen, das mich an zu viele einseitige Auseinandersetzungen mit Deirdre erinnerte, löcherte sie mich mit Fragen über die *Blitzschläger* und Jack Miles. Ich wußte nicht, was mich mehr ankotzte – ihre Ichbezogenheit oder ihr durchsichtiges Bemühen, das Thema zu wechseln.

»Ich habe mit Jack Miles gesprochen. Ich habe auch seine Hütte durchsucht. Die *Blitzschläger* habe ich nicht. Punkt.«

Ich drängte sie den Flur entlang, bevor sie mich irgendwohin bitten konnte. Die Küche hätte auf das Cover jedes Magazins zum Thema *Schöner Wohnen* gepaßt. Viele Schränke mit Fronten aus massivem Holz und ein weißer Kachelboden, der auf Fußabdrücke nur so wartete. Leuchtend orangefarbenes Klebeband markierte eine etwa 2 qm große Fläche vor der Tür zur Veranda.

»Warum haben Sie mir von all dem nichts erzählt?« fragte ich, während ich mich außerhalb der markierten Fläche hinhockte.

»Ich wußte nicht, daß Sie auch ein Bulle sind.« Wäre sie eine Katze gewesen, dann hätte sich ihr Rücken bis zur Decke gekrümmt.

Ich betrachtete den Boden. Schwache Fußabdrücke wiesen in jede Richtung, als beschrieben sie wilde Tanzfiguren. Klare Spuren von Turnschuhen, sonst aber nichts. Ich probierte die Tür aus. Der Hebel, mit dem man sie schloß, war zu stramm eingedellt, und die Scharniere griffen nicht voll ineinander. Wenn man nicht fest dagegen drückte, fiel sie knallend zu und hing dann an den Scharnieren. Ein dünner Film von Fingerabdruckpuder lag auf der Klinke.

Adrienne begann zu sprechen, doch ich warf ihr einen Blick zu, der es in sich hatte; und was immer sie zu sagen beabsichtigt hatte, blieb ihr in der Kehle stecken.

Ich maß die Küche mit Blicken aus, wie Pete sie in jener Nacht ausgemessen haben mochte. Versuchte zu hören, was er gehört hatte. Versuchte mir die Golfschläger plastisch vorzustellen, die Todd Verno erwähnt hatte. Jetzt waren keine zu sehen.

»Bewahrte Syl Golfschläger in der Küche auf?«

»Er hatte überall welche. Manchmal kam ich mir vor wie bei einem Hindernisrennen.«

»Wo in der Küche?«

Adrienne deutete auf ein schmales Wandstück neben dem Kühlschrank. »Er wollte sie immer greifbar haben, falls es ihn plötzlich überkam.«

»Waren hier in der Mordnacht welche?«

»Ich denk schon. Aber ich erinnere mich nicht.«

»Hat die Polizei Sie nicht danach gefragt?«

»Doch. Und ich habe denen das Gleiche gesagt.«

»Ist es vorstellbar, daß sich der fehlende *Blitzschläger* in der Mordnacht hier befand?«

»Ich habe Ihnen doch schon gesagt, daß ich die alle nicht auseinanderhalten kann.«

»Aber Sie haben der Polizei gesagt, es sei möglich.«

Sie antwortete nicht. Ich trat über die gesperrte Stelle hinweg auf die Veranda. Eine großzügige Rasenfläche erstreckte sich bis zu einer Felsklippe, von der aus man den städtischen Jachthafen überblicken konnte. Brombeeren und andere Hecken krochen an der Steinmauer hoch, die Miles' Grundbesitz vom Golfplatz abgrenzte. Die Mauer hatte kein Tor, nur eine 60 cm breite Lücke, versteckt im Gesträuch, und einen Übertritt, der in den Stein gemeißelt war. Wenn der Mord hier geschehen war, warum sollte man den Toten dann über die Mauer hieven und gut 100 Meter zu dem Teich schleifen? Warum die Leiche nicht einfach über die Klippe rollen?

Adrienne blickte mir über die Schulter.

»Ich möchte nicht mit Ihnen streiten«, sagte Sie. »Ich weiß, wie Ihnen zumute sein muß. Sie hängen an ihm, an dem Jungen, den sie verhaftet haben.«

»Ich habe ihn schon mehr als einmal rausgehauen.«

»Sie glauben an seine Unschuld.«

»Ich glaube nicht, daß er das getan hat, wovon die Polizei sagt, daß er es getan habe.«

»Die müssen schon gute Gründe haben zu behaupten, er hätte Syl umgebracht.«

»Die Polizei hat haufenweise gute Gründe für das, was sie tut. Aber die Wahrheitsfindung gehört nicht immer dazu.«

»Ich habe ihnen gesagt, was ich weiß. Ich habe ihnen gesagt, was ich nicht weiß. Ich kann doch nichts für die Schlüsse, die die daraus ziehen.«

»Versuchen Sie's mit mir noch einmal.«

Adrienne seufzte, als bereite sie sich seelisch darauf vor, die gleiche Geschichte zum hundertsten Male herunterzubeten. Sie lehnte sich gegen das Geländer der Veranda und umfaßte ihre Ellenbogen.

»Um fünf war ich oben, um mich umzuziehen. Ich hörte, wie die Tür zuknallte. Sie sehen ja, daß sie dringend repariert werden müßte; aber Syl hat es nie für nötig gehalten, einen Schreiner damit zu beauftragen. Etwa eine halbe Stunde später, als ich gerade gehen wollte, hörte ich die Tür wieder zuschlagen und dann, wie jemand in der Küche herumhantierte. Ich erinnere mich, daß ich dachte, Syl sei bestimmt nicht so lange auf dem Golfplatz geblieben, weil das Wetter so schlecht war.«

»Sie haben aber nicht gesehen, wie er auf den Platz ging.«

»Nein, aber das war seine übliche Zeit.«

»Haben Sie ihn in der Küche gesehen?«

»Nein«, sagte sie. »Aber es mußte ja er sein.«

»Sie sind gegangen, während er noch im Haus war.«

Adrienne nickte. »Das war etwa um sechs. Ich bin erst nach Mitternacht zurückgekommen. Da Syl und ich getrennte Schlafzimmer hatten, habe ich nicht sofort gemerkt, daß er nicht da war. Am nächsten Morgen sah ich, daß die Hintertür offen stand, und die Fußabdrücke auf dem Boden. Ich habe nach Syl gesucht, aber er war nicht zu Hause, und in seinem Bett hatte er auch nicht geschlafen. Da habe ich die Polizei gerufen. Als ich dann den Menschenauflauf am Teich sah, wußte ich, daß sie ihn gefunden hatten.«

»Gab es Anzeichen dafür, daß Syl an dem Abend vom Golfplatz zurückgekehrt ist?«

»Nein. Aber auch keine, daß er nicht zurückgekommen wäre.«

»Seine Kleider?«

»Sie haben ihn in den Sachen gefunden, die er auch anhatte, als ich ihn das letzte Mal gesehen habe. Das war vor fünf.«

»Wo sind Sie an dem Abend hingegangen?«

»Ich bin ausgegangen.«

»Wohin?«

»Zum Dinner.«

»Allein?«

»Nein.«

»Mit wem?«

Adrienne ging auf die andere Seite der Veranda und baute ihre Veteidigungsstellung dort am Geländer auf.

»Ich möchte nicht mit Ihnen streiten.«

»Das sagten Sie bereits.«

»Ich bin das alles schon mit Detective DiRienzo durchgegangen. Er ist zufrieden. Können Sie mir nicht einfach glauben, daß ich irgendwo aus war?«

»Nein.«

Sie stieß einen Seufzer aus und wandte sich ab.

»Sie werden sich also nicht erklären«, sagte ich.

Sie schüttelte den Kopf. »Sie können nicht verstehen, was Sache ist. Es ist einfach zu kompliziert. Zu … Sie würden es nicht verstehen.«

»Natürlich nicht.«

Sie blieb auf der Veranda, während ich noch einmal die Küche inspizierte. Aus dem Augenwinkel heraus konnte ich sie auf und ab gehen sehen. Einmal trat sie gegen das Geländer.

»Lassen Sie es mich wissen, wenn diese Schläger auftauchen!« rief sie mir zu.

»Aber sicher doch. Ich werde auf der Stelle springen«, rief ich zurück und geleitete mich selbst zur Eingangstür. Ich hatte das sichere Gefühl, daß wir einander den Krieg erklärt hatten. Ich wußte bloß nicht, wie ich die Schlacht schlagen sollte.

Ich fand Gloria Zanazzi in einem Restaurant in der Nähe des Bezirksgerichts. Sie saß allein mit dem Rücken zur Wand in der hintersten Nische und steckte ihre Nase in eine Speisekarte, die sie mit Sicherheit auswendig kannte. Die Mittagspause war immer Glorias Allerheiligstes gewesen, was sie bei zahllosen Gelegenheiten während ihrer Zeit bei Inglisi & Lenahan erklärt hatte. Ich tippte ihr auf die Schulter und sah sogleich, daß sich daran nichts geändert hatte. Sie sprang auf wie eine zornige Kröte.

»Verdammt noch mal, Kieran, erschrecken Sie mich doch nicht so!« Ein Schweißfilm pappte schwarze Locken auf ihre Stirn.

»Entschuldigen Sie, Gloria, aber ich möchte Sie um einen Gefallen bitten.« Ich setzte mich zu ihr in die Nische.

»Sie können froh sein, daß ich Ihnen nicht den Schädel einschlage.« Gloria fächerte sich mit der Speisekarte Luft zu. Ihr Lippenstift deckte sich nicht mit ihren Lippen. »Ok. Worum geht's? Gnade Ihnen Gott, wenn Sie nicht einen sehr guten Grund haben, mich hier zu stören.«

»Ich brauche Informationen über die Ermittlungen im Mordfall Miles.«

»Jesus, Sie jetzt auch? Der Richter wollte gestern dasselbe. Bin ich wieder auf Ihrer Gehaltsliste?«

»Sie sind in der Gegend noch immer die beste Informationsquelle.«

»Aber über den Fall weiß ich nichts. Die halten den Deckel fest drauf. Dieser Dummkopf von DiRienzo will es so. Der denkt bestimmt, Miles sei ein Fall vom Kaliber CIA oder so was.«

»Ich wüßte gern, wie sich die Polizei der Witwe gegenüber verhalten hat.«

»Adrienne? Die hatten sie ein paarmal zum Verhör da.«

»Was haben sie sie gefragt?«

»Glauben Sie vielleicht, ich schleiche mit nem Stethoskop in den Ohren über die Flure?«

Das dachte ich nun wieder nicht. Wenn aber die Leute die Redewendung ›Die Wände haben Ohren‹ benutzen, dann ist klar, daß sie an Glorias denken.

»Sie ist die Witwe. Normalerweise wäre sie die Hauptverdächtige. Sie haben diese Möglichkeit zu schnell fallenlassen.«

»Aber doch nur deshalb, weil ihnen ein besserer Verdächtiger über den Weg lief«, sagte Gloria. »Schaun Sie, ich weiß, daß Sie versucht haben, diesem Jungen zu helfen. Und es ist sicher richtig, ihm weiterhin zu helfen. Aber verdammt schwierig wird das bestimmt.«

»Ich kann es Ihnen leichter machen. Adrienne Miles hatte ein Alibi. Sie will mir aber nicht sagen, was das war. Und das ist alles, was ich wissen will.«

Gloria sah sich links und rechts um und lehnte sich dann über den Tisch. »Haben Sie eine Spur?«

»Tun Sie mir den Gefallen, und wir werden es beide wissen.«

Ein Wall aus Mini-Jalousien schottete Randall Fisks Glaskabine vom Rest des Redaktionsraums ab. Fisk selbst saß an einer brusthoch angebrachten Computertastatur. Er schaute nicht auf, bevor ich die Kabinentür geschlossen hatte.

»Kein Kommentar zu meinem Artikel«, sagte er. »Wenn Sie sich beschweren wollen, sprechen Sie bitte mit unserer Anwältin. Sie ist jedes Wort durchgegangen.«

»Es interessiert mich nicht die Bohne, was Sie bereits geschrieben haben. Ich komme mit Informationen für Sie.«

»Womit?« Einen Moment lang schien in seinen Augen Interesse aufzublitzen. Dann jedoch runzelte er die Stirn. »Lassen Sie mich bitte in Ruhe. Sie sehen doch, daß ich arbeite.«

Ich zog den Stecker seines Computers aus der Wand. »Jetzt nicht mehr.«

»Hey, Sie Arschloch, das war die Spalte für morgen.« Fisk ging auf die Knie und stopfte den Stecker wieder in die Steckdose.

»Die Welt wird es überleben.«

»Wenn ich nicht rechtzeitig liefere, ich aber nicht.« Er bootete den Rechner erneut hoch.

»Ich weiß, wer Sylvester Miles' *Blitzschläger* gestohlen hat«, sagte ich.

»Na, toll. Die Cops auch.«

»Die Cops irren sich.«

»Meinen Quellen zufolge nicht.«

»DiRienzo, oder? Hat er Ihnen die Dinger gezeigt? Wohl kaum. Er hat sie nämlich nicht.«

»Der junge O'Meara hat sie irgendwo versteckt. Nur eine Frage der Zeit.«

Ich schüttelte süffisant den Kopf. Jemandem wie Fisk Randall gegenüber Süffisanz zu zeigen, gehörte zu den ganz raren Vergnügungen im Leben.

»Also schön. Wer soll die Schläger Ihrer Meinung nach gestohlen haben?«

»Nicht so hastig, Randy. Zuerst möchte ich eine kleine Gegenleistung.«

»Zum Beispiel?«

»Sagen Sie mir alles, was Sie über den Verkauf des Milton Country Club wissen.«

»Vergessen Sie's. Mit Ihnen Infos zu tauschen, das ist kein fairer Deal.« Er begann zu tippen. Ich verzichtete darauf, ihm weiter über die Schulter zu blicken. Entweder hatte er einen grauenhaften Stil, oder etwas von größerer Tragweite als die Benutzung von elektrischen Golfwagen auf der Senior Tour belastete ihn. Nach ein paar weiteren schwülstigen Sätzen wandte er sich vom Keyboard ab.

»Also gut, Lenahan, lassen Sie uns diese Scheiße endlich hinter uns bringen. Wer hat die verdammten Schläger gestohlen?«

»So nicht. Erst erzählen Sie mir was über den Verkauf. Dann kriegen Sie den Namen.«

»Stecken Sie sich Ihren Namen in den ...«

»Sehr wohl.« Ich öffnete die Tür.

»Ok, ok«, winkte er ab. »Wir machen es so, wie Sie es wollen. Aber ich sage Ihnen gleich, daß ich nicht viel weiß.«

Fisks einziger anderer Stuhl war eines dieser skandinavischen Sitzmöbel, die aussahen wie futuristische Betpulte. Ich manövrierte mich hinein.

»Ich habe gehört, daß in letzter Zeit immer wieder Clubs auf dem Land verkauft werden«, sagte er. »An einigen der Gerüchte ist nichts dran. An anderen allerdings schon. Ich schätze mal, daß der Milton-Deal – wenn es einen gibt – eher zur letzten Kategorie gehört.«

»Frank Gabriel hat glatt abgestritten, daß der Club zum Verkauf stünde.«

»Sie haben ihn gefragt? Wann?«

»Gestern.«

»Hmmm.« Fisk begann, mit den Zähnen an den Fingernägeln einer Hand zu kauen, als nage er einen Maiskolben ab. »Wie ich schon sagte, kommt auch mir das Ganze wie ein Gerücht vor, wäre da nicht eine Kleinigkeit, die mir so gar nicht gefällt.«

Er nahm sich die andere Hand vor. Nach einigen Augenblicken wilden Geknabbers begann ich mich zu fragen, ob er erst Blut schmecken mußte, bevor er dieses eine Detail preisgab. Schließlich holte er Luft.

»Frank Gabriel steckt seit über einem Jahr in einer finanziellen Krise«, begann er schließlich. »Vor wenigen Jahren ist er noch millionenschwer gewesen. Er hatte 20 oder 25 Häuser in Milton, zwei Bürogebäude in White Plains und etwa zehn unbebaute Grundstücke, die als Bauland ausgewiesen werden sollten. Dann brach der Immobilienmarkt zusammen und zog ihn mit runter. Schwindende Mieteinnahmen, keine Käufer und enorme monatliche Ausgaben. Die Banken hat er monatelang beschwindelt. Und jetzt haben sie die Nase voll. Er versucht verzweifelt zu verhindern, daß das rauskommt; für ihn würde das wohl die ultimative Demütigung darstellen. Soweit ich gehört habe, ist er an

139

der Bankrotterklärung mehrfach nur um Haaresbreite vorbeige-
schlittert.«

Er preßte Daumen und Zeigefinger zusammen.

»Er besitzt jedoch einen verkäuflichen Vermögenswert, der
ihn mehr als sanieren könnte – seine Drittelbeteiligung am Milton Country Club. Also hat er gegen Ende letzten Jahres diskret
begonnen, bei einigen japanischen Firmen nachzuhorchen, um
potentielle Käufer ausfindig zu machen. Dabei hatte er einen spe-
ziellen Firmentyp im Visier; einen solchen nämlich, der große Filialen unterhielt und sich einen Golfplatz als firmeneigenes Gelände leisten konnte.

Schließlich fand Gabriel einen Käufer, aber ich konnte beim
besten Willen nicht herauskriegen, wer das war. Anscheinend
hatte er den gesamten Deal ohne Wissen von Miles oder St. Clare
ausgehandelt und dann bei einem Treffen des Vorstands als *fait
accompli* präsentiert. Seitdem schweigen meine Quellen. Niemand weiß, ob dem Handel zugestimmt worden ist oder ob sie
Gabriel niedergestimmt haben. Oder ob überhaupt abgestimmt
worden ist.«

»Für wieviel sollte verkauft werden?«

»Für 70 Millionen.«

Ich schluckte daran einen Moment. Ein Drittel von 70 Millionen würde den meisten Leuten die Röte ins Gesicht treiben. Es
konnte jemanden aber auch gewillt machen, einen alten Freund
umzubringen.

»Woher hatten Sie die Information, daß Miko Onizaka Club-
Pro werden sollte?«

Fisk grinste nervös und war drauf und dran, sich seine Finger-
nägel ein weiteres Mal vorzunehmen. Ich packte ihn am Handgelenk.

»Los, sagen Sie's mir, Randall!«

»Gut, gut«, brummte er und versuchte, mich abzuschütteln.
»Das habe ich mir aus den Fingern gesogen. Naja, nicht ganz. Ich
habe im April auch so was davon gehört. Und dann wieder, daß
es nicht stimme. Schließlich habe ich gar nichts mehr gehört. Ich

habe das letztens nur gesagt, um Sie aus der Reserve zu lokken.«

Ich ließ sein Handgelenk los. Meine Finger zeichneten sich rötlich auf der blassen Haut ab.

»So. Und wer hat jetzt die deutschen Schläger?«

»Sylvester Miles hatte einen Bruder namens Jack«, erwiderte ich. »Er ist Geschichtsprofessor am Purchase-Campus der State University of New York und Spezialist für den Zweiten Weltkrieg.«

Ich erzählte ihm von der von Haßliebe geprägten Beziehung zwischen den Brüdern und davon, wie Jack Miles mich im Besitz der *Blitzschläger* gesehen hatte. Ich beschrieb ihm meine ergebnislose Durchsuchung der Hütte und zitierte die kritische Passage aus Syls Nachkriegsbrief an Jack. Ich verschwieg, daß Jack vermutlich die körperlichen Voraussetzungen fehlten, um durch ein einziges winziges Fensterchen in meinen Laden zu klettern. Diese Schlußfolgerung durfte Fisk selbst ziehen, sobald er Jack aufgespürt hatte.

»Wer weiß sonst noch davon?« fragte Fisk.

»Niemand außer uns beiden.«

Fisk setzte ein ironisches Lächeln auf. »Warum gehen Sie nicht zur Polizei damit?«

»Die Zeit ist noch nicht reif«, sagte ich. »Und wenn ich ganz ehrlich bin, habe ich ja auch keinen Beweis in der Hand, bevor die Schläger auftauchen.«

Fisk klopfte mit einem Bleistift gegen seinen Computertisch.

»Und das stimmt alles wirklich? Ich meine, Sie erlauben sich hier keine schlechten Scherze?«

Ich schüttelte den Kopf und schenkte ihm mein vollendetstes Anwaltslächeln. Jene Art von Lächeln eben, die sich nicht direkt festlegen ließ.

Die Vorstände hielten ihre Sitzungen im ersten Stock des neogotischen MCC-Clubhauses ab. Das Gebäude war einmal der Familiensitz der Tilfords gewesen und der Saal, den der Vorstand sich als Sanctissimum ausgesucht hatte, einst deren Hauskapelle. Ich

141

hatte den Sitzungssaal erst bei zwei Gelegenheiten gesehen; einmal bei meiner eigenen Einstellung und ein zweites Mal, als ich meinen Sermon gehalten hatte, um Pete O'Meara einstellen zu dürfen. Ich erinnerte mich an ein gotisches Gewölbe, ornamentales Schnitzwerk, ein rundes Fenster aus Buntglas und – besonders wichtig – Regale voller Mappen, die die Sitzungsprotokolle enthielten.

Eine ständig verschlossene Tür im Erdgeschoß des Flaggenturmes versperrte den Zugang zum ersten Stock des Clubhauses. Glücklicherweise paßte der Generalschlüssel, der im Büro der Clubverwaltung aufbewahrt wurde. Ich drückte mich durch die Tür zum Turm und nahm je drei Stufen der Wendeltreppe nach oben auf einmal.

Das Vollmondlicht pinselte bunte Farben auf den Konferenztisch. Ich wartete, bis meine Augen sich an die Dunkelheit gewöhnt hatten, knipste dann meine bleistiftgroße Taschenlampe an, um in den hinteren Teil des Saales zu finden. 30 Loseblattmappen, eine für jedes Jahr.

Ich öffnete die des aktuellen Jahres und blätterte mich hastig zu den Protokollen aus dem Monat April vor. Zu Beginn der Sitzung hatte Miles Tomiro Hayagawa vorgestellt. Ansonsten war die Sitzung genauso verlaufen, wie Fisk es mir erzählt hatte. Frank Gabriel legte seine heimlichen Verhandlungen mit Tomiro Enterprises Ltd. offen und bat darum, über einen Verkauf abzustimmen. Miles und St. Clare protestierten dagegen, daß ein Mitglied des Vorstandes den Club zum Verkauf angeboten hatte, ohne sich mit den anderen Mitgliedern des Vorstandes vorher zu beraten. Selbst die sterile Sprache der protokollführenden Sekretärin konnte die Wahrheit nicht verschleiern: Sie waren ungeheuer wütend. St. Clare ließ sich 22 Minuten lang (von 9.03 bis 9.25, nach der Uhr der Sekretärin) über Gabriels »unentschuldbare Frechheit« aus. Der Vorstand beschloß, die Sache zu einem späteren Zeitpunkt noch einmal zu diskutieren.

Ich blätterte zum Monat Mai vor. Diesmal waren lediglich die Mitglieder des Vorstandes anwesend. Es folgte eine weitere Auseinandersetzung, bei der St. Clare wieder alles abblockte. Miles jedoch schien einen Sinneswandel durchgemacht zu haben. Er wolle »sich die Sache überlegen«.

Weiter zum Monat Juni. Tomiro Enterprises Ltd. hatte offenbar ein Ultimatum gestellt. Sollte der Vorstand sich bis zum festgesetzten Treffen im Juli nicht zum Verkauf entschließen können, ziehe die Firma ihr Angebot zurück. Gabriel drängte auf eine sofortige Abstimmung. St. Clare verwahrte sich nachdrücklich dagegen; aber Miles stellte sich auf die Seite Gabriels. Er mußte sich wie ein Streitschlichter gefühlt haben, denn die Abstimmung endete mit einem Ja, einem Nein und einer Enthaltung. Wieder wurde die Sitzung vertagt …

Ich schaute auf meine Uhr. Die Julisitzung mußte in genau zwei Minuten beginnen. Ich schob die Mappe auf das Regal zurück und hastete zur Tür. Auf der Treppe hörte man Schritte und Stimmen hallen. Mist – keine Möglichkeit, an ihnen vorbeizukommen. Dann entsann ich mich, daß sich zu beiden Seiten der Regale ein schmaler Wandschrank mit Lamellentüren befand. Gerade als die Deckenbeleuchtung aufflackerte, hatte ich es mir in einem von ihnen bequem gemacht.

Frank Gabriel nahm am Kopf des Konferenztisches Platz. Die Empfangsdame seiner Praxis zog die Mappe des laufenden Jahres vom Regal und ließ sich rechts von ihm nieder. Gabriel rauchte mit tiefen Zügen eine Zigarette. Die Empfangsdame blätterte im Protokoll der zurückliegenden Sitzung. Niemand sprach ein Wort, bevor St. Clare erschien.

»Wir sollten diese Sitzung nicht abhalten«, brummte der Ex-Bürgermeister.

»Warum nicht?« entgegnete Gabriel. »Wir sind am Leben und bilden ein Quorum.«

»Trotzdem ist das einfach nicht richtig«, beharrte St. Clare. Dennoch setzte er sich, und die Sitzung konnte beginnen. Fürs Protokoll verkündete Gabriel, er übernehme Sylvester Miles' Vorsitz entsprechend der Rangfolge, die in den Statuten festgelegt sei. St. Clare grummelte. Eine Handvoll Beschlüsse, die

143

meist laufende Ausgaben des Clubs betrafen, ging glatt durch. Doch verfinsterte sich St. Clares Gesicht zunehmend, je näher das Unvermeidliche rückte.

»Wir stimmen jetzt über einen schon wiederholt vertagten Punkt ab«, diktierte Gabriel seiner Empfangsdame. »Vorgeschlagener Verkauf des Milton Country Club an Tomiro Enterprises Ltd. zu einem Endpreis von 70 Millionen Dollar.«

Die Abstimmung endete, wie vorauszusehen war, mit einem Patt. Wenn Gabriel überhaupt reagierte, dann sah ich davon nichts. Er notierte das Ergebnis, brach die Sitzung ab und bat seine Angestellte, den Saal zu verlassen.

»Meine Nachsicht mit dir hat hier ein Ende«, sagte Gabriel, als sie gegangen war. »Die Japaner brauchen morgen unsere Antwort.«

»Mein Nein steht gegen dein Ja«, erwiderte St. Clare. »So war es ja im Prinzip auch, als Syl noch unter uns weilte. Die Antwort heißt im Endeffekt also Nein.«

»Das ist gar keine gute Antwort, Billy. Es ist sogar eine äußerst gefährliche.«

»Was soll das denn heißen?«

»Das heißt, was es heißt. Sagen wir einfach, es gibt Kreise, die verlangen, daß der Club verkauft wird.«

»Syl ist wegen des Verkaufs umgebracht worden?«

Gabriel zündete sich eine weitere Zigarette an, zog tief daran und blies den Rauch zur Decke.

»Wenn du etwas weißt, Frank, sag es mir. Das war doch so, wie die Polizei sagt, daß dieser Junge Syl auf dem Gewissen hat, oder?«

»Der Junge hat Syl genauso wenig auf dem Gewissen wie du oder ich.«

»Du lieber Gott«, murmelte St. Clare. »Frank, ich weiß, daß du Probleme hast. Die haben wir alle. Aber Syl …«

»Das reicht weit über unsere Probleme hinaus. Wir besitzen etwas, das ein anderer haben will. So einfach ist das.«

»Aber Syl umzubringen? Was hat er denn getan?«

»Ich werde dir sagen, was Syls Problem war«, antwortete Gabriel. »Er hatte kein Rückgrat. Genauso wenig wie seine saftlosen Golfschläge. Er glaubte immer, Leuten seinen Willen aufzwingen zu können. Sie kamen mit Forderungen – er wischte sie mit falschen Versprechungen beiseite und hoffte dann, daß sie ihn in Ruhe lassen oder sich auf magische Weise seinem Willen beugen würden. Mag ja sein, daß diese Methode bei der Herrenoberbekleidung funktioniert hat. Aber hier nicht. Er ruinierte sein Leben, indem er Adrienne heiratete, und lief ihm seitdem hinterher. Er glaubte, er könne ihr eins auswischen, indem er nicht für den Verkauf stimmte. Er dachte einfach, er könne sich enthalten, und die Japaner würden schon einen Rückzieher machen. Das war falsch.«

»Aber ich kann nicht verkaufen«, jammerte St. Clare.

»Dein Grund ist nicht besser als Syls. Ja, eher noch weniger überzeugend.«

»Aber es könnte herauskommen, was wir gemacht haben.«

»Na und? War schließlich kein Verbrechen. Und es ist dreißig Jahre her.«

»Aber es könnte mich ruinieren.«

»Du und dein ›guter Ruf‹. Deine vier Jahre als der ehrenwerte William St. Clare, Bürgermeister von Milton. Das interessiert doch kein Schwein mehr, Billy. Aber selbst wenn, wäre es der sicherste Weg, deinen Ruf zu wahren, wenn du verkaufen würdest. Schieb dein Problem den Japanern zu. Die sind clever genug, eine Lösung zu finden.«

St. Clare paffte wie wild seine Zigarre, nahm sie aus dem Mund, steckte sie wieder hinein. Der Rauch wand sich in zierlichen Arabesken vor seinem pausbäckigen Gesicht hoch.

»Wir haben den Club aufgebaut«, fuhr Gabriel fort. »Wir drei haben das irre Risiko auf uns genommen, als jeder uns auslachte. Und wir haben gewonnen. Jetzt ist Zahltag.«

»So etwas ist nicht unbedingt mit Geld aufzuwiegen.«

»Jetzt komm mir doch nicht mit dieser Schnulze, Billy. Du bist vom ersten Tag an dabei gewesen, ob es dir paßt oder nicht.

Was geschehen ist, ist geschehen. Syl ist tot, und nichts kann ihn zurückbringen. Jetzt gibt es nur noch uns beide, und wir müssen da durch.«

»Die Japse kaufen jetzt sowieso nicht. Die sind sehr empfindlich, was die öffentliche Meinung angeht. Die würden ja dastehen wie Aasgeier, wenn dieser Deal so kurz nach einem Mord zustandekäme.«

»Das ist weiter kein Problem, Billy. Sie haben mir versichert, daß sie den Deal durchzögen, wenn der Fall schnell aufgeklärt und die negative Publicity aufhören würde.«

St. Clare erhob sich und stellte sich hinter Gabriel. Er kam so nah an die Schranktür heran, daß ich die Luft anhalten mußte.

»Und was ist mit Kieran Lenahan?« sagte er. »Syl hat in seinem Testament verfügt, daß er einen Schlägersatz versteigern soll, den Syl hinterlassen hat. Er hat schon mehr als eine unbequeme Frage gestellt.«

»Mit dem habe ich schon geredet. Er bangt nur um seinen Job.«

»Nein. Er versucht, den Jungen da rauszuholen. Adrienne hat er wegen des Mordes auch schon durch die Mangel gedreht. Es gefällt mir nicht, daß er eine Ausrede dafür hat, wenn er sich in unsere Angelegenheiten einmischt. Er könnte was rausfinden.«

»Komm runter, Billy. Brendan Collins erledigt das Juristische. Lenahan wird noch eine Weile herumschnüffeln, dann aber die Lust verlieren, wenn er erfolglos bleibt. Seit Jahren liegt es offen vor jedermann – aber niemand hat es je bemerkt.«

»Es hatte auch keiner einen Anlaß dazu.«

»Den hat auch jetzt keiner. Wenn Lenahan stur bleibt, dann werden wir schon irgendwie mit ihm fertig.«

»Aber ...«

»Verdammt noch mal, Billy! Verstehst du denn nicht? Wenn du dem Verkauf nicht zustimmst, dann wirst du keine Gelegenheit mehr haben, deinen Ruf zu genießen, ob gut oder schlecht.«

St. Clare sank auf seinen Stuhl. Er klopfte sich auf die Herzgegend und hustete Zigarrenrauch, während Gabriel ihn angewidert anstarrte. In diesem Augenblick wurde mir klar, daß Gabriel St. Clare im Falle eines Herzinfarkts gelassen beim Sterben zugesehen hätte.

St. Clares Atem ging wieder leichter, obwohl die Röte nicht aus seinem Gesicht verschwand. Gabriel rief seine Angestellte vom Flur wieder herein. Die Sitzung wurde fortgesetzt; und die beiden letzten lebenden Eigentümer des Milton Country Club stimmten dem Verkauf an Tomiro Enterprises Ltd. zu.

Kapitel 11

Ich schlief schlecht. Nach zwei Stunden hatte mich der Schrank mit schmerzendem Rücken und steifen Gliedern entlassen. Traumfetzen führten mich auf den Golfplatz des Milton Country Club. Es handelte sich allerdings um einen Golfplatz, den ich noch nie zuvor gesehen hatte. Eine matte Sonne hing tief am grauen Himmel. Mächtige Brecher, die ein Sturm aufgepeitscht hatte, überschwemmten den Jachthafen. Schilfrohr und Gräser wuchsen schulterhoch auf den Fairways, und zwar so dicht, daß der Wind sie kaum zu bewegen vermochte. Ich fuhr mit einem Schläger, der an einen knorrigen Ast erinnerte, wie mit einer Sense hindurch und kämpfte mich in Richtung Grün vor. Doch mit jedem mühsamen Schritt wich die rote Flagge weiter zurück in den kalten Wind.

Am nächsten Morgen rief ich als erstes Demo Mike an seiner Arbeitsstelle an. Demo, der vollständig Demosthenes Michaelides hieß, war ein Junge aus Limerick, dessen handwerkliche Geschicklichkeit ihm den Ruf eines Genies eingebracht hatte; ein Ruf, den intelligenter Nachwuchs in Arbeiter- und Handwerkervierteln sich schell einfängt. Infolge eines Schlaganfalls im Alter von siebzehn Jahren jedoch hinkte er jetzt; und sein rechter Arm war zu schwach, um mit Werkzeug zu hantieren. Er hatte einen Job als EDV-Angestellter im Nachlaßgericht angenommen, kämpfte sich durchs College und vermied die übliche Limericker Karriere als Dauergast in den Kneipen der Nachbarschaft. Ab September wollte er an der Abendschule der Pace University Law School Jura studieren.

»Hast du Zeit für eine Außenrecherche?«

»Ungefähr sieben Stunden am Tag.«

»Ich verrate auch den Steuerzahlern nichts, wenn das nicht stimmt. Wie gut bist du mit Grundbüchern?«

»Sind nicht gerade mein Spezialgebiet, aber da komme ich schon mit klar.«

»Gut. Nimm dir einen Bleistift.«

Ich sprach langsam, damit Demo mein Anliegen nicht mißverstehen konnte. Ich hörte nichts außer dem Kratzen einer Bleistiftspitze auf Papier. Das war es, was ich an Demo so mochte: Selbst der seltsamste Auftrag brachte ihn nicht aus der Fassung.

»Kann aber sein, daß es was dauert«, sagte er schließlich, als ich fertig war. »So alte Dokumente haben die auf Mikrofiche. Die muß ich wahrscheinlich erst anfordern, und die zuständigen Jungs sind ein bißchen lahm.«

»Mach denen Dampf!«

»Ok, Kieran.« Er legte auf. Ich fragte mich, ob ich auch so fröhlich wäre, wenn ich in seinen Schuhen steckte.

Der weißliche Himmel warf keine wahrnehmbaren Schatten; dennoch lagen Sonnenanbeter wie ein glitzernder Teppich unter den Art-Deco-Türmen des Miltoner Strandes. Ich fand Tony LaSalle genau dort, wo ich ihn vermutet hatte – er kampierte draußen vor seiner Muschelbar auf dem Holzsteg; eine Zigarette hing ihm vom Mundwinkel herab. Der Weichtierfreund als solcher schien seinen Imbiß nicht unbedingt zu favorisieren.

»Geschäft läuft absolut lausig.« Tony sammelte ein paar Eisstücke von einem Tablett und streute sie auf den Steg. Auf dem warmen Holz schmolzen sie schnell. »Ein paar Fälle von Fischvergiftung in irgend nem Nobelschuppen drunten in Connecticut, und irgendein Idiot von der Gesundheitsbehörde hat die auf Venusmuscheln aus verschmutzten Gewässern zurückgeführt. Seitdem hab ich keine einzige mehr verkauft.«

Er klopfte mit den Fingerknöcheln gegen ein Schild, das flehte: ›Meine Muscheln kommen aus Maryland‹.

»Diese Dummköpfe glauben mir nicht.« Tony schleuderte das Schild quer über den Steg. »Die denken, ich habe meine Muscheln aus dem Sund. Ich? Seit zehn Jahren hab ich keine Muschel mehr aus dem Sund verkauft. Ach was, seit zwanzig. Dummköpfe.«

Er stampfte zur Bar und öffnete eine Bierdose.

»Was soll ich für Sie erledigen?«

149

»Leichte Bergungsarbeit.«

»Jetzt sagen Sie nicht, in demselben Teich, in dem ich den Toten gefunden habe.«

»Lauwarm.«

»Wonach suche ich?«

»Nach einem Golfschläger.«

»Nach irgendeinem?«

Ich beschrieb ihm das fehlende *Blitzschläger*-Pitching Wedge.

»Ein Teich von der Größe dauert Tage.«

»Sie haben die Golfbälle in weniger als einem Tag rausgefischt.«

»Hätten Sie's denn gemerkt, wenn ich welche übersehen hätte? Die Suche nach was Bestimmten ist ne andere Kiste.«

»Wahrscheinlich ist er eh nicht in dem Teich. Ich möchte, daß Sie den Meeresarm absuchen.«

»Sie sind ja verrückt«, sagte Tony.

Ich nannte ihm eine Zahl, die mich gleich wesentlich weniger verrückt erscheinen ließ. Tony spuckte seine Zigarette auf den Steg. Ein Paar, das einen Kinderwagen schob, blieb vor der Muschelbar stehen und studierte die Speisekarte. Dann flüsterte die Frau dem Mann etwas ins Ohr, und sie gingen weiter.

Tony schnaubte: »Wann fange ich an?«

Mein unerklärter Krieg mit Adrienne Miles ließ mir wenig Möglichkeiten, die Absichten ihres verstorbenen Mannes zu erkunden. Frank Gabriel und St. Clare hatten beide ihre Straßensperren errichtet. Richter Inglisis Quellen waren vor fünfzehn Jahren versiegt; und Jack Miles schlug Schneisen in ein Dickicht aus Lügen und revisionistischer Geschichtsschreibung. Der einzige Weg, der mir noch offenstand, führte – wenn vielleicht auch nur als schmaler Pfad – durch das Büro von Roger Twomby.

Ein Pendlerzug, der um die Mittagszeit fuhr, brachte mich zur Grand Central Station. Mit der Rolltreppe fuhr ich ins Pan-Am-Gebäude und dann mit dem Aufzug in Twombys Büro. Twomby hatte seine Empfangsdame offenbar angewiesen, mich durch Warten zu demütigen; also arbeitete ich mich durch die juristischen Käseblätter, die auf einem Couchtisch auslagen. Eine Titelgeschichte, die mit fiskianischer Verve geschrieben war, handelte von einem plötzlichen Umsatzrückgang mehrerer großer New Yorker Firmen. Twombys Firma führte die Liste an.

Es zog sich. Der Lesestoff ging mir aus. Die Empfangsdame schaute mehrfach in meine Richtung und flüsterte in die Gegensprechanlage. Schließlich gab Twomby nach. Die Empfangsdame führte mich in ein Büro, von dem aus man einen imposanten Blick auf die Park Avenue hatte, die sich in Hochsommersmog hüllte. Twomby hockte im Rachen eines riesigen Ledersessels. Die Hand, die er mir reichte, fühlte sich jetzt noch mehr nach totem Fisch an als zuvor in Miles' Haus.

»Wenn Sie zu mir gekommen sind, um mir von den *Blitzschlägern* zu berichten, haben Sie Ihre Zeit vergeudet«, begann er. »Der Testamentsvollstrecker hat mich bereits darüber informiert, daß sie von dem Jungen gestohlen wurden, der des Mordes an Sylvester Miles angeklagt ist. Die Polizei ist zuversichtlich, daß sie bald gefunden werden. Außerdem stellen sie nur einen winzigen Teil des Nachlasses dar.«

»Der Ex-Bürgermeister hat Sie in jeder Hinsicht fehlinformiert.«

»Was Sie nicht sagen!« sagte Twomby; sein Gesicht verriet jedoch nicht die geringste Gemütsbewegung. »Dann nehme ich an, Sie wissen, wer die Schläger gestohlen hat?«

»Ich habe da gewisse Theorien. Und die sind verdammt viel näher an der Wahrheit dran als die der Miltoner Polizei. Außerdem sind die *Blitzschläger* keineswegs ein ›winziger‹ Teil des Nachlasses. Es sei denn, bei den Erben ruft eine Viertelmillion nur ein müdes Lächeln hervor.«

»Sie sprachen von 10.000 bis 20.000 Dollar.«

»William St. Clare sprach von 10.000 bis 20.000 Dollar«, entgegnete ich. »Die richtigen Zahlen sind offenbar zwischendrin untergegangen.«

151

Eine einzelne Furche erschien zwischen Twombys Augenbrauen.

»Dann habe ich wohl keine andere Wahl, als wegen Unterdrückung von Miles' Erbe einen Zivilprozeß gegen Sie anzustrengen.«

Ich ging langsam auf seinen Schreibtisch zu. Ich streifte mit den Fingern über die goldenen Einlegearbeiten und betrachtete dann in aller Seelenruhe ein Keramikfigürchen, das einen englischen Richter darstellte.

»Während Sie mich warten ließen«, sagte ich, »habe ich einen interessanten Artikel gelesen. Ihre Firma ist auf dem absteigenden Ast.«

»Ich leugne nicht, daß wir ein unterdurchschnittliches Geschäftsjahr hinter uns haben«, erwiderte Twomby. Eine zweite Furche zeigte sich zwischen seinen Augenbrauen.

»Ich finde es äußerst interessant, daß ein wohlhabender Mann, der die Anwaltsfirmen zu wechseln pflegte wie Unterhosen, ausgerechnet zu dem Zeitpunkt starb – entschuldigen Sie – ermordet wurde, als eine Firma, die eine arge Flaute durchmacht, sicher sein konnte, den Nachlaß für ihn regeln zu dürfen.«

»Soll das implizieren, wir hätten Sylvester Miles umbringen lassen, um den Auftrag zu bekommen? Das ist mehr als ungeheuerlich. Das ist glatte Verleumdung.«

»Und auch deswegen werden Sie mich verklagen, nicht wahr? Ist ja auch genau das, was eine Firma, die ums Überleben kämpft, besonders brauchen kann: schlechte Publicity.«

Twomby begann, in Unterlagen zu wühlen.

»Warum, bitte schön, rauben Sie mir die kostbare Zeit, Mr. Lenahan?«

»Ich habe nicht mehr damit gerechnet, daß Sie danach fragen würden.« Ich stellte das Auf- und Abgehen ein und lehnte mich über den Schreibtisch. »Ich erführe gern, was Sie über Sylvester Miles' Absichten wissen.«

»Was denn für Absichten? Was er am Abend seiner Ermordung zu essen beabsichtigte?«

»Seinen Verfügungswillen. Nennt Ihr Testament-Heinis das nicht so?«

»Ich kann die Absichten eines Klienten nicht preisgeben.«

»Jetzt lassen Sie mal das Anwalt-Klient-Vertrauensverhältnis im Sack, Freund. Im Testament bin ich als Organ des Testamentsvollstreckers aufgeführt. Sie können jeden Aspekt von Sylvester Miles' Absichten mit mir besprechen, ohne auch nur eines Ihrer ethischen Prinzipien zu verletzen.«

Twomby wippte in seinem Sessel vor und zurück.

Zuerst verschwand die eine Furche zwischen seinen Brauen, dann die andere. Ich nahm an, daß er nicht gleichzeitig nachdenken und Gefühle ausdrücken konnte.

»Also gut«, sagte er, hörte auf zu wippen und ergriff die Schreibtischkante mit beiden klauenartigen Händen. »Miles vermachte seiner Frau die Hälfte des Wertes der *Blitzschläger*. Seinem Bruder hinterließ er einen Stapel alter Briefe, mit der Bitte darum, sie als Quellenmaterial für seinen großen amerikanischen Roman zu verwenden. Miles hielt seinen Bruder für einen nichtsnutzigen Träumer. Wofür er seine Frau hielt, sage ich besser nicht.«

»Kann ich mir ohnehin vorstellen.«

»Das restliche Vermögen soll fünf Jahre lang von mir treuhänderisch verwaltet werden«, fuhr Twomby fort. »Nach Ablauf dieser Zeit sollte alles liquidiert und die Sylvester-Miles-Stiftung gegründet werden, um College-Golfer, die gewissen Kriterien genügen, finanziell zu fördern.

Ich wies Miles darauf hin, daß sein Testament möglicherweise nicht durch das Anerkennungsverfahren käme. Sein Bruder konnte seine armselige Erbschaft wahrscheinlich nicht anfechten; aber Adrienne konnte alle Aktionen der Treuhand sicherlich durch einen Rechtsstreit über Jahre lahmlegen. Er winkte ab. Er glaubte wirklich, sie würde mit ihrem Erbe zufrieden sein und die Stiftung nicht gefährden. Ich sagte ihm, er gehe ein immenses Risiko ein. Als sein Rechtsbeistand riet ich ihm, Adrienne ihren Pflichtteil zu hinterlassen. Er wollte davon nichts hören.

Im April bat er mich, ein Kodizill des Inhalts aufzusetzen, daß er seinen Drittelanteil am Milton Country Club der Stadt Milton vermachen wolle. Er glaubte, speziell dieses Vermächtnis werde im Falle, daß Adrienne klagen sollte, weniger als Zielscheibe taugen als ein fettes Treuhandvermögen. Ich schrieb das Kodizill und setzte hintereinander mehrere Termine an, an denen Sylvester Miles jeweils unterzeichnen wollte. Er hat wiederholt abgesagt, mit der Erklärung, daß er unterzeichnen wolle, aber einfach keine Zeit dazu habe.

Schließlich gab er zu, er habe etwas entdeckt, das – in seinen Worten – ›überprüft werden müsse‹, bevor er unterschreiben könne. Ich bot ihm an, ihm bei Nachforschungen jedweder Art behilflich zu sein; er aber bestand darauf, allein zu handeln. Die Situation sei auf privater Ebene heikel, erklärte er mir.

Am Tag vor seinem Tod rief er mich an und ließ mich wissen, er sei nun bereit, das Kodizill zu unterzeichnen. Ob ich damit bei ihm vorbeikommen könne? Ich nahm den nächsten Zug nach Milton. Als ich bei seinem Haus ankam, war er allerdings nicht da. Adrienne sagte mir, er sei unerwartet fortgerufen worden, fort aus der Stadt. Sie könne mir allerdings nicht sagen, wohin oder wie lange. Ich ließ das Kodizill da, mit der Anweisung, daß Sylvester Miles es in Anwesenheit eines Notars unterschreiben solle.« Twomby öffnete einen Aktenordner und schob ein Blatt Pergamentpapier über den Tisch. »Sie sehen, daß das Kodizill nicht unterzeichnet ist.«

Ich überflog das Juristenchinesisch.

»Wußte Adrienne, was Sylvester unterzeichnen wollte?«

»Ich habe es ihr bestimmt nicht gesagt«, sagte Twomby in beleidigtem Ton. »Das Kodizill befand sich in einem versiegelten Umschlag. Meine mündliche Anweisung, es unterschreiben zu lassen, hätte sich auf alles Mögliche beziehen können.«

»Wann haben Sie das Kodizill zurückerhalten?«

»Am Tag der Testamentseröffnung. Es lag in der obersten Schreibtischschublade in Sylvesters Arbeitszimmer.«

»Der Umschlag war offen?«

»Ja, natürlich war er das.«, sagte Twomby. »Er hatte es offensichtlich gelesen.«

»Offensichtlich.« Ich schob das Kodizill über den Tisch zurück und dankte Twomby dafür, daß er sich Zeit genommen hatte. Seine Stimme hielt mich an der Tür fest.

»Ich meinte, was ich sagte, als ich von einem Zivilprozeß sprach.«

»Auch ich meinte, was ich sagte, als ich von schlechter Publicity sprach.«

Nach meinem Gespräch mit Roger Twomby, so wurde mir im Pendlerzug nach Milton klar, stellten sich mehr neue Fragen, als alte beantwortet waren. Zunächst einmal konnte keiner von uns beweisen, daß Sylvester Miles das Kodizill zur Kenntnis genommen hatte, nachdem er von seinem plötzlichen Trip zurückgekommen war. Adrienne war nicht auf den Kopf gefallen. Ein Rechtsanwalt, der ein versiegeltes Dokument hinterlegte, das ihr Mann in der Gegenwart eines Notars unterzeichnen sollte, mußte bei ihr sämtliche Alarmglocken schrillen lassen. Adrienne könnte den Umschlag mit Wasserdampf geöffnet, das Kodizill gelesen und beschlossen haben, es irgendwo im Haus zu verlegen. Nach dem Mord konnte sie den Umschlag aufgerissen und ihn in Syls Schreibtischschublade deponiert haben. Jedermann mußte dann annehmen, Syl habe die Unterschrift verweigert. Was jedoch, wenn Adrienne das Kodizill pflichtschuldigst an ihren Gatten abgeliefert hätte? Bedeutete Syls Weigerung zu unterzeichnen dann, daß er zu einer Entscheidung gekommen war, was den Verkauf des Clubs anging? Er konnte, wenn er dem Verkauf an Tomiro Enterprises zustimmte, seinen Drittelanteil ganz offensichtlich nicht mehr der Stadt Milton vermachen. Oder hatte es mit seinem rätselhaften Problem zu tun, auf das er plötzlich gestoßen war? Oder waren sie vielleicht gar ein- und dasselbe?

Ganz gleich, wie lange ich mit den Fragen rang – unterm Strich blieb der Clubverkauf übrig. Drei Monate der Stimmenthaltung hatten Miles zu einer sehr einladenden Adresse von

Überredungsversuchen gemacht. Frank Gabriel brauchte das Geld. Warum William St. Clare sich dem Verkauf jedoch derart widersetzt hatte, verstand ich nicht. Dennoch konnte ich ihn mir als Mörder einfach nicht vorstellen. Jemand, der bei der Vorstandssitzung so schnell klein beigegeben hatte, konnte nicht gemordet haben, um einen Verkauf zu verhindern. Selbst wenn ich seine fehlgeleitete Leidenschaft für Adrienne mit einkalkulierte, kam nichts Überzeugendes dabei heraus. Seinen ›Rivalen‹ zu töten und dies mit der Kontroverse um den Clubverkauf zu kaschieren, schien mir die geistigen Möglichkeiten des ehemaligen Bürgermeisters doch sehr zu strapazieren.

Wir besitzen etwas, das ein anderer haben will, hatte Gabriel St. Clare erklärt. Das *wir* und das *etwas* waren klar. Das *ein anderer* hingegen – Tomiro Enterprises, Ltd. – war für mich ein völlig unbeschriebenes Blatt. Vermutlich würde ich die Ressourcen des Justizministeriums oder des FBI benötigen, um beweisen zu können, daß eine japanische Firma den Mord an Sylvester Miles in Auftrag gegeben hatte, um den Verkauf des Milton Country Club zu sichern. Einen Vorteil hatte es jedoch, gar nichts über etwas zu wissen: Jeder magere Informationsfetzen bedeutete einen Fortschritt. Also stieg ich am Miltoner Bahnhof aus und rief Randall Fisk von einer Telefonzelle aus an.

»Haben Sie jemals von Tomiro Hayagawa oder Tomiro Enterprises gehört?« fragte ich.

»Schon«, erwiderte er vorsichtig.

»Wissen Sie was über die?«

»Was geht Sie das an?«

»Sie sind die Käufer des Miltoner Clubs.«

Fisk hustete, als hätte er eine Fischgräte verschluckt. »Bleiben Sie dran«, sagte er.

Sein Hörer krachte zu Boden. Im Hintergrund hörte man ihn in Aktenschränken wühlen und mit Papier rascheln. Fisk fluchte und fluchte, bis er aufjauchzte, weil er gefunden hatte, was immer er suchte.

»Wußte ich doch, daß ich dazu eine Akte habe«, sagte er, als er wieder an der Strippe war. »Vergessen Sie die Tomiro Enterprises. Tommy Hayagawa ist Ihr Mann. Der ist etwa 60, naja, 58, um genau zu sein. Wenn ich den mit einem Wort beschreiben sollte – das ist ein Boß der *Yakuza*, der jetzt saubere Geschäfte macht.«

»Was ist eine *Yakuza*?«

»Ein japanisches Wort für eine Körperschaft des organisierten Verbrechens«, erwiderte Fisk. »Hier habe ich, wonach ich suche. Ich habe zwar Ausschnitte von allen möglichen Wirtschaftsmagazinen, aber ich glaube, meine Notizen bringen das noch besser rüber,

Hayagawa begann als *Yakuza*-Anführer in Osaka. Sie spezialisierten sich auf schmutzige Geschäfte. Glücksspiel, Prostitution, Drogen. Er stand in dem Ruf, besonders schnell zu ziehen und noch schneller mit Nunchakus, japanischen Würgeketten, zu sein. Das sind zwei Hölzer, zwischen denen sich eine Kette spannt. In den richtigen Händen wirken die wie eine Windmühle mit Totschlägern.

Doch trotz seines Hangs zur Grausamkeit hatte Tommy raffinierte Züge. Er glaubte immer daran, daß das ultimative Ziel eines erfolgreichen *Yakuza* saubere Geschäfte seien, was bedeutete, sich mit den Autoritäten zu arrangieren. Dies ist ein direktes Zitat, obwohl er in den Tagen seiner illegalen Geschäfte sicher anders geredet hat.

Den Übergang hat er in den späten Siebzigern durch irgendwelche Tricks am Aktienmarkt hinbekommen, die eine Firma namens Osaka Dynamics involvierten. Die Regierung versuchte, ihn und seine Bande auf die Anklagebank zu bekommen; aber einige Zeugen kamen zufällig ums Leben und der Fall wurde *ad acta* gelegt. Die Hayagawa-*kai*, der Name seiner *Yakuza*, kam mit Unsummen davon. Sie investierten in Immobilien, schwammen eine Weile auf dieser Welle, splitteten sich dann jedoch in mehrere Industriezweige auf. So verarbeiteten sie zum Beispiel Meeresfrüchte, übernahmen ganze Seebäder und investierten in den Golfsport. Jetzt versucht er es auch in Übersee.

Über Tomiro Enterprises weiß ich überhaupt nichts. Um ehrlich zu sein, ist dies das erste Mal, daß ich davon höre. Ich vermute, das wird eine Holdinggesellschaft sein, um seine Geschäfte kontrollieren zu können.«

»Wie kommt es, daß Sie so viel über Hayagawa wissen?« fragte ich. »Internationales organisiertes Verbrechen ist nicht gerade Ihr Spezialgebiet.«

»Hayagawa ist ein passionierter Golfer. Er hat eine Sammlung von raren Golfdevotionalien zusammengetragen, bei der Ihnen die Augen übergehen würden. Er behauptet, manche seiner Schätze hätten ihn einen sechsstelligen Betrag gekostet. Und er unterstützt junge japanische Golf-Pros, die in Europa oder den Staaten groß werden wollen.«

»Könnte er Miko Onisakas Sponsor sein?«

»Wollen Sie wissen, was ich denke – oder was ich sicher weiß?« erwiderte Fisk. »Ich denke, daß Miko genau der Typ Pro ist, den Hayagawa sponsorn würde. Er ist ein guter Golfer und bringt die dezente Aura einer Schlägertype mit auf den Platz. Konkret wissen tu ich allerdings nichts. Hayagawa gibt nicht gern preis, wen er unterstützt.«

Die Unterhaltung mit Andy Anderson rumorte in meinem Hinterkopf.

»Hat Hayagawa nicht vier andere Sammler bei der Versteigerung eines Recheneisens überboten?«

»Ach, das«, sagte Fisk. Ich sah ihn am Telefon förmlich grinsen. »Die Bieterei dauerte einen ganzen Tag. Ziemlich unerbittlich. Die Auktion lief übers Telefon, so daß keiner wußte, gegen wen er bot. Schließlich wurde den anderen dann klar, daß Hayagawa beteiligt sein mußte, und sie klinkten sich, einer nach dem anderen, aus.«

»Ist er so gefährlich?«

»Er kann so charmant sein wie ein Chef der Kundenbetreuung. Ein eher hagerer Typ, langgliedrig für einen Japs. Nicht gerade der Typ, dem man zutrauen würde, in einer *Yakuza* besonders hoch aufzusteigen. Aber die Straße sieht man ihm noch an.

Seine Gesichtshaut ist mit Unebenheiten übersät. Einige davon sind Falten; wenn man aber genauer hinschaut, sieht man, daß der Rest aus Narben besteht.

Ich bin ihm mal begegnet, als ich für ein Feature über ihn recherchiert habe. Als wir uns die Hand gaben, sagte er: ›Ich hoffe, Sie schreiben die Wahrheit.‹ Es war allerdings nicht etwa so, daß er dies nur hoffte – es war ein Befehl. Meine Hand drückte er ein wenig zu fest und einen Augenblick zu lang. Lang genug, um mir klarzumachen, daß ich eine Maus in der Falle war und nur er mich wieder freilassen konnte. Das Feature habe ich nie geschrieben.«

Ich legte auf und ging schnurstracks zur öffentlichen Bibliothek der Stadt Milton. Eine Viertelstunde später hatte ich mich im Lesesaal niedergelassen. Bücher und Zeitschriften wuchsen um mich herum zur Decke wie Mauern einer Festung. Ich wühlte mich durch *Dun&Bradstreet* und *Standard&Poor's*, durchblätterte Hochglanzmagazine und Wirtschaftshandbücher. Schließlich stieß ich auf eine Goldader: ein Artikel in einer trashigen Zeitschrift, die die Egos der Firmeneliten streichelte.

Tomiro Enterprises war 1974 als Immobilienfirma namens T.H.Y., Limited gegründet worden. In den frühen Achtzigern entwickelte sie sich schließlich zu einer Holdinggesellschaft für alle möglichen Wirtschaftszweige: Textilgewerbe, Elektronik, Fluggesellschaften, Agrarmaschinen und Investment Banking. Im Jahre '85 wurde sie in Tomiro Enterprises umgetauft und wandte sich mit dem Kauf eines hawaiianischen Seebades der Sport- und Freizeitindustrie zu. 1989 wurde eine Tochterfirma namens Ichi-Ni-San gegründet, die weltweit Golfausrüstungen verkauft. Dem Artikel zufolge hatte Hayagawa das Management von Tomiro Enterprises größtenteils seinem Sohn überlassen und widmete nun 90% seiner Zeit Ichi-Ni-San.

Ein Schauer lief mir über den Rücken. Ichi-Ni-San war Miko Onizakas Arbeitgeber.

Der Stamforder Pro-Shop von Ich-Ni-San-Golf World kauerte im Schatten der bienenstockartigen Bürotürme, die die Autobahn in Connecticut Turnpike säumen. Lagerhaus oder Großmarkt wären zutreffendere Bezeichnungen gewesen, denn den Pro Shop beherbergte ein ehemaliger Supermarkt. In den Bezirken Fairfield und Westchester, so entsann ich mich, hatte die großartige Eröffnung unter den Club Professionals für viel Aufregung gesorgt. Die Pros fürchteten, der Massenverkauf mit seinen Dumpingpreisen würde Kunden von ihren Geschäften abziehen. Aber das ökonomische Desaster blieb aus. Ichi-Ni-San vertrieb seine eigene Produktlinie und hatte nur einige klägliche Schläger von der amerikanischen Konkurrenz im Angebot. Nach einem flüchtigen Anfangsinteresse mied die amerikanische Golfwelt das Golf World fast vollständig. Die überwältigende Mehrheit seiner Kundschaft bildeten die Japaner, die im Einzugsgebiet von New York lebten und arbeiteten.

Ich ging durch die automatischen Türen und fand mich – im Wortsinne – in einer anderen Welt wieder. Und dieses Gefühl beruhte auf mehr als der Tatsache, daß alle anderen im Geschäft, ob Kunde oder Verkäufer, Japaner waren. Ich hatte nie zuvor eine solche Riesenansammlung von Golfausrüstungen unter einem Dach gesehen. Soweit ich nur blicken konnte, sah ich Regale. Regale und nichts als Regale mit Schlägern. Schäfte glitzerten und und die blauen Griffe, Markenzeichen der Firma, schimmerten im Neonlicht. An einem sehr robusten Regal hing ein zweisprachiges Schild, das mit ›2.000 Holz 1‹, aber keine zwei davon gleich‹ protzte. Känguruh-Golftaschen baumelten von der Decke wie Fluggeschwader oder Zeppeline. Zierliche, aalglatte Japaner in blauer und goldener Golfkleidung patrouillierten die Gänge entlang und boten ihre Hilfe an. Diese Welt war völlig anders als der chaotisch vollgestopfte Shop von Andy Anderson; ich war mir jedoch nicht so sicher, ob dies einen Fortschritt darstellte.

Ich suchte systematisch jeden Gang ab. Keiner der blaugoldenen Mitarbeiter der Firma war Onizaka. Im rückwärtigen Teil des Geschäfts sah ich zwölf Übungsstände. An jedem davon schmetterte ein Kunde unter den wachsamen Augen eines Pros Bälle in ein riesiges grünes Netz. Nach jedem Schlag analysierten Lehrer und Schüler jeden Aspekt des Schwunges. Wieder kein Onizaka.

Neben dem letzten Stand lehnte ein Mann im Türrahmen eines Büros. Ein Arm hing herunter; Zigarettenrauch schlängelte sich aus seiner halboffenen Faust. Die blaugoldene Kleidung schlabberte an seinem hageren Körper. Graue Strähnen streiften sein glattes Haar. Tränensäcke wölbten sich unter Augen, die mich einen Augenblick oder eine Stunde lang beobachtet haben mochten.

»Kann ich Ihnen helfen?« fragte er. Ein metallenes Namensschild auf seinem Hemd wies ihn als ›H. Ishoki‹ aus.

»Danke, ich glaube nicht«, erwiderte ich.

»Sie suchen jemand Bestimmtes?«

»Nein, ich schaue mich nur ein wenig um. Schöner Laden. Das Golf des 21. Jahrhunderts.«

Der Mann lehnte sich in das Büro zurück und drückte die Zigarette in einem Aschenbecher aus.

»Ich habe Ihnen zweimal die Chance gegeben, die Wahrheit zu sagen. Sie aber haben sie nicht wahrgenommen«, erklärte er. »Ich weiß, wer Sie sind, und ich weiß auch, nach wem Sie suchen. Er ist nicht mehr bei uns. Wir haben es für besser gehalten, wenn er nicht mehr hier arbeitet.«

»Sie haben Onizaka gefeuert?«

Ishoki nickte finster.

»Er hat viele Turniere auf schreckliche Art verloren. Aber das war nicht sein Hauptversagen. Sein Zornesausbruch nach dem Met hat zu unserer Entscheidung geführt.«

»Sie haben ihn *nach* dem Met gefeuert?« fragte ich, weil ich daran denken mußte, was Andy mir erzählt hatte. »Ich hatte angenommen, Sie hätten ihm Ihre Unterstützung vor dem Met entzogen.«

»Wir haben Mr. Onizaka Gehalt gezahlt wie allen Firmenpros. Wir ermutigen sie, bei allen Lokalturnieren zu spielen, und wir

161

loben sie, wenn sie gewinnen. Aber wir geben ihnen keine finanzielle Extraunterstützung, wie Sponsoren es tun.«

»Aber Miko hatte doch einen Sponsor, oder?«

»Mr. Hayagawa selbst hatte sich der Karriere von Mr. Onizaka angenommen«, erläuterte Ishoki. »Mr. Hayagawa hielt sehr viel von ihm. Ich persönlich glaube, daß ihn Miko an sich selbst in seiner Jugendzeit erinnerte. Vor einigen Monaten jedoch haben sie sich getrennt. Mr. Hayagawa ist sehr empfindlich, was den Ruf seiner Firmen in Amerika betrifft. Er weiß, daß viele Amerikaner die japanischen Aktivitäten hier ungern sehen und verlangt von uns allen daher, daß wir uns höflich und diskret benehmen. Mr. Onizaka war sehr stur. Er trank zu oft zum falschen Zeitpunkt. Mr. Hayagawa schlug vor, daß ich ihn entlasse. Ich wand ein, Mr. Onizaka sei ein guter Pro und belebe das Geschäft. Mr. Hayagawa lenkte ein. Ich konnte jedoch nicht mehr über das hinwegsehen, was nach dem Met geschehen ist.«

»Wo kann ich Miko finden?«

Ishoki glitt hinter seinen Schreibtisch und notierte eine Adresse.

»Ich würde mich an Ihrer Stelle beeilen«, sagte er. »Mr. Onizakas Arbeitsvisum lief im selben Moment aus, in dem wir ihn entlassen haben. Es war unsere Pflicht, die Einwanderungsbehörde zu verständigen.«

Miko Onizakas Adresse führte mich zur Penthouseetage eines schicken Hauses mit Eigentumswohnungen direkt an der Promenade. Ich wußte, was Firmenpros verdienten; aber selbst die Bestverdiener darunter hätten sich ein Apartment in einem solchen Strandpalast nicht leisten können. Erst recht konnte das kein sponsorloser Pro namens Miko. Ein stabiles Vorhängeschloß versperrte im Namen des städtischen Marshalls den Zutritt. Der Kündigungsbescheid, der quer über der Tür klebte, war bereits drei Wochen alt.

Ich rief Andy vom Apparat in der Lobby aus an. Natürlich wollte er über die verschwundenen *Blitzschläger* reden; aber ich lenkte das Gespräch immer wieder auf Miko.

»Er hat seine Schläger vorgestern abgeholt«, sagte Andy. »Und mir nur die Hälfte bezahlt.«

Ich wünschte ihm viel Glück dabei, den Rest einzutreiben.

Während ich auf der Autobahn im Stau steckte, rekonstruierte ich das Met. Wie alle unsere Lokalturniere umfaßte das Met 54 Löcher Zählspiel. Das gesamte Feld von 120 Golfern spielte am ersten Tag 36 Löcher. Die 60 Teilnehmer mit dem niedrigsten Zählergebnis qualifizierten sich für das Finale.

Ich hatte mein sechsunddreißigstes Loch bereits in der nebelverhangenen Dämmerung gespielt. Die 141 Punkte meiner zwei Runden verwiesen mich auf den zweiten Platz, sechs Schläge hinter Onizaka. Dutzende von Pros, Caddies und Zuschauern drängten sich um das Zelt der Zähler, als die Turnierleitung die Schlußrundenqualifikation und die Startzeiten für den nächsten Tag festlegte. Miko verlor später die Führung und schließlich, in der letzten Runde, auch das Turnier. In dem Augenblick jedoch ließen seine 135 Punkte alle anderen weit hinter sich. Wenn Miko sich in diesem Moment in der Menge befunden hätte, dann hätte ich ihn auch gesehen.

Ich erreichte Wykagyl bei Sonnenuntergang. Die Bude des Caddiemasters war geschlossen und die Bänke leer. Ich ging um die Terrasse des Clubhauses herum und schlug mich durch die Büsche zum achtzehnten Grün. Weit draußen auf dem Fairway machte sich das letzte Quartett des Tages auf den Heimweg. Selbst aus dieser Entfernung wußte ich, daß keiner der Caddies Hawkeye war.

Ich umrundete das Clubhaus nochmals und sah einen jungen Caddie auf einem Zaunpfahl am Rande des Parkplatzes sitzen.

»Kennst du Hawkeye?« fragte ich.

»Kennt doch jeder!« erwiderte er.

»Irgend ne Ahnung, wo ich ihn finden kann?«

Der Caddie rollte die Augen und wies mit einem Zucken seines Daumens in Richtung eines alten Mustangs, der neben einem Ahornbaum am anderen Ende des Parkplatzes stand.

163

Die Musik dröhnte mir schon aus 50 Metern Entfernung entgegen; aber Hawkeye sah ich erst, als ich mein Gesicht gegen das Fenster am Beifahrersitz drückte. Er hing betrunken unterm Steuer. Grateful Dead wummerten über Lautsprecher, und dicke Schwaden von Marihuanarauch schlängelten sich im orangefarbenen Licht der Abenddämmerung.

Ich klopfte gegen das Fenster. Hawkeye rollte seinen Kopf in meine Richtung. Die Zwillingsnarben, die von beiden äußeren Augenwinkeln ausgingen, glühten grellrot. Er zog sich hoch und kurbelte das Fenster leicht herunter. Es öffnete sich einen Spalt, und beißender Rauch stieg mir in die Nase.

»Hey, Kier'n Len'han, Mann. Wollnse auch nen Joint?« Ein Joint von der Größe einer Möhre steckte in seinem Mund.

»Keinen Joint. Reden.« Mit stark beeinträchtigten Leuten sprach ich immer Pidgin.

»Reden. Klar doch, Mann. Steigense ein.«

»Nein. Hier draußen.«

Hawkeye zuckte mit den Schultern. Er war zu high, um sich zu widersetzen. Ich hoffte nur, daß er nicht auch zu high war, um sich an das Met zu erinnern. Vorsichtig drückte er seinen Joint an einer Bierdose aus. Dann kämpfte er mit dem Türgriff und taumelte schließlich aus dem Wagen.

»Reden.« Er schielte in die letzten Sonnenstrahlen, die durch das Ahornlaub drangen. »Gut, daß Sie mich früh genug erwischt ham. Was is gebacken?«

»Du erinnerst dich doch an das Met«, begann ich.

Hawkeye zuckte zusammen. »Aber voll. Sie ham gigamäßig gespielt. Sechs Schläge aufgeholt in der letzten Runde, drei bei den letzten drei Löchern. Mein Mann hat's einfach nicht gepackt gekriegt.«

»Dein Mann ist derjenige, über den ich reden will.«

»Hat mich abgezogen«, sagte Hawkeye, was besagen sollte, daß Onizaka ihm für die drei Runden nur den Mindestcaddielohn gegeben hatte. Hawkeye gelang es nicht, die Stirn zu runzeln, also kicherte er.

»Was passierte nach den ersten beiden Runden?« fragte ich.

»Wie, was passierte?«

»Wo zum Beispiel war Onizaka, während die Turnierleitung die Schlußrundenqualifikation und die Spielerpaarungen festlegte?«

Hawkeye strich sich über die Stoppeln auf seinem Kinn. »Shit. Da muß ich erst nachdenken. Wir waren ziemlich früh fertig. Und On'zaka wußte, daß er weit vorn lag, und daß das auch so bleiben würde, weil das Wetter schlechter wurde. Er hing ne Weile rum und redete mit den Sportreportern. War total überrascht, daß er mich für die Runden extrem lobte. Dann kam dieser Japaner auf ihn zu. Älterer Typ. Groß und dünn, mit vielen Narben im Gesicht. Onizaka sagte, ich sollte gehen. Wirkte so, als wäre er nervös wegen dem Typen.

Ich hab sie vom Zelt aus beobachtet. Ham ne Weile geredet. Na ja, genauer gesagt, redete der andere und Onizaka hörte zu. Er hatte den Kopf gesenkt, als würde ihn einer anschreien, nur nicht so laut. Dann haben sie sich verbeugt, und der alte Typ ist gegangen.

Danach kam es mir so vor, als hätte Onizaka ein Problem. Als hätte der Typ ihm was gesagt, was er nicht hören wollte. Dann plötzlich sagte er, er müßte jetzt gehen und wollte sicher sein, daß ich am nächsten Tag pünktlich da war. Ich sagte zu ihm, die Gruppen seien noch nicht mal alle zurück, und die Leitung hätte die Paarungen noch nicht festgelegt. Er sagte nur, vergiß es, er wäre früh genug da. Dann auf einmal war er verschwunden.«

Kapitel 12

Demo Mike fing mich ab, als ich in meine Einfahrt einbog.

»Ich habe es Ihnen in die Tür gesteckt«, sagte er, während er auf seinem Rad mit Ballonreifen saß, mit dem er in Limerick herumkurvte, um sein geschwächtes Bein zu trainieren. Er war eine Bohnenstange von einem Jungen, mit leuchtenden Augen unter dunklem lockigem Haar und olivefarbener Haut.

Ich löste einen Zwanziger aus meiner Tasche.

»Was ist das?«

»Dein Honorar für geleistete Dienste.«

»Ich habe doch bloß zehn Minuten gebraucht, als ich das Microfiche erst mal hatte.«

»Wenn du Anwalt werden willst, solltest du lernen, wie man die Zeit berechnet, die man aufgewendet hat.«

Die Übertragungsurkunde war viel dicker als erwartet; und als ich sie auf dem Couchtisch ausgebreitet hatte, sah ich auch, warum: Die Beschreibung der Grenzen las sich wie eine Piratenschatzkarte; jeder Pfosten und jeder Felsbrocken, jede Straße und jede Hochwassermarke waren darin vermerkt. Die Urkunde übertrug Landbesitz des verstorbenen Josiah Park der Stadt Milton, um ein Naturschutzgebiet daraus zu machen. Unterschrieben hatte ein gewisser I. W. Frippy, Testamentsvollstrecker und Teuhänder des Park Land Trusts. Der Kaufpreis betrug die alles und jedes abdeckenden »zehn Dollar und weitere freundliche Akte des Entgegenkommens«. Beigefügt war eine Resolution des Stadtrates, die festlegte, daß »die Marshlands zum Wohle der Allgemeinheit für alle Zeiten unter Naturschutz stehen sollen«.

Ich machte eine flüchtige Skizze von dem Gelände und verglich es mit meiner Erinnerung an die Ausmaße des Golfplatzes. Da stimmte etwas gewaltig nicht.

Am nächsten Morgen fuhr ich extra früh zum Club. Das Clubhaus des MCC und das Anwesen der Parks standen auf einander gegenüberliegenden Seiten desselben Hügels. Dazwischen verlief eine Steinmauer, die Caleb Park im Jahre 1899 errichtet hatte, auf der Höhe der Park-Tilford-Fehde. Viele der Steine waren zur einen oder anderen Seite heruntergefallen; aber eine Hecke, die Calebs Sohn Josiah vorausschauend gepflanzt hatte, war dicht genug gewachsen, um ein Gebäude vom anderen abzuschirmen.

Mit der Urkunde und der flüchtigen Skizze unterm Arm teilte ich die Hecke und sprang auf den Boden der Parks hinunter. Das Haus der Parks war so amerikanisch, wie das Clubhaus britisch war. Es war aus Ziegeln gebaut, im klassizistischen Stil des späten 18. Jahrhunderts gestaltet und verputzt und von der National Historical Society in die Liste herausragender nationaler Monumente aufgenommen worden. Am Ende eines Rasenstücks auf der Rückseite, das nicht größer als eine Briefmarke wirkte, befand sich eine Plakette, auf der Josiah Parks Liebe zur Natur und sein Engagement für den Schutz der Tierwelt und der Feuchtbiotope hervorgehoben wurde. Unter dem Jahr der Widmung waren die Namen der Politiker eingraviert, die das Naturschutzgebiet auf die Miltoner hatten kommen lassen. Der Bürgermeister war William St. Clare gewesen. Und einer der Ratsherren Dr. Francis Gabriel.

Während meiner gesamten Miltoner Jahre hatte ich nie einen Fuß auf das Land gesetzt; es sei denn, um gelegentlich Golfbälle einzusammeln, die extrem schräg vom achtzehnten Tee geschlagen worden waren. Ein schmaler Pfad wandte sich durch denselben uralten Eichen- und Eschenwald, der den ursprünglichen zwölf Löchern des MCC hatte weichen müssen. Rustikale Schilder informierten den geduldigen Betrachter über Flora und Fauna. Das dichte Unterholz machte es fast unmöglich, sich zu vergegenwärtigen, daß die gepflegten Fairways keine 50 Meter entfernt waren.

Während der Pfad immer weiter hinabführte, wichen die Eichen und Eschen struppigen Pinien. Ein Bächlein rauschte unter einer Fußbrücke; das Wasser spülte auf den Tidefluß zu, der das achtzehnte Tee umfloß, mäanderte dann durch Marschland und Schilfrohr zum Hafen.

Ich hüpfte über kleine Wasserlachen zu einem Inselchen aus Schlamm, Gras und Steinen. Es war Flut; das brackige Wasser hatte die Konsistenz von Mehlsoße. Vom Ufer des Tideflusses aus sah ich den Golfplatz aus einem ganz neuen Blickwinkel. Die Bäume, die so mächtig erschienen, wenn sie deinem Golfball die Flugbahn abschnitten, muteten nun an wie Wattebausche auf Streichhölzern. Das sechzehnte und das achtzehnte Fairway, die an einer Hügelkette hinabglitten, sahen eher nach dem Resultat üppiger Pinselstriche als nach Natur aus. Dreihundert Meter in der entgegengesetzten Richtung schimmerte das Hafenwasser in Silber und Blau. Im Vordergrund drangen die graubraunen Fairways der Heide bis weit in das Naturschutzgebiet hinein; die roten Flaggen auf den Grüns, die in der Brise flatterten, wirkten wie die Standarten einer Invasionsarmee.

Ich machte einen Grenzpfosten aus und richtete die Karte danach aus. Wenn ich nicht völlig blind war, hatten Dr. Frank Gabriel und der ehrenwerte William St. Clare eine Menge zu verbergen.

Kurz nachdem ich mein Juraexamen bestanden hatte, war ich zu einer einmonatigen Wanderung durch Westirland aufgebrochen. Da ich Amerikaner irischer Abstammung bin, fühlte ich mich verpflichtet, nach dem Familienzweig zu forschen, der noch immer in der alten Heimat lebte. Ich wußte ziemlich wenig über meine Vorfahren – nur den Namen meines Großvaters und den ungefähren Zeitpunkt seiner Emigration aus dem Bezirk Clare. Ich glaubte jedoch, daß dies in einer so spärlich besiedelten Region reichen würde.

Also klapperte ich Dorf um Dorf ab, sprach mit Priestern und blätterte die alten Taufregister durch, fand jedoch keine Spur von jenem Peter Lenahan, der sein karges Farmland am Vorabend des Osteraufstandes für ein Spottgeld verkauft hatte. Enttäuscht und durstig kehrte ich abends in ein Pub auf dem Lande ein. Nach meinem zweiten halben Liter Starkbier vertraute ich dann dem Wirt meine Leidensgeschichte an. Wenn Sie Ihren Vorfahren nachspüren wollen, erwiderte der, dann fragen Sie nicht die Priester. Fragen Sie den ältesten Mann, den Sie finden können.

Der Vater des Wirts war 96 Jahre alt und lebte in einer Ein-Raum-Hütte mit einem kleinen Kamin und einem alten Dampfradio. Trotz des Sommerwetters trug er einen grauen Wollanzug mit Weste und Krawatte. Während er seine täglichen Rituale hinter sich brachte – Kamin ausfegen, den Katzen Milch hinstellen –, hielt er einen Monolog über die Zeiten, in denen man noch für zwei oder drei Pence einen halben Liter Porter bekam. Schließlich schloß er die Augen und murmelte: »Peter Lenahan. Peter Lenahan. Ich kannte einen Peter Lenahan, der nach Amerika ausgewandert ist.« Und er nannte mir ein kleines Nest jenseits der Grenze zum Bezirk Galway. Ich sagte Adieu und war überzeugt davon, daß ich mit meiner Suche am Ende angekommen war. Drei Tage später, als ich durch die Stadt kam, die der alte Mann erwähnt hatte, machte ich auch einen Abstecher zur Kirche. Das Taufregister bestätigte die Genauigkeit seines Erinnerungsvermögens.

Seinetwegen verbrachte ich nun den letzten Abend vor dem Classic mit dem ›Holländer‹.

Der ›Holländer‹ war ein älterer Schneider, den ich einmal vor einem katastrophalen Fehler bewahrt hatte, als er in ein Importunternehmen investieren wollte. Nun, da er sich aus dem Berufsleben zurückgezogen hatte, verbrachte er seine Zeit damit, Embleme zu nähen. Kein Muster war zu kompliziert für seine flinken Finger: Firmenlogos, Familienwappen, Insignien für die obskursten Armeen der Welt. Manchmal war er ein wenig zerstreut. Aber wenn man ihn in die richtigen Denkbahnen leitete, sprach er mit enzyklopädischer Akkuratesse über die Miltoner Bürger und ihre Geschichte.

Der Holländer öffnete die Tür in einer übergroßen Strickjacke, die ihm von den Schultern herabhing wie das Großsegel eines Schoners. Logos für Profi-Footballteams bedeckten jeden Quadratzentimeter.

»Wir müssen nach hinten gehen. Miriam will es so.« Er klopfte sich verlegen auf die Jacke. »Ich probiere die hier gerade aus.«

Mit dem Holländer nach ›hinten‹ zu gehen, erwies sich als schwierig. Der Weg war unbeleuchtet und wild zugewachsen von Ligusterhecken. Ich hatte nicht mehr mit derartigem Gestrüpp gekämpft, seit ich beim MCC einmal einen Ball vom zweiten Abschlag verschlagen hatte.

»Von Gärtnern halten Sie nichts?« fragte ich, während ich Dornen von meinen Hemdsärmeln absammelte.

»Ich schon, aber Miriam nicht. Das ist ihre Vorstellung von einer Alarmanlage. Das letzte Mal, daß ich die Hecken gestutzt habe, hat sie vier Wochen lang kein Auge zugemacht.«

Er führte mich auf eine winzige abgeschirmte Veranda, die von einer einzigen nackten Birne an der Decke beleuchtet war. Bleistiftzeichnungen und Fusseln von farbigem Garn bedeckten einen Spieltisch. Ein kleines Regal aus Kirschholz war mit Büchern über Wappenkunde vollgestopft. Als ich dem Holländer zum ersten Mal begegnet war, wohnte er allein und hatte ein schön möbliertes Büro in einem Schlafzimmer im ersten Stock. Dann zog seine frisch verwitwete Schwester bei ihm ein. Miriam drängte ihn ins Wohnzimmer im Erdgeschoß ab und war nun dabei, ihn in den Hinterhof zu vertreiben.

Er nahm einen Stapelstuhl von einem anderen herunter. Die Veranda öffnete sich zu einem Wohnraum hin, in dem Pappschilder, die auf dem Sofa, dem Couchtisch und dem Klavierhocker standen, das Sitzen, Rauchen, Klavierspielen und das Anbehalten von Schuhen untersagten.

»Etwas zu trinken?« fragte der Holländer und streifte seine Schuhe ab. »Ich nehm nen Apfelsaft.«

Ich beschloß, mich ihm anzuschließen, damit nicht am Ende das Bier, das ich vorgezogen hätte, gegen eine von Miriams Regeln verstieß. Er kam zurück, und wir machten es uns so bequem wie möglich. Die winzige Veranda gewährte uns gerade genug Beinfreiheit.

»Ein Spezialauftrag«, sagte er und befühlte das Revers seiner Jacke. »Sind Sie deswegen hier?«

»Das habe ich nicht gesagt.«

»Egal. Immer nett, Sie zu sehen. Und bevor ich es vergesse – viel Glück im Classic. Wenn Sie das gewinnen, entwerfe ich Ihnen ein spezielles Erinnerungswappen.«

»Das würde mir sehr gefallen, Holländer.« Ich lehnte mich weit genug vor, um im Flüsterton fortfahren zu können. »Ich bin hergekommen, weil ich gerne wüßte, wie die Gründung des Milton Country Club zustandegekommen ist.«

Weder zögerte der Holländer, noch fragte er mich, warum ich daran interessiert sei. Wie die meisten alten Männer schenkte ihm niemand mehr Aufmerksamkeit außer anderen alten Männern. Sein Leben bestand nun darin, Embleme und Wappen zu nähen und seine Schwester bei sich wohnen zu lassen, um sie vor einem Heim zu bewahren. Meine Frage war für ihn so erfreulich, als hätte ich ihm erzählt, daß er in der staatlichen Lotterie gewonnen habe.

»Sie fragen wegen Sylvester Miles, oder?« fragte er. »Hätte ich mir nicht träumen lassen, daß ich den Tag noch erlebe, an dem die Polizei eine Leiche aus einem Wasserhindernis zieht.«

Der Holländer kraulte seinen Ziegenbart, der so weiß und so glatt war wie die Grannen an einem Maiskolben.

»Das erste, woran ich mich erinnere, ist, wie er am Bahnhof aus einem Zug stieg. Das war im August '46. Am elften oder zwölften, glaube ich, aber nageln Sie mich nicht drauf fest. Es war einer von diesen heißen Tagen, an denen ständig der Staub in der Luft hing, weil einige der Straßen noch ungepflastert waren, besonders in Bahnhofsnähe.

Nun ja, ich fuhr damals Taxi für den alten Shea. Miles trug eine Uniform, und mein Blick fiel sofort auf seine Ehrenabzeichen. Er hatte seine Frau dabei. Sie war ein schüchternes Mädchen. Trug ein Häubchen und hielt den Kopf seitwärts weggedreht. Als ich ihre Taschen nahm – ich sollte sie fahren –, murmelte sie nur: ›Wie liebenswürdig‹. Später habe ich dann herausgefunden, daß sie krank war und nicht schüchtern, aber damit greife ich zu weit vor.

Ich fragte Miles, wohin sie wollten. Er antwortete, daß er irgendwohin wollte, wo er für ein paar Tage ein Zimmer bekommen könnte. ›Auf der Durchreise?‹ fragte ich. Er sagte nein. Er wollte ein Haus kaufen und ein neues Leben anfangen. ›Warum wollen Sie denn in so einem Kuhkaff wie Milton hausen, wenn Sie New York City vor der Tür haben?‹ fragte ich. Er erklärte nur, er hätte was gegen Großstädte. Man ginge da so leicht verloren. Er hätte von ein paar Kriegskameraden von Milton gehört, und es hätte sich so angehört, als ließe es sich dort aushalten. Also hatten sich seine Frau – Hannah, jetzt erinnere ich mich wieder an ihren Namen – und er unten in Florida trauen lassen und waren mit dem Zug hergekommen.«

Ich sah zwar nicht, was Sylvester Miles' Ankunft in Milton kurz nach dem Zweiten Weltkrieg mit meinem Verdacht zu tun haben mochte. Aber meine Erfahrung mit dem alten Mann aus Clare hatte mich gelehrt, den Mund zu halten.

»›Also wenn Sie Arbeit suchen‹, sagte ich zu ihm, ›da haben wir genug von‹. Aber er bestand darauf, zuerst Häuser gezeigt zu bekommen. ›Gibt es denn das bei euch unten nicht auch?‹ Er verneinte und fragte, ob welche zum Verkauf freistünden. Ich erzählte ihm von der Siedlung, die sie gerade drüben in den Ebenen bei Marie's Neck gebaut hätten. Massen von neuen Häusern für heimkehrende Soldaten. Kleine Schachteln, keine Fundamente, auf Betonplatten gebaut. Nicht übel für damalige Maßstäbe; aber Miles lachte nur verächtlich und sagte, er wollte ein richtiges Haus.

Ich fuhr sie in all den schickeren Wohngegenden herum, wie Poningo Point, Soundview oder Harbor Terrace, weil ich dachte, allein die Größe der Häuser würde ihn umhauen. Aber er schaute sich das alles nur ruhig an und flüsterte manchmal Hannah etwas zu.

Ich rechnete damit, daß ich Miles noch oft sehen würde, wenn er in der Stadt blieb. Noch immer kamen die Jungs aus dem Krieg zurück, und die Bars waren jede Nacht gerammelt voll.

Jungs wie Teddy Byrne, Phil Harrigan, Corny O'Meara, Mickey Aldrich. Die marschierten in ihren Uniformen da rein und stritten dann darüber, wer den härtesten Kriegseinsatz hinter sich hätte. Zivilisten wie ich gaben ihnen Drinks aus, denn es kümmerte uns überhaupt nicht, was sie im Krieg gemacht hatten. Allein daß sie nach Übersee gegangen waren, machte sie für uns schon zu Helden; und ihnen Drinks auszugeben, erschien uns nur als armseliger Lohn für die Opfer, die sie gebracht hatten. Ich dachte, daß ich Miles da auch mal treffen würde. Aber das habe ich nie bis auf ein einziges Mal, und das war auch nicht ein einer Bar, sondern in McMillans Apotheke. Ich fragte ihn, wie er so zurechtkäme, und er antwortete, gut, nur sei leider seine Frau krank. Er löste ein Rezept für sie ein. Sie wohnten in der Soldatensiedlung, und er arbeitete in einem Laden auf der Merchant Street. Ich dachte noch, daß er gar nicht so naßforsch war, wie ich gemeint hatte. Ich wußte, daß er ein echter Kriegsheld war. Ich hatte das Verwundetenabzeichen und ein Verdienstkreuz an jenem ersten Tag an seiner Uniform gesehen. Aber er blieb still und bescheiden, während Aufschneider wie Corny O'Meara redeten, als hätten sie Hitler persönlich eine Kugel in den Kopf gejagt. Aber so ist es ja immer, nicht wahr?

Das nächste Mal, daß ich von ihm höre, ist, als Hannah gestorben ist. Ein paar Monate später kauft Miles dann den Laden, in dem er arbeitete, und taufte ihn um in ›Miles Moden‹. Dann verkaufte er das Haus in der Soldatensiedlung und erwarb diese Scheußlichkeit drüben in Harbor Terrace. Die Leute begannen sich zu fragen, wer er eigentlich war, weil er ja nie viel von sich reden machte. Ich schmunzelte dann immer nur, denn ich kannte ihn ja, seit er den Fuß auf unseren Boden gesetzt hatte. Es war schön zu sehen, daß einer, der was taugte, Erfolg hatte. Konnte einen in dem Glauben bestärken, daß es gut gewesen war, den Krieg zu gewinnen.

Ich kann beschwören, daß ich jahrelang der einzige Miltoner war, der wußte, daß Miles ein Kriegsheld war, denn ich hatte ihn ja an dem Tag in der Uniform gesehen. Es war sogar Miles, der

173

mir die Sache mit der Wappenkunde nahebrachte, indem er mir vorschlug, Familienwappen für Jacketts zu nähen. Er verkaufte die Jacketts und beauftragte mich, die Familienwappen draufzunähen. Ich wollte ihm persönlich eines nähen, das groß genug gewesen wäre, um als Wandschmuck zu dienen. Aber er hatte kein Interesse dran. War schon seltsam, daß er nie über die Vergangenheit sprach. Es war so, als wäre er an dem Tag erst geboren worden, an dem er aus dem Zug gestiegen war. Auch über Hannah hat er nie viel gesprochen, nur einmal hat er erwähnt, daß sie ihn als wohlhabenden Mann zurückgelassen hätte. Ich nahm das als Beweis für das, was jeder in der Stadt dachte – daß er ihr Familienvermögen geerbt hatte.

Miles schloß sich Gabriel und St. Clare an; sie waren alle drei Mitglieder des Lions Club. Gabriel hatte seine Zahnarztpraxis über dem alten Woolworth's; aber er behandelte sie eher als Nebensache. Geschäftemachereien mit Immobilien zog er stets vor, und er dilettierte auch auf dem politischen Parkett. Saint war immer ein Vollidiot. Die Leute nennen ihn heute Bürgermeister, weil er das einmal war. Davor aber haben sie ihn schon Bürgermeister genannt, weil er die Merchant Street rauf und runter stolzierte, als gehörte sie ihm. Außerdem war er ein furchtbarer Schwätzer; er glaubte immer genau zu wissen, wer was warum tat. Ich hab immer gesagt: Er ist der lebende Beweis dafür, daß man auch ohne einen Funken Verstand reich werden kann. Alles, was man dazu braucht, ist eine gehörige Portion Scheiß-Glück.

Jeder von den Dreien war auf seine eigene Weise erfolgreich, weshalb sie bei den angestammten Mitgliedern des Lions Club angefeindet wurden. Und das war es, was die drei Musketiere von Milton zusammenschweißte – die Reaktion all dieser engstirnigen Spießer.

Ihr größter Coup gelang ihnen, als sie es fertigbrachten, Saint zum Bürgermeister wählen zu lassen. Bis zu jenen Tagen war die Partei der Republikaner in Milton allenfalls ein Witz gewesen. In jedem Wahljahr stellte sie eine Liste von Kandidaten auf, die dann niedergemacht wurden wie eine Herde Opferlämmer. In einem Jahr dachte der Parteichef dann, daß es ein interessantes Experiment sein könnte, Saint als Kandidaten aufzustellen. Denn sie nannten ihn ja sowieso schon Bürgermeister. Saint willigte ein, und Gabriel bot sich freiwillig als sein Wahlkampfmanager an. Einer von ihnen – es muß Gabriel gewesen sein, denn der war schon immer besonders raffiniert – hatte eine brillante Idee. Der Anpfiff zur Wahlkampagne war traditionell das republikanische ›Stadtpicknick‹ am Labor Day. Erst gab es einen Umzug von der Merchant Street zum Station Park, dann wurden eine Reihe von Reden gehalten, denen niemand zuhörte, und es gab Massen von Hamburgern und Grillhähnchen, die jeder aß, ganz unabhängig von der politischen Überzeugung.

Gabriel überredete Miles dazu, in voller Montur mit Saint im offenen Wagen zu fahren und eine Rede über den Krieg zu halten. Zum ersten Mal wurde den Leuten bewußt, daß ein echter, lebender Kriegsheld in Milton lebte. Und es war noch früh genug in den Sechzigern, um den Leuten damit imponieren zu können.

Saint half zusätzlich nach, indem er im *Milton Weekly Chronicle* Spalten kaufte, in denen Geschichten über Miles' Heldentaten gedruckt wurden. Das Ganze brachte genug Bewegung in die Politik, um Saint – im Windschatten eines Mannes ohne jeden politischen Ehrgeiz – bei den Wahlen gewinnen zu lassen. Saint errichtete im Rathaus dieses Ehrenmal, und Syl war der Mittelpunkt der Parade am Volkstrauertag, bis die Proteste gegen den Vietnamkrieg dieser Art von Karneval ein Ende bereiteten.

Die ganze Geschichte mit dem Golfclub fing ziemlich komisch an, obwohl sich zu der Zeit niemand was dabei dachte. Soweit ich mich entsinne, wollte Gabriel einem Club auf dem Land beitreten. Er hatte jedoch Schwierigkeiten, einen Club zu finden, der ihn aufnahm. Denn, wissen Sie, sein eigentlicher Name ist Gabrielli; und damals waren die Leute noch ziemlich gegen die Italiener. Komisch, sich klar zu machen, wie Gabriel sich rausgemausert hat mit diesen großen Bürohäusern in White Plains, die er besitzt, und dazu noch all die Häuser, die er rund um Milton vermietet.

175

Also beschlossen die drei Musketiere eines Tages, eben einfach einen eigenen Club aufzumachen, wenn Frank keinen fand. Obwohl Miles ein reicher Mann war, galt er noch immer als Außenseiter. Er rechnete sich aus, daß er endlich voll dazugehören würde, wenn er einen Golfclub eröffnete. Und Saint – nun ja, der hatte eben keinen eigenen Willen. Er machte mit, was Gabriel und Miles machten. Vor allem Miles. Die beiden waren nach der Wahl dicke Kumpel geworden.

Sie versuchten, die anderen Lions oder Jaycees dafür zu interessieren; aber niemand wollte einen Anteil an diesem Wolkenkuckucksheim kaufen. Der einzige Club, den sie erwerben konnten, war das Grundstück der Tilfords – und das war nicht einmal ein Club, sondern nur der Luxusspielplatz einer reichen Familie, und dazu ziemlich runtergekommen, weil die letzten Tilfords die meiste Zeit in Frankreich lebten und das Interesse daran verloren hatten, den Platz in Schuß zu halten. Die drei kratzten genug Geld zusammen für eine Anzahlung.

Niemand in der Stadt nahm die Idee, einen Club zu gründen, zu der Zeit besonders ernst, vor allem einen, der nur zwölf Löcher hatte. Miles' Steuergrab nannten sie ihn, weil Syl die Sache nach außen hin vertrat; schließlich war Saint Bürgermeister und Gabriel damals Ratsmitglied. Deshalb mußten sie sich nach außen hin geschäftlich zurückhalten, um den Anstand zu wahren.

Erst als die drei Musketiere einen Architekten aus Schottland holten, brachte das den Durchbruch. Er fand einen Weg, etwa 40 Morgen Ödland in sechs Löcher zu verwandeln, der Teil, den ihr den Heide-Teil eures Golfplatzes nennt. Da auf einmal waren sie alle Feuer und Flamme.«

»Das war um die Zeit, als aus dem Grundstück der Parks ein Naturschutzgebiet gemacht wurde?« fragte ich.

»Später, aber nicht viel.«

»Warum hatten die Tilfords nicht dasselbe Land mit verplant, als sie ihren Golfplatz anlegten?«

»Die wußten nicht, was sie taten, sagte der Schotte immer. Er konnte das daran ablesen, wie die ersten zwölf Löcher angelegt waren. Viel verschwendete Fläche. Ganz nebenbei hatte er als Schotte natürlich ein Faible für Dünen. Der sah das Gestrüpp ganz anders als ein amerikanischer Architekt. So ähnlich sagte er jedenfalls.«

»Der Club hatte nicht versucht, den Parks mehr Land abzukaufen?«

»Aber hoppla!« erwiderte der Holländer. »Miles persönlich versuchte mit Josie Park zu verhandeln. Als Neuankömmling war er nicht so in das verwickelt, was in all den Jahren zwischen den Parks und den Tilfords vorgefallen war, was immer das gewesen sein mochte. Niemand in der Stadt konnte sich offenbar daran erinnern, wie die Fehde eigentlich angefangen hatte, aber darauf kommt es bei Fehden ja auch gar nicht an. Miles besuchte den alten Josie, wedelte ihm mit einem Riesenbündel Dollarnoten vor der Nase herum, um alles Land vom Haus bis zur Küste zu kaufen. Der alte Josie antwortete, indem er Hühnerdraht an der Mauer entlang befestigte und mit Fett beschmierte. Damals war er schon in den Siebzigern. Verbitterter alter Kauz, der weder Frau noch Kinder hatte und wahrscheinlich auch nie eine Freundin. Er widmete sein ganzes Leben der Fortsetzung der Fehde seines Vaters gegen die Tilfords und ging wie die meisten Nachfolger zehn Schritte weiter, als es die Väter noch getan hätten.«

»Die Fehde hatte also nicht aufgehört, nachdem die Tilfords ihr Land an Miles und die anderen verkauft hatten?«

»Nicht im mindesten. Josie war auf seinen Grund und Boden völlig fixiert. Das Tilford-Grundstück könnte Jesus Christus persönlich gehört haben – Josie hätte trotzdem Hühnerdraht aufgespannt und ihn mit Fett beschmiert. Mensch, er hat das Land doch der Stadt vermacht, um es in ein Naturschutzgebiet zu verwandeln. Die Leute denken, daß er das wegen irgendwelcher geheimen Steuerabreden getan hat. Absoluter Quatsch. So hatte er vom Grab aus noch über das Land verfügt und vom Grab aus oder sonstwie, war sichergestellt, daß es niemals mit dem Grundstück der Tilfords zusammengefaßt würde. Die Idee mit dem Naturschutz stammte in Wirklichkeit vermutlich von I. W. Frippy.

177

Josie konnte eine Graugans nicht von einer Gemse unterscheiden.«

»Erinnern Sie sich an Frippy?«

»Oh, ja. Sicher. Schlauer Hund, aber eine komische Type. Der einzige Klient, den er je hatte, war Josie Park. Hat richtig Karriere mit dem alten Josie gemacht, bis er dann gestorben ist. Kleiner Mann, ziemlich etepetete. Zart sogar, könnte man sagen. Ein Junggeselle, der immer für sich blieb. Nicht lange nach Josies Tod hat er die Stadt verlassen. Ich habe gehört, daß Josie ihn in seinem Testament als Haupterben eingesetzt hat – bis auf das Land natürlich. Josie war der letzte seiner Familie, müssen Sie wissen.«

»Lebt Frippy noch?«

»Soweit ich weiß, schon. Das heißt, ich habe seinen Namen bisher nicht in den Todesanzeigen gesehen.«

Kapitel 13

An dem Tag, an dem das Classic beginnen sollte – Tag 1 –, lief ich schon in der Morgendämmerung nervös fiebernd auf und ab. Eine nagelneue Golftasche in rotweiß, so dick wie der Stamm eines Mammutbaumes, stand gegen den Sofarücken gelehnt. Mein Arsenal von Ersatzschlägern stand einsatzbereit an der Wohnzimmerwand. Ich war mit Schmetterlingen vor Augen aufgewacht; nun aber hatten sie sich in eine Armee wütender Fledermäuse verwandelt. Ich eilte ins Badezimmer und starrte ins Klo, während krallenbewehrte Schwingen gegen meine Magenwände schlugen. Während ich die Würgekrämpfe abwartete, sickerten mir die alten Fragen wieder ins Bewußtsein. Warum quälte ich mich so? Warum mußte ich diesen Beruf ergeifen? Gab es denn keine weniger stressige Art, sein Ego auszutoben?

Dieselben Fragen hatte ich mir immer am Vorabend einer Gerichtsverhandlung gestellt.

Heute findet nur eine Übungsrunde statt, beschwor ich mich selbst. Keiner kann dich dafür umbringen, wenn du schlecht spielst.

Plötzlich fiel mir ein, daß die Abenteuer, auf die ich mich Pete zuliebe eingelassen hatte, als eleganter psychologischer Trick dienen konnten, um mich von der Realität meiner schließlich doch noch zustande gekommenen Teilnahme an der PGA-Tour abzulenken. Ich dachte noch über diese neueste Version der alten Frage nach, als ein wohlvertrautes Donnern die vorderen Fensterscheiben erschütterte. Mein Magen stülpte sich schließlich doch noch um, wenn auch ohne rechtes Ergebnis. Ich kehrte ins Wohnzimmer zurück, um dort Richter Inglisi vorzufinden, der versuchte, meine Golftasche zu stemmen. Er trug geräumige Leinenhosen und ein grelles Hemd, das mit einem ganzen Dschungel von floralen Mustern bedruckt war.

»Irgendein armes Schwein von Caddie wird sich einen Bruch heben«, sagte er.

»Könnten Sie mir bitte verraten, was Sie herführt?«

»Ich habe meinen Urlaub so gelegt, daß ich Sie zu Ihrem ersten Sieg auf der Tour coachen kann.«

»Sie verschwenden Ihre Zeit.«

»Dies ist nicht die Stunde, um pessimistisch zu sein«, entgegnete er. »Außerdem werden Sie einen besseren Eindruck machen, wenn Sie in meinem Ferrari anstatt in Ihrem Feuerofen dort ankommen.«

Ich versuchte ihn von der Idee abzubringen. Wahrscheinlich würde ich 36 Löcher spielen und dann auf dem Übungsplatz bis nach Einbruch der Dämmerung trainieren. Zuschauern waren Golfwagen nicht gestattet; also würde er mich über ein Gelände zu Fuß begleiten müssen, das nur für Bergziegen geeignet war. Natürlich parierte er jedes meiner Argumente.

»Sie nehmen diesen alten Eichenknüppel hier?« fragte er und zog meinen Putter aus der Tasche.

»Ich würde es sehr begrüßen, wenn Sie sich nicht in meine Golfkarriere einmischten.«

Das Classic ähnelte jedem anderen Golfturnier mit einer Million Dollar Preisgeld. Die Wettkampfteilnehmer, die die Übungsrunden am Dienstag mitmachen wollten, fanden sich nach und nach ein. Lokalgrößen spendeten enorme Summen für das Privileg, im Pro-Am am Mittwoch spielen zu dürfen. Dann begann das eigentliche Turnier – 72 Löcher für ein Feld, das für die Wochenendrunden halbiert war.

Wir bogen in den Teilnehmerparkplatz ein. Inglisi blieb im Wagen und bellte seinem Geschäftsstellenleiter über ein Handy Anweisungen ins Ohr, während ich meine Golftasche zum Aufenthaltsraum der Caddies schleppte. Die Umgebung des Clubhauses brummte vor Geschäftigkeit. PGA-Offizielle brüllten über Walkie-Talkies; Fernsehleute schlängelten Kamerakabel durch das taunasse Gras; College-Schüler errichteten Erfrischungs- und Handelsvertreter Werbezelte. Eigentümlicherweise beruhigte mich die hektische Aktivität. Die Leute schienen einfach zu beschäftigt, um die Seelennöte eines Lokalclub-Professional wahrzunehmen.

Ich sagte meinem Caddie, er solle mich in zehn Minuten auf dem Übungsplatz treffen, und näherte mich dann der Umkleide. Livrierte Helfer umschwirrten einen wie Barracudas. Für ein Trinkgeld von zwanzig Dollar kam ich in den Genuß eines Schließfaches, eines Hockers und eines mürrischen *gracias* von einem dieser Halsabschneider im Livree.

Der Richter erwischte mich auf dem Übungsplatz, einer vollkommen flachen Grasfläche, die ›Polo Field‹ genannt wurde. Mit Voranschreiten der Woche, wenn das eigentliche Turnier und der eigentliche Massenandrang begann, würde das ›Polo Field‹ in einen Parkplatz umgewidmet und den Spielern ein anheimelnderer Platz neben dem Clubhaus zum Trainieren zugeteilt werden. Jetzt schon schwärmten mehrere Dutzend Pros entlang der Abschlaglinie aus. Schlägerschäfte peitschten im ersten Sonnenlicht den Boden, und Bälle pfiffen auf entfernte Villen zu, die vorwitzig hinter den Baumwipfeln hervorlugten. Meine Tasche lag im taunassen Gras neben einem Haufen von perlweißen Golfbällen. Mein Caddie schlug mit einem Handtuch nach unsichtbarem Ungeziefer.

Mit meinen ersten drei Schlägen war ich nicht zufrieden. Die Bälle rutschten durchs Gras und hinterließen häßliche Spuren im Tau. Ich ging langsam im Kreis herum, um mich zu sammeln. Der Richter hob an zu reden, aber ich warf ihm einen Blick zu, der jeden Kommentar erstickte. Das letzte, was ich jetzt gebrauchen konnte, war sein Sachverstand.

Schließlich gelang mir doch ein anständiger Schlag. Der Ball flog himmelwärts, sprang fest auf und rollte aus. Jahre von Muskelgedächtnis waren auf der Stelle wieder da. Ich arbeitete mich zielstrebig durch die Eisen und kostete jeden Schlag bis zuletzt aus, bevor ich mir den nächsten Ball vom Stapel nahm, ihn ansprach und erneut schlug. Die Eintönigkeit begann den Richter bald zu langweilen; also schlug ich ihm vor, bei der Turnierleitung vorbeizuschauen und mir für eine Übungsrunde einen Part-

181

ner zu organisieren. Er murmelte etwas erkennbar Sarkastisches und wogte davon.

Ich rundete meine Aufwärmübungen mit einem Dutzend pfeifender Drives ab und erspähte dann eine Telefonstation, die die örtliche Telefongesellschaft für die Spieler eingerichtet hatte. Meine Versuche am letzten Abend, I. W. Frippy ausfindig zu machen, hatten nichts gebracht. Nichts als Sackgassen. Sein Name erschien in keiner Liste eines aktuellen Anwaltsverzeichnisses, und Anrufe bei seiner alten Miltoner Adresse landeten bei einem chinesischen Restaurant. Mir blieb nur eine Anlaufstelle übrig – die Oberaufsicht über das Justizwesen.

Die Staatsregierung hatte das Amt eingerichtet, um die Aktivitäten seines wildwuchernden Gerichtswesens besser überblicken zu können. Wie alle funktionierenden Behörden erfand die Einrichtung schnell neuartige Pflichten, denen nachzukommen war. Sehr bald hielten ihre Tentakeln nicht nur das Gerichtswesen, sondern auch jeden Anwalt im Staat im Würgegriff. Verlangt wurden Kopien aller Mandatserteilungen, Meldung der Treuhandkonten und eine rasant ansteigende, alle zwei Jahre fällige Registrierungsgebühr. Um es im Klartext zu sagen: Das Amt verfolgte jedes Mitglied der New Yorker Anwaltskammer bis ins Grab.

Nachdem man mich mit diversen Anschlüssen verbunden hatte, hatte ich endlich die Frau am Apparat, die für Anwaltsadressen zuständig war.

»Nach wem suchen Sie?«

»I. W. Frippy.«

»Sind Sie selbst Anwalt?«

Ich nannte ihr meinen Namen. Sie mußte ihn per Computer überprüft haben, denn Sekunden später reagierte sie mit meiner Sozialversicherungsnummer.

»Einen Augenblick bitte.«

Mir entfuhr ein Seufzer; wohl in der Hoffnung, daß vielleicht – nur vielleicht – das Gerichtsverwaltungsamt seine Existenzberechtigung liefern würde. Ich hatte zu früh gehofft.

»Ich kann I. W. Frippys Adresse oder Telefonnummer nicht herausgeben.«

»Warum nicht?«

»In der Liste steht nur seine Privatadresse, und diese Information kann ich nicht am Telefon herausgeben.«

»Dies ist ein Notfall.«

»Tut mir leid, aber ich habe feste Anweisungen. Auch zu Ihrem Schutz.«

Ich brauchte keinen Schutz; ich brauchte die Adresse.

»Stellen Sie einen schriftlichen Antrag an eines unserer Büros«, fügte Sie hinzu und legte auf.

Demo Mike klang überglücklich, von mir zu hören. Ich bat ihn – aber dalli! – einen Brief an das Büro der Behörde in White Plains zu tippen und persönlich zu überbringen.

»Ich berechne dafür 30 Dollar für meinen Zeitaufwand«, sagte er.

»Ach nee, was für'n Schlauberger«, erwiderte ich.

Um halb zehn stand ich mit einem schmerbäuchigen Veteranen am ersten Abschlag. Er wartete wohl sehnsüchtig auf seinen nächsten Geburtstag, nachdem er endlich die Senior Tour spielen durfte. Das erste Loch war ein langes Par 3, das im Turnier seinen Anteil an Bogeys einfordern würde. Ich schwang mein Eisen 5 in die sanfte Brise. Der Ball flog in exakt gerader Linie zwischen zwei gierig gähnenden Bunkern, die das Grün bewachten, hindurch, landete aber reichlich zehn Meter vom der Flagge entfernt.

»Passabel«, schnaubte Inglisi, der dem Irrglauben anhing, daß es ihm gelingen werde, mir durch Provokationen genauso leicht zum Sieg eines Golturniers zu verhelfen, wie er mich dazu gereizt hatte, Fälle zu gewinnen.

Die Ordnungskräfte hatten die Absperrungsseile noch nicht gespannt, weshalb noch Zuschauer auf den Fairways herumschlenderten. Der Richter trottete die ersten beiden Löcher, die beide auf Flachland angelegt waren, hinter mir her. Beim dritten Loch stürzte sich das Fairway zunächst in ein Tal, um bis zum

Grün wieder steil anzusteigen. Ein einfaches Par, aber eine Ochsentour, wenn man 300 Pfund auf Hammerzehen mit sich herumschleppte. Es überraschte mich nicht weiter, als Inglisi nach dem Abschlag verschwand.

Ich hielt inne, um meinen ersten Tag auf der PGA-Tour so richtig zu genießen. Golfbanausen, die den Sport nur von Golfwitzen oder von den Jammergeschichten verlassener Ehepartner her kennen, haben keine Vorstellung davon, was für ein Erlebnis ein Golfplatz an einem frühen Sommermorgen ist. Sattgrüne Fairways schlängeln sich an Kathedralen von Bäumen vorbei. Der Duft frischgemähten Grases erfüllt die Luft wie Weihrauch. Rasensprenger flüstern leise, öffnen und schließen ihre Fächer aus hauchfeiner Gaze, während sie sich in der Ferne langsam drehen. Deine Absatzeisen knirschen auf dem Kies der Wagenpfade und drücken sich dann fest in den Turf. Du nimmst eine Zählkarte aus der Box. Sie ist knackig neu, noch unbefleckt von Bleistiftspuren.

Dem wahren Liebhaber bedeutet Golf mehr als ein Wochenendvergnügen oder Zeitvertreib für Floridarentner. Golf gibt uns den Glauben an die Perfektion zurück – eine ganze Runde lang, ein Fairway lang, vielleicht nur den Augenblick eines Schwunges lang. Wir sehnen uns nach der Verschmelzung von Körper, Schläger, Ball, Turf und Himmel. Wir verlangen danach, aus der Zeit herauszufallen und unserem Ball noch am Himmel nachzuschauen, lange nachdem er auf der Erde zur Ruhe gekommen ist. Trottel spielen aus Liebe und Pros des Geldes wegen. Doch in solchen unvorhersehbaren Momenten geradezu unheimlicher Vollendung wissen wir alle wieder, warum wir mit dem Sport einst angefangen haben.

Ich wußte nicht, was im Classic auf mich wartete. Schon am allerersten Loch konnte ich mich aus dem Rennen katapultieren. Es konnte mir mißlingen, den Ball mit einem einzigen Schwung anzuschneiden. Dann würde ich das nächste Jahr damit verbringen, mich mit Analysen jedes einzelnen Schlages zu martern – Tantalusqualen meiner persönlichen Unterwelt. Ich konnte aber auch noch am Sonntag hier sein und zwischen dem Hufgetrappel der Großen entlanghuschen – als Maus in einer Büffelherde. Die Zählkarte mit ihrer festgeschriebenen Wirklichkeit würde es mir früh genug verraten.

Der Richter tauchte auf halber Strecke des Front Nine wieder auf. Er lief mit der offiziellen Mütze eines Ordners herum und steuerte einen elektrischen Golfwagen, der mit seiner feisten Last über den Platz ächzte. Ich rechnete damit, daß der Veteran sich über die Störung beschweren würde. Statt dessen hatte er sofort einen Narren an Inglisi gefressen, der Schmeicheleien zu einer Kunstform erhoben hatte. Sie schwelgten in Reminiszenzen an einstige Duelle des Veteranen mit Palmer und Nicklaus, während ich mich darauf konzentrierte, Strategien für jedes Loch auszuarbeiten. Der Platz spielte sich schwer. Das Rough fühlte sich an wie neun Zentimeter hoch gewachsener Stahl; und die Grüns waren spiegelglatt gemäht. Die Flaggenstöcke hatten die Greenkeeper für das Turnier in der allerhinterhältigsten Weise gesteckt, die nur vorstellbar war.

Nach der Runde spazierte ich durch die Zeltstadt, die der Tour folgte wie die Wohnwagen einem Zirkus. Ein Anhänger beherbergte einen Kraftraum, der luxuriöser ausgestattet war als die meisten Fitnessclubs. In einem anderen glitzerten alle möglichen Arten von Schaften, Köpfen und Griffen für alle, die ihre Ausrüstung für jene kläglichen 75 in der letzten Runde verantwortlich machten. Ein dritter, der vollgestopft war mit Computerterminals, bot Rechtshilfe, Buchführung und bundesweites Sofortbanking an. Der einzige Aspekt des modernen Lebens, der nicht vertreten war, war ein Anhänger mit staatlich zugelassenen Psychiatern.

Ich stand wieder an der Telefonanlage, als der Richter mich beim Kragen packte.

»Bewegen Sie Ihren Hintern zum ersten Tee. Ich habe für sie eine Runde mit zwei Jungs organisiert.« Er nannte mir die Namen des amtierenden Champs der British Open und des Spielers, der im vorigen Jahr auf der Tour das zweitmeiste Preisgeld eingestrichen hatte.

»Wie haben Sie denn das hingekriegt?« fragte ich.

»Mit der Macht der Überredungskunst. Ich habe ihnen erzählt, ich sei Ihr Manager.«

»Können sie warten?«

»Verdammter Idiot! Das ist die hochkarätigste Runde, die Sie je spielen werden. Ich kann Golfer von dem Rang nicht bitten, auf Sie zu warten!«

»Setzen Sie Ihre Überredungskünste ein. Ich komme, sobald ich kann.«

Der Richter schlurfte mit Flüchen mittleren Kalibers davon.

Gloria meldete sich und flüsterte, sie sei auf eine Goldmine gestoßen. Im Hintergrund hörte man eine männliche Stimme über die Ungenauigkeit der polizeieigenen Radarfallen maulen.

»Sie hatten recht. DiRienzo hat von Adrienne abgelassen, weil sie ein Alibi hatte. Sie ist am Mordabend mit jemandem essen gegangen und erst spät zurückgekommen.«

»Mit wem?«

In der Leitung wurde es still, aber die Verbindung riß nicht ab. Möglicherweise hatte sie etwas im Gerichtssaal abgelenkt. Es war allerdings wahrscheinlicher, daß sie den Moment voll auskosten wollte, bevor sie die Information durchgab.

»Jack Miles.«

Ich hängte ein und mischte mich in die Menge, die sich in der Zeltstadt drängte. Meine Gedanken, die um Adrienne und Jack Miles kreisten, wirbelten so dicht durcheinander, daß sie möglicherweise sichtbar waren wie die Vögelchen und Sternchen eines Comic-Helden, dem man eins übergebraten hatte. Ich taumelte zu einem verwaisten ersten Abschlag. Jemand rief meinen Namen. Der Richter rollte ins Blickfeld; er thronte auf einem Golfwagen, der neben einer Tribüne parkte.

»Rein mit Ihnen!« brüllte er. »Sie haben vor zehn Minuten vom Abschlag gespielt.«

»Ich such mir jemand anderen«, erwiderte ich geistesabwesend; ich war so perplex, daß ich völlig vergessen hatte, wer *sie* waren.

»Nen Teufel werden Sie tun. Ich habe für heute genug Nötigungen begangen.«

Der Champ der British Open und der Preisgeldzweite vom letzten Jahr hießen mich liebenswürdig am zweiten Abschlag willkommen. Beide spielten sie einen energischen Drive und traten dann höflich für mich zur Seite. Alles um mich herum kippte in eine Schieflage. Das Tee schien von meinen Füßen fortzudriften. Das Fairway wand sich korkenzieherartig zum Himmel. Die Gesichter der Menge wirkten wie Fratzen aus einem Horrorkabinett.

Ich versuchte, mich auf den Ball zu konzentrieren. Der Schläger fühlte sich zu kurz an. Der Boden schien zu weit entfernt zu sein. Großer Gott, sagte ich zu mir selbst. Bitte nicht das. Nicht jetzt.

Ich schwang den Schläger sehr kräftig und traf den Ball kaum. Er hüpfte über die Absperrung und verschwand in einem Dikkicht aus Brombeerhecken weit rechts vom Fairway. Der Champ der British Open und der Preisgeldzweite gaben tiefe Seufzer des Bedauerns von sich. Mein selbsternannter Manager sah aus, als wolle er im Boden versinken.

Ich ließ einen neuen Ball auf den Turf fallen und peitschte ihn mit dem Eisen 4 etwa 70 Meter weit das Fairway hinunter. Für meinen nächsten Schlag plazierte ich die Schlagfläche des Eisens 6 knapp drei Zentimeter hinter dem Ball, näherte mich dem Grün und rundete meine Performance mit einem Dreierputt ab. Das Publikum kicherte; der Richter kochte.

Am besten spielte ich, wenn ich ruhig war und den Kopf frei hatte; Glorias Neuigkeiten jedoch brachten meine Gedanken zum Rasen wie der Motor eines Rennwagens. Ich verkroch mich in einer Ecke des dritten Abschlags, um mich erneut zu konzentrieren, während die anderen ihre Drives losschossen. Ich kenne das Spiel. Nicht angreifen, erinnerte ich mich. Spiel streng nach den Regeln. Konzentrier dich.

Mein Drive tuckerte durch die Luft wie eine fliegende Klapperkiste; aber er flog knapp 250 Meter weit. Für den zweiten

Schlag nahm ich einen Ersatzschläger und verkürzte meinen Schwung. Sehr konservativ; aber im Moment konnte ich es mir nicht leisten, den Helden zu markieren. Was ich brauchte, war eine lange Serie von Pars. Der Ball ließ sich gemütlich auf dem rechten Rand des Grüns nieder. Ich chippte ihn zweieinhalb Meter zurück und lochte ein. Nicht schön, aber Par.

Die nächsten sechs Löcher spielte ich Par wie ein braver Handwerker. Keine großen Birdiechancen, aber auch keine ernsten Probleme. Das Publikum achtete wenig auf mich; denn meine Spielpartner hätten mit ihren Birdies hausieren gehen können.

»Zumindest sind Sie kein Totalreinfall«, sagte der Richter, als ich vom neunten Grün kam.

Während ich am zehnten Abschlag wartete, erspähte ich Miko Onizaka auf dem Übungsgrün. Er spielte einen langen Putt. Der Ball rollte mühelos einen flachen Hügel hoch, kurvte einen windungsreichen Abhang hinunter und fiel mit einem sauberen Klick in den Locheinsatz. Onizaka richtete sich auf und starrte übers Grün hinweg einen älteren Japaner an, der mit zwei Fernsehleuten zusammenstand. Der Mann, größer und hagerer als die meisten Japaner, trug elegant geschnittene Golfkleidung.

Ein zweiter Onizaka-Putt fiel lautlos ins Loch. Wieder wanderten seine Augen zu dem älteren Japaner, als bettle er um Anerkennung.

»Sie wundern sich sicher, warum Ihr Rivale hier ist.« Randall Fisk duckte sich unter dem Absperrungsseil hindurch und schoß neben mir wieder hoch. Sofort stürzten zwei Ordner auf uns zu; doch Fisk zog seinen Presseausweis hervor, als wäre er ein Kruzifix, mit dem sich Vampire abwehren ließen.

»Vage«, antwortete ich, konnte jedoch den schneidenden Ton in meiner Stimme nicht ganz unterdrücken.

»Ganz einfach«, sagte Fisk. »Onizaka fungiert als Ersatzspieler, weil er im Met nach Ihnen den zweiten Platz belegt hat. Die Turnierleitung gestattet ihm zu trainieren, für den Fall, daß Sie sich entschließen, doch nicht zu spielen.«

»Er vergeudet seine Zeit.«

»Das habe ich ihm auch gesagt.«

Ein dritter Ball fiel ins Loch. Onizaka hob eine Faust, als hätte er gerade das Masters gewonnen. Der ältere Japaner schwatzte und lachte mit den Fernsehleuten. Entweder hatte er die Putt-Show, die eigens für ihn veranstaltet wurde, überhaupt nicht bemerkt oder sie demontrativ ignoriert.

»Wer ist der ältere Mann da?« fragte ich.

»Wollen Sie damit sagen, Sie wissen das nicht?« erwiderte er.

Damit hatte sich meine Frage auf der Stelle selbst beantwortet. Die Fernsehleute gingen, und der Japaner schaute flüchtig in unsere Richtung. Sein Gesicht, das narbig war wie ein Kürbis, konnte nur *einem* Mann gehören. Er schritt über das Übungsgrün, nahe vorbei an Onizaka, ohne auch nur die geringste Geste der Anerkennung. Onizaka schaute ihm nach, wie er in der Menge verschwand. Seine Schultern sackten herab. Sein nächster Putt flog am Loch vorbei und hopste auf den Rand.

Fisk grinste mich an. Er wußte, daß ich Hayagawa erkannt hatte.

»Möchten Sie ihm vorgestellt werden?« fragte er.

»Die Runde laß ich aus.«

Der Anblick eines ausgewachsenen Mannes, der schweigend um die Anerkennung eines anderen Mannes buhlte, verstörte mich. Ich beobachtete Onizaka, wie er Putt um Putt spielte – gleich einem Metronom, das verrückt spielte. Er lochte nicht einen Ball ein.

Mein Caddie zog mich am Ärmel. Ich war mit dem Abschlag dran. Ich löschte das Bild Onizakas aus meinem Gedächtnis, ging über dem Ball in Position und schlug einen langen Drive. Als ich mich zum Übungsgrün umdrehte, war Onizaka verschwunden.

Fisk blieb mir das wellige Fairway entlang auf den Fersen und mußte fast laufen, um mit meinen raumgreifenden Schritten mithalten zu können.

»Sie fragen sich sicher, warum ich zu meinem ursprünglichen Artikel über die *Blitzschläger* keine Fortsetzung geschrieben habe!« keuchte er.

189

»Leben Sie eigentlich in der Vorstellung, Gedanken lesen zu können?«

»Sie wissen wahrscheinlich, warum. Ich habe mit Jack Miles gesprochen. Er hat mich zwar nicht davon überzeugen können, daß er nichts von den *Blitzschlägern* weiß; aber ich glaube nicht, daß er in Ihrem Laden eingebrochen hat.«

»Verdammt auch«, erwiderte ich genüßlich. »Und ich war so sicher.«

»Aber Sie bleiben immer noch dabei, daß der Junge sie nicht gestohlen hat?«

»Ja.«

»Wen verdächtigen Sie jetzt?«

Ich blieb abrupt stehen, und Fisk rannte in mich hinein.

»Ich schwöre bei Gott, Randall, daß ich nicht den geringsten Anhaltspunkt habe«, sagte ich und ließ ihn stammelnd auf dem Fairway stehen.

Horden von Zuschauern schwärmten aus den Werbezelten. Ich hatte bei Mini-Events Publikum erlebt, niemals jedoch die Menschenmassen, die den großen Namen hinterherwälzten, wenn die Tour sich einer größeren Stadt näherte. Ich wedgte auf das Grün und spielte mit einem Zweier-Putt Par. Keiner im Publikum nahm davon Notiz. Ganz im Gegenteil; die dicht gedrängten Massen brachen in dem Moment in ein wildes Getrampel aus, in dem der Champ der British Open einlochte.

Dann passierte es. Irgendwo auf dem Weg zum nächsten Tee betrat ich die Zone. Athleten jeder Sportart sprechen mit Ehrfurcht von der Zone – einem Ort, wo Wahrscheinlichkeiten dem Surrealen weichen. Wo Geschick, Glück und Entschlossenheit sich zu einem synergetischen Effekt zusammenballen. Wo das Schnellen eines Baseballs, das Surren eines Footballs, der Wurfbogen eines Basketballs, der Flug eines Drive von göttlicher Hand geführt scheinen. Wo, um es mit einem Wort zu sagen, etwas vom Sportler Besitz ergreift, er zum Besessenen wird.

Ich bemerkte die ersten Anzeichen, als ich meinen Driver nahm, während ich am elften Abschlag wartete. Das gewickelte

Gummi des Griffes schien sich in meine Hand zu schmiegen, fast so, als griffe es zurück. Ich blickte das Fairway hinunter. Es war das schwierigste des Platzes. Das Rough engte die Landezone bis auf einen Korridor von deutlich weniger als 30 Metern ein. Die Zuschauer, die von beiden Seiten herbeiströmten, ließen ihn vermutlich noch schmaler erscheinen. Aber meine Wahrnehmung war in die Zone verschoben. Der schmale Korridor öffnete sich weit wie ein Footballplatz.

Ich stand über dem Ball, wedelte leicht mit dem Schläger, hatte das Loch im Auge. Ich sah vor meinem geistigen Auge, wie der Ball durch die Luft heulte wie durch einen Revolverlauf, seinen Schwung mit einem einzigen hohen Sprung abschüttelte und nach einem Staccato kleiner Hüpfer liegen blieb.

Ich hob den Schläger, verharrte beinahe eine Ewigkeit auf der Höhe des Rückschwungs und ließ los. Der Ball explodierte von der Schlagfläche fort, schoß hoch über das Fairway hinaus, folgte exakt der Bahn und machte die gleichen Sprünge, die ich vor mir gesehen hatte. Ich war ohne Zweifel in der Zone.

Ich hätte es zwar vorgezogen, während des eigentlichen Turniers in die Zone zu taumeln anstatt in dieser dämlichen Übungsrunde; aber man konnte die Zone nicht mit Gewalt erreichen, sie weder herbeibeten, noch wie einen Geist aus der Flasche zaubern. Man bereitet sich mit Tonnen von Schweiß und langen Trainingsstunden darauf vor. Am Ende jedoch gerät man hinein, wenn man es am allerwenigsten erwartet, und verläßt sie auf dieselbe geheimnisvoll Weise wieder, in der man zuvor hineingeraten ist. Alles, was man tun kann, ist am Ball zu bleiben.

Ich hatte die Zone schon mehrfach erreicht, sie allerdings nie in dieser Intensität gespürt. Vielleicht wurde sie von der Echowirkung des Publikums verstärkt. Vielleicht erlaubten sich auch die Golfgötter einen Scherz. Was immer der Grund war – ich blieb bis zum Schluß der Runde in der Zone. Jeder Drive spaltete das Fairway in der Mitte. Jeder Schlag mit dem Eisen brachte den Ball nahe an den Flaggenstock. Jeder Putt landete wie auf Schienen geführt in einem Loch von der Größe eines Gullis. Ich

191

schaffte 30 Punkte auf dem Back Nine; vier Schläge besser als der Champ der British Open und fünf Schläge besser als der Preisgeldzweite. Der Champ war äußerst beeindruckt.

»Und Sie sind nicht auf der Tour, Sportsfreund?« bemerkte er, während wir uns die Hand gaben. »Das ist ein Unding. Ein völliges Unding.«

Getreu dem Zeitplan, den ich festgesetzt hatte, machte ich bis zum Einbruch der Dämmerung auf dem Übungsplatz weiter. Dichte, halbkreisförmige Publikumsmassen drängten sich um die großen Namen; während mein Publikum aus dem Richter und einem kurzsichtigen Teenager bestand, der mich mit Johnny Miller verwechselte. Es war unglaublich; aber auch am Abschlag des Übungsplatzes befand ich mich noch in der Zone. Mein Schwung fühlte sich so leicht an, daß ich kaum wahrnahm, wie die Schlagfläche den Ball berührte. Meine Bälle pfiffen in den grauer und schwerer werdenden Himmel hinaus, wo sie sich verloren und überraschenderweise auf dem Turf wiederfanden.

Einen flüchtigen, schwindeligen Augenblick lang erlaubte ich mir, davon zu träumen, wie ich am Sonntag bei Sonnenuntergang das Fairway mit einem bequemen Punktevorsprung hochschritt und meinen Triumph mit einem kurzen Putt besiegelte.

Inglisi brachte mich um kurz nach zehn nach Hause. Ich sah den verschatteten Wagen in der Einfahrt erst, als ich mit dem Knie gegen seine Stoßstange geknallt war. Adrienne Miles lag hinter dem Steuer; sie hatte ihren Sitz zurückgeklappt wie eine Astronautin. Das Fenster quietschte herunter, und der Sitz schoß wieder hoch.

»Ich habe seit Tagen nichts von Ihnen gehört«, sagte sie.

»Ich wußte gar nicht, daß im Drehbuch für mich vorgesehen ist, Sie anzurufen«, erwiderte ich, ohne auf dem Weg zur Treppe stehenzubleiben.

Die Wagentür öffnete und schloß sich wieder. Absätze klackten auf dem Asphalt der Einfahrt. Finger krallten sich in meinen Arm.

»Ich muß mit Ihnen reden. Es ist wichtig«, bat sie.

»Ist es das nicht immer?«

Adrienne folgte mir die Stufen hoch. Ich überlegte kurz, ob ich ihr nicht die Tür vor der Nase zuschlagen sollte, entschied aber, daß dies nichts beweisen würde außer meiner Fähigkeit, mich wie ein Arschloch zu benehmen. Wir sprachen kein Wort. Sie ließ sich auf einem Küchenhocker nieder, während ich den Kühlschrank nach zwei Flaschen Bier durchwühlte.

Was immer ich über Adrienne dachte – ich konnte mir Schlimmeres vorstellen, als sie bei Licht zu betrachten. Ein rosafarbener Pullunder bedeckte ihren straffen Bauch. Ein Schlitz in ihrem taubenblauen Minirock ließ ein vorwitziges Stück gebräunten Oberschenkels hervorschauen. Ich lehnte mich gegen den Herd und versuchte, meine Augen im Kopf zu behalten.

»Ich bin von jemandem angerufen worden«, erklärte sie. »Von einem Mann. Er fragt nach dem Geld.«

»Welchem Geld?«

»Ich weiß es nicht. Aber es ist exakt das, was er sagt – das Geld –, als ob ich davon wissen müßte.«

»Wann haben die Anrufe angefangen?«

»Heute morgen. Er hat etwa sechs Mal angerufen. Das letzte Mal vor einer Stunde. Ich hatte solche Angst. Ich wußte nicht, was ich tun sollte, da dachte ich …«

»Sind Sie damit zur Polizei gegangen?«

»Zuerst hielt ich es für einen schlechten Scherz. Aber nach dem zweiten Anruf habe ich mich an Detective DiRienzo gewandt. Er war völlig desinteressiert.«

»Warum sollte er auch Interesse haben? Sie haben ihm den Hauptverdächtigen ja bereits auf dem Tablett serviert.«

»Sie glauben wirklich, ich hätte Syl auf dem Gewissen?«

»Sie hätten mir von sich und Jack Miles erzählen können.«

Das hatte sitzen sollen wie eine Ohrfeige; aber Adrienne zuckte nicht mit der Wimper.

»Wie haben Sie das rausgefunden?«

»Ich weiß halt, wen ich fragen muß. Haben Sie wirklich geglaubt, ich würde mich so schnell geschlagen geben?«

»Nein, es war mir klar, daß Sie nicht aufgeben würden. Ich wollte nur nicht diejenige sein, die es ausplaudert.«

Sie nahm einen Schluck Bier, setzte sich auf ihrem Hocker bequemer hin und klemmte die Flasche zwischen ihre Schenkel.

»Wir haben uns sicher nicht geliebt«, sagte sie. »Nicht einmal besonders gemocht haben wir uns. Aber wir beide verabscheuten die Weise, in der Syl über unsere Leben verfügte. Vor allem das hat uns zusammengeschweißt. Wir hatten nicht vor, über einen einzigen Akt privater Rache hinauszugehen; aber Syl lieferte uns immer weiter Munition.

Wir haben uns nicht oft getroffen. Nicht einmal jeden Monat. Ich wußte nie, in welcher Simmung ich ihn antreffen würde. Manchmal war er freundlich, charmant, sogar witzig und geistreich. Dann hatten wir Spaß. Aber zuletzt war er ständig wütend. Wegen Syl, wegen des Geldes, wegen seines verpfuschten Lebens. Er sagte immer, nichts sei so gekommen, wie er es geplant hätte. Die Welt belohnte die Scharlatane, sagte er, Leute wie Syl, während die mit dem wahren Talent nur zu leiden hätten. An dem Abend, an dem Syl starb, habe ich versucht, Schluß zu machen. Aber Jack war wie ein Luftballon, in den man eine Nadel gestochen hatte. Ich konnte zusehen, wie das Leben aus ihm wich. Er brach in Tränen aus. Und als er weinte, sah er genauso aus wie Syl, obwohl ich Syl nie hatte weinen sehen und ihm solche Regungen auch nie zugetraut hätte. Ich konnte ihn einfach nicht im Stich lassen. Er klang so deprimiert, daß man befürchten mußte, er tut sich was an.«

Ihr Redestrom brach ab. Einen ewigen Augenblick lang starrte sie auf den Boden.

»Wir übernachteten in einem Motel in der Nähe seiner Hütte«, fuhr sie fort. »Um Mitternacht ist er dann eingenickt. Ich bin gegangen und nach Hause gefahren. DiRienzo hat Jack verhört. Und auch das Gästebuch des Motels überprüft.«

»Und in der Nacht, in der ich nach Ihnen gefahndet habe?«

»Da habe ich nach Jack gesucht. Ich wollte ihn ohne Umschweife nach diesen *Blitzschlägern* fragen. Ihm dabei direkt in die Augen sehen. Ich dachte, Sie konnte er vielleicht belügen, ohne daß Sie es merken, aber mich konnte er nicht anlügen.«

»Hat er es?«

»Gelogen? Glaube ich nicht. Aber ich habe die Schläger auch als Vorwand genommen, um die Sache zu beenden. Ich wollte frei sein für einen anderen.«

Ich brauchte nicht zu fragen, für wen. Sie hakte ein Bein um mich herum und zog mich näher. Ihr Rock rutschte hoch bis zum Bräunungsrand. Kein Höschen. Ich testete ihren Schenkel mit meiner Hand. Er fühlte sich so fest an, wie er aussah.

»Nicht heute nacht«, sagte ich und befreite mich aus der Umklammerung.

Adrienne jedoch glitt vom Hocker und sank langsam vor mir auf die Knie. Sie leckte sich die Lippen, während sie sich an meinem Gürtel zu schaffen machte. Wir verharrten so lange in dieser Pose, bis die Apartmenttür aufflog.

»Kieran!«

Adrienne flog rückwärts auf den Boden, wo sie spreizbeinig landete. Die Eingangstür wurde zugeknallt. Ich hörte Deirdre die Leiter hinunterstampfen. Ich sprang über Adrienne hinweg und lief nach draußen; aber Deirdre hatte bereits den Vorwärtsgang eingeschaltet, als ich auf dem Treppenabsatz ankam.

Adrienne wischte an mir vorbei und brauste mit quietschenden Reifen in ihrem Mercedes aus der Einfahrt, der im Vergleich zu Deirdres Kiste fast zuückhaltend klang. Meine Vermieter glotzten durch ein je eigenes Fenster. Ich winkte ihnen zu.

Deirdre drückte auf, wartete, bis ich vier Etagen hochgehetzt war und öffnete die Tür auf mein Klopfen hin. Keine meiner Bemühungen allerdings garantierte auch den Zutritt zu ihrem Apartment.

»Du Schwein«, schnaubte sie und trennte mir beinahe den Zeh ab.

Ich klopfte noch einmal. Dieses Mal hielt ich ihr mit Nachdruck den Mund zu und drängte sie nach drinnen, hielt meinen

195

Körper aber so weggedreht, daß sie mir nicht in lebenswichtige Teile treten konte. Ihren Biß hingegen sah ich nicht voraus.

»Autsch! Verdammt!«

»Ich nehme an, du und Adrienne Miles wart gerade dabei, das Rätsel um den Tod ihres Mannes zu knacken. Sei froh, daß es nur den Finger erwischt hat.«

Ich ging in die Küche und hielt die Hand unter kaltes Wasser, während Deirdre im Wohnzimmer herumpolterte. Als ich hereinkam, war sie relativ ruhig. Nur einmal versuchte sie, mich zu ohrfeigen; allerdings nicht schnell genug, als daß ich sie nicht beim Handgelenk hätte packen können.

»Was ist los? Haste einen Neuen, der dich schlecht behandelt?«

»Nein, es ist wegen Pete.« Deirdre trug Trainingshosen, die an den Knien ausgebeult waren und ein T-Shirt, dem an ›Fordham‹ ein paar Buchstaben fehlten. Sie befreite sich aus meinem Griff und warf sich aufs Sofa.

»Was ist mit Pete?« Ich wiederholte die Frage mehrmals, während sie ihr Gesicht ins Polster drückte. Schließlich hob sie den Kopf hoch genug, um zu reden.

»Ich bin heute abend los, um ihn zu besuchen. Bei ihm waren Tom und Brendan Collins. Ich wußte, daß sie etwas Wichtiges besprachen, das konnte ich in ihren Gesichtern lesen. Aber keiner sagte etwas. Tom und Brendan gingen dann; und ich fragte Pete, worüber sie geredet hätten. Er und Collins glaubten, sie könnten mit dem Staatsanwalt einen Deal aushandeln. Beide hatten versucht, Pete dazu zu überreden, auf schuldig zu plädieren, wenn der Staatsanwalt anbiß.«

»Was für einen Deal?«

»Ich weiß es nicht. Pete war so durcheinander, daß er kaum was rauskriegte. Er erwähnte was von Totschlag und was von drei bis fünf Jahren. Der Staatsanwalt hatte Collins gesagt, daß er sich bei einem solchen Fall wegen einer Strafminderung natürlich mit seinen Vorgesetzten besprechen müsse. Wenn die zustimmten, bräuchte er Petes Antwort allerdings sofort. Danach gäbe es keinen Deal mehr. Dann würde er wegen Mordes verurteilt und wegen nichts geringerem.«

»Wie bald ist sofort?«

»Bis zum Ende der Woche. Collins glaubt, daß die Indizienbeweise gegen Pete erdrückend sind. Und du kennst Tom. Er hat sowieso von Anfang an gedacht, daß sie Pete verurteilen. Er mißtraut dem System, weil Miles reich war und wir nicht. Er glaubt, die Sache mit der Strafminderung ist Petes einzige Chance. Pete tut zwar gern cool, aber innerlich ist er noch ein Kind und läßt sich vom Vater einschüchtern.«

Theoretisch machte der Deal Sinn. Der Angeklagte konnte so sichere drei bis fünf gegen mögliche fünfzehn Jahre bis lebenslang tauschen. Keine Überraschungen, keine Unwägbarkeiten hinsichtlich der vielköpfigen Jury, die nun einmal bei uns entschied. Aber wir sprachen eben nicht von irgendeinem Angeklagten; wir sprachen von Pete.

»Du hattest recht, Kieran; und ich hatte unrecht«, sagte Deirdre. »Ich hätte Brendan Collins niemals mit der Verteidigung Petes betrauen dürfen. Ich dachte, ich helfe ihm damit. Aber ich habe nur alles kaputtgemacht.«

Es hatte keinen Sinn, ihr Fehlurteil hämisch zu kommentieren. Selbst ich hatte, als ich sie das erste Mal von Collins abzubringen versuchte, keine Ahnung gehabt, daß er sich mit der definitiven Absicht auf den Fall stürzen würde, Pete zu verkaufen. Und selbst nachdem ich der Unterhaltung zwischen Frank Gabriel und William St. Clare gelauscht hatte, war mir nicht vorstellbar gewesen, daß ein schneller Mordprozeß *so* schnell zu Ende sein würde. Aber ich hätte es besser wissen sollen. 70 Millionen Dollar konnten so manche Mühlen in Bewegung setzen.

»Irgend etwas ist absolut faul«, sagte Deirdre. »Ich werde einfach ausgeschlossen, nach allem, was ich für Pete getan habe. Er kann nicht auf schuldig plädieren, Kieran.«

Sie rutschte so weit zur Seite, daß ich mich setzen konnte.

»Kieran, du mußt etwas machen. Es gibt keinen anderen, dem ich zutraue, daß er Pete wirklich hilft.«

»Ich weiß«, antwortete ich. »Ich arbeite schon eine Weile daran.«

Sie kuschelte sich in meine Armbeuge, schniefend und mit zitternden Schultern. Wir schwiegen; und bald verwandelte sich ihr heftiger Atem in die langen, tiefen Züge einer Schlafenden.

Ich blickte mich im Wohnzimmer um, das mit Relikten unserer Vergangenheit übersät war: das tragbare Fernsehgerät, vor dem wir gesessen hatten; die Stereoanlage, der wir gelauscht hatten; die ungewöhnlich geformten Weidenkörbe, die unsere Küche geziert hatten; der Keramikrahmen, in dem einst ein Foto von uns beiden gesteckt hatte, der nun jedoch einen eher unspektakulären Berg einfaßte.

Ich streckte einen Arm nach dem Lichtschalter aus, ohne sie aufzuwecken. Ein trapezförmiger Lichtfleck von einem Wagen, der unten vorbeifuhr, schoß über die dunkle Zimmerdecke.

Das Leben erinnerte mich an die Aussicht, die man von einem Ballon aus hatte, der still über die Landschaft driftete. Man sah Flickenteppiche von Feldern, kleine Höfe, bewegungsloses Vieh und Highways, die Meile für Meile einsam übers Land krochen. Plötzlich dann stießen sie an einer Kreuzung auf fünf oder sechs Sattelschlepper, die sich an der Kreuzung zusammenballten. Man wunderte sich, wie es möglich war, daß in all der Weite ein solches Chaos entstehen konnte.

Deirdre schmiegte sich an meine Brust; und ich wußte, daß ich eine weitere Karambolage vor mir hatte.

Kapitel 14

Ich verließ Deirdres Apartment früh am nächsten Morgen und fand in meinem Briefkasten einen Zettel von Demo Mike mit I. W. Frippys Adresse: Seniorenheim Shady Acres. Nicht gerade um die Ecke.

Eine Rasur und eine Dusche später trabte ich zu meinem Wagen hinunter. Zuerst Pete, dann Frippy. Dann Trainingsschläge auf dem Polo Field. Aber nur, wenn ich in der Zwischenzeit nicht doch noch durchknallte.

Eine Wache führte Pete in den Besucherraum. Rein physisch hatte sich der Junge seit unserer letzten Begegnung nicht verändert. Aber dennoch schien irgend etwas mit ihm passiert zu sein. Er wirkte wie in sich zusammengesunken; als hätte er die Maske des draufgängerischen Teenies abgeworfen, und als bestünde er nur noch aus einem einzigen, vor Angst pulsierenden Nerv.

»Ich habe von dem Angebot gehört«, sagte ich.

»Collins meinte, er könnte für mich was mit dem Staatsanwalt aushandeln. Ich müßte dem Richter sagen, ich hätte Miles nicht absichtlich umgebracht, dann würde mich der Richter zu drei bis fünf Jahren verurteilen.« Pete starrte auf das Stück Boden zwischen uns. »Collins meint, das wär ein guter Deal. Das meint auch Dad. Wenn der Staatsanwalt mitspielt, dann mach ich das vielleicht.«

»Hast du Miles umgebracht?«

»Nein.«

»Dann ist es ein schlechter Deal.«

»Hey, Mensch, drei Jahre sind ganz schön viel weniger als fünfzehn! Ich bin doch dann erst 20.«

»Und ein Ex-Knacki.«

Pete lächelte schief. »Sie haben mir gesagt, daß Sie versuchen würden, mich davon abzubringen.«

»Wer sind ›sie‹?«

»Collins und Dad, vor allem Collins. Er sagte, Sie wären ein Träumer, der den Kopf in den Wolken trägt und ihn über Gut und Böse zerbricht, aber nie begreift, was wirklich passiert.«

»Das hat er gesagt?«

»Ja. Er sagte, Sie hätten kein Recht, mir zu sagen, ich soll in den Prozeß gehen. Weil ich derjenige wäre, den sie verknacken, und nicht Sie. Und Dad meinte, Sie und Tante Dee wären mal zusammen gewesen. Collins meinte, es wäre Ihnen egal, was mit mir passiert, solange Sie vor Dee gut dastehen.«

»Dieser Hund«, fauchte ich. »Glaubst du etwa irgendwas von dem Mist?«

Pete schaute weg.

»Pete, hörst du mir überhaupt zu?«

Er wandte sich mir wieder zu; seine Augen flackerten vor Wut.

»Verdammte Scheiße, Kieran! Ich habe Ihnen immer zugehört. Sie haben mir Golf beigebracht. Sie haben mir beigebracht, Schläger zu reparieren. Sie haben mir viele Sachen beigebracht. Aber auf wen soll ich denn jetzt hören? Collins sagt mir nur immer, wie tief ich in der Scheiße stecke. Und Daddy sagt mir, ich soll das mit der Strafminderung machen. Tante Dee sagt was anderes; aber sie hat ja schließlich Collins ausgesucht. Sie sagen mir, ich soll nicht auf den Deal eingehen. Ich kann mich an diesen beschissenen Abend überhaupt nicht mehr erinnern! Jeder erzählt mir nen anderen Scheiß; dabei steht doch mein Kopf auf dem Spiel! Auf wen soll ich denn jetzt hören?«

»Das ist deine Entscheidung«, erwiderte ich. »Aber behalt im Hinterkopf, daß von all den Leuten, die du genannt hast, ich der einzige bin, der gar nicht hier zu sein bräuchte.«

»Oh doch. Tante Dee sagte, Sie würden nicht davonlaufen.«

»Hörst du mir denn jetzt zu oder nicht?«

Pete zuckte mit den Schultern. Das reichte fürs erste.

»Wann sollst du Collins denn sagen, daß du auf Strafminderung plädierst?«

»Weiß nicht. Bald.«

»Laß es noch ein Weilchen sein.«

»Kieran, wenn ich mir das jetzt versaue …«

»Nur ein Weilchen, Pete. Ich habe Nachforschungen betrieben. Frank Gabriel will den MCC einer japanischen Firma verkaufen. Miles hat mit seiner Stimme den Deal blockiert. Ich glaube nicht, daß Gabriel sich an dem Abend den Golfwagen ausgeliehen hat, um ein paar kaputte Rasensprenger zu überprüfen. Ich glaube, daß er auf dem Golfplatz Miles getroffen hat.«

»Dr. Gabriel war's?« Eine Welle der Erregung erschütterte Petes knochigen Körper, legte sich aber wieder. »Aber wer glaubt schon mir und nicht ihm?«

»Du redest wie dein Vater.«

»Ach ja? Vielleicht ist Dad ja gar nicht so bescheuert.«

»Tony LaSalle sucht die Hafeneinfahrt nach einem Golfschläger ab. Wenn er ihn findet, wird die Polizei den Fall in einem ganz anderen Licht sehen. Ich verlang ja nicht von dir, lange zu warten. 24 oder 48 Stunden, allerhöchstens. Wenn sich nichts tut …«

»Mach ich es.«

»Das ist dann deine Entscheidung. Ich werde nicht versuchen, sie dir auszureden.«

Das Seniorenheim Shady Acres thronte auf einem Hügel, der fast ohne Baumbewuchs war. Die Ulmen, deren Wipfel einst die Turmspitzen des viktorianischen Anwesens überragt hatten, waren abgestorben; und die jungen Buchen, die als Ersatz gepflanzt worden waren, warfen in der Vormittagssonne spärliche Schatten.

Eine Krankenschwester hinter dem Empfangstisch taxierte mich mit schweren Lidern. Die Stimme eines TV-Gameshowmasters drang dünn über den Flur. Ammoniakgeruch stieg mir in die Nasenhöhlen.

»In welcher Beziehung stehen Sie zum Patienten?« fragte die Schwester.

»Ich bin ein Freund.«

»Wenn Sie mit Mr. Frippy befreundet sind – warum haben Sie ihn dann bisher nie besucht?«

»Ich meinte ›Freund‹ im Gegensatz zu ›Verwandter‹. Um es genau zu sagen: Wir waren einmal Geschäftspartner. Wir hatten ein gemeinsames Anwaltsbüro.«

»Verstehe. Aber mehr als fünf Minuten gestatte ich Ihnen nicht. Keine Sekunde länger.« Sie drückte auf einen Knopf an ihrer Armbanduhr. »Wenn mein Alarm losgeht, bevor Sie am Empfangstisch vorbeikommen, lasse ich Sie von den Pflegern rausholen.«

Sie meinte, was sie sagte. Ich folgte ihren Anweisungen zu einem winzigen Raum, in dem eine Krankenpflegerin mit einem Mop über den Boden wirbelte.

»Mr. Frippy?« fragte ich.

Die Pflegerin schüttelte den Kopf und nickte in Richtug Bett. Wären da nicht die dunklen Augen gewesen, die mich aus einer Vertiefung im Kissen heraus anstarrten, hätte ich das Bett für leer gehalten. Die Pflegerin fummelte an den Jalousien herum; und plötzlich hereinflutendes Licht ließ seine ausgemergelte Gestalt deutlich hervortreten. Seine Nase verlief seitwärts zu einem spitzen Punkt auf dem Kinn. Ein zahnloser Kiefer zerrte seine ausgedörrten Lippen in die Form eines winzigen ›o‹, das bei jedem Atemzug pfiff. Büschel von weißem Haar bildeten auf dem Kissenbezug eine Corona. Eine klauenartige Hand glitt zu einer Tastatur, die mit Klettband an der Matratze befestigt war. Ein Motor summte auf, und das Bett hob ihn in Sitzposition.

»Reden Sie nur mit ihm, er braucht das«, sagte die Pflegerin und wies auf einen Rolltisch mit einer Computertastatur anstelle eines Essenstabletts darauf. Ich schob ihn über Frippys Bauch und wartete darauf, daß etwas passierte.

»Das kann er nicht selbst«, sagte die Pflegerin. »Sie müssen ihm schon helfen.«

Ich nahm Frippys rechte Hand beim Handgelenk. Die Haut war trocken wie altes Zeitungspapier. Seine Knochen waren

202

leicht wie Vogelknochen. Zwei Finger zuckten über die Tasten. Nonsenswörter erschienen auf dem Monitor über der Kopflehne des Bettes.

»Sie haben Ihn völlig verwirrt«, sagte die Pflegerin. »Legen Sie seinen Zeigefinger auf den Buchstaben A. So ist es richtig. Jetzt tippen Sie ihm auf den Unterarm.«

Frippy machte den Bildschirm frei und wartete dann mit einem Finger über den Tasten.

»Sagen Sie ihm, wer Sie sind. Sprechen Sie laut. Er hört so schlecht wie er sieht. Ich bin überrascht, daß die Schwester Sie überhaupt raufgelassen hat. Dieser andere Kerl hat ihn schwer verärgert.«

»Welcher andere Kerl?«

»Geht Sie nichts an. Sie haben fünf Minuten, machen Sie lieber das Beste draus. Sie wollen doch sicher nicht von den Pflegern rausgeschmissen werden. Tschüß, Mr. Frippy.«

Ich brachte mich über Frippys linkem Ohr in Position. Mit lauter Stimme stellte ich mich vor und fügte hinzu, daß ich aus Milton käme.

Seine Finger bewegten sich wohlüberlegt und drückten eine Taste nach der anderen. *ich vermisse milton* erschien auf dem Schirm.

»Eine wunderbare Stadt«, sekundierte ich. »Hat sich viel verändert in letzter Zeit. Die ziehen an Stellen Häuser hoch, wo es die Leute nie für möglich gehalten hatten. Sie wären erstaunt.«

glaube ich gern

Wir redeten; das heißt, ich sprach und er antwortete per Computer. Er tippte langsam und fehlerlos, als ob sein ganzes Dasein sich über die dünne Nervenverbindung zwischen dem Gehirn und der rechten Hand definierte. Nie schrieb er ein Wort groß oder setzte einen Punkt an ein Satzende. Aber die Maschine erwies sich als taugliches Kommunikationsmittel für jemanden, der in ein schlaganfallgeschädigtes Gehirn eingesperrt war. Ich erwähnte einige bekannte Bürger der Stadt Milton – Anwälte, Lokalpolitiker, Sportstars – und er stellte gierig Fragen, die sich bei

203

den jeweiligen Namen anboten. Ein Lebensfunke schien in seinen Augen auf. Sein Mund ebnete sich zur Imitation eines Lächelns.

Ich garnierte meine Geschichtchen mit den Namen Sylvester Miles, William St. Clare und Frank Gabriel. Keiner rief auch nur die leiseste Reaktion hervor. Mir blieben noch drei Minuten. Ich kam zum Grund meines Besuchs.

»Sie sind der Vollstrecker und Treuhänder von Josiah Parks Testament«, begann ich.

Seine Finger erstarrten. Sein pfeifender Atem ging schneller.

gehn sie las ich auf dem Bildschirm. Jeder Buchstabe war mit Nachdruck getippt.

»Sie hatten gewisse Auflagen, was das Grundstück anging. Sie haben sie nicht erfüllt.«

gehn sie

»Ich bin nicht hier, um alte Geheimnisse auszugraben. Aber ein Mann ist ermordet worden.«

Nach einer langen Pause erschien *wer ermordet*.

»Sylvester Miles. Eine japanische Firma machte das Angebot, den Miltoner Golfclub zu kaufen. Miles hat den Verkauf blokkiert, wahrscheinlich weil er auf das Problem gestoßen ist.«

was ich gestern schon gesagt habe

»Was haben Sie gestern gesagt?«

habe es ihnen bereits einmal gesagt

»Ich war noch nie hier, Mr. Frippy. Wem haben Sie das gesagt?«

gehn sie habe nichts sonst heim hat alles

»Was haben Gabriel und St Clare mit Ihnen gemacht?«

nichts kenne sie nicht gehn sie

»Sie haben Sie gezwungen zu kooperieren, nicht wahr?«

bitte

»Wie haben sie das fertiggebracht?«

Frippy hob seine Hand vom Kissen. Seine Lippen bebten. Seine Augen schienen in der Dämmerung seiner Welt nach mir zu suchen. Die Tasten klickten langsam.

savage

(Ein Wilder? Was sollte das?)

Der Cursor irrlichterte über den Schirm, als seine Finger über der Leertaste kollabierten.

Seine Augen schlossen sich. Luft pfiff über seine trockenen Lippen. Ich nahm seine Hand von der Tastatur und legte sie auf die Decke. Eine dicke Träne lief langsam an einer Falte in seiner Wange herab.

Ich fand die Pflegerin beim Kissenbeziehen in einem Raum weiter hinten im Flur.

»Frippy sagte, er habe gestern schon Besuch gehabt.«

»Das glaube ich nicht. Diese Leute kriegen selten welchen, die meisten gar keinen. Die Tage dehnen sich ewig. Die verblöden dabei. Unser Mr. Frippy denkt oft, ich wär der Doktor.«

»Aber er hatte in letzter Zeit Besuch. Sie erwähnten es selbst.«

»Stimmt, hab ich gesagt. Vor ein- oder zwei Wochen.«

»Der Kerl, der ihn so verärgert hat?«

»Genau. Ich habe den Namen nicht mitbekommen, und ich glaube auch nicht, daß jemand anders ihn mitbekommen hat. Wir führen über Besucher nicht Buch.«

»Wie hat er ausgesehen?«

»War ein älterer Mann. Ich meine, älter als Sie. Silbernes Haar, Adlernase.«

Ich nannte ihr den Tag vor dem Mord an Sylvester Miles. Den Tag, an dem Miles laut Roger Twomby Milton verlassen hatte, um die potentiell peinliche Angelegenheit auszukundschaften.

»Könnte der Tag gewesen sein«, sagte die Pflegerin. »Sie haben lange geredet. Die Schwester hat die Pfleger gerufen, um den Mann rauszuschmeißen. Mr. Frippy hat sich fürchterlich aufgeregt. Brauchte Tage, um wieder auf die Reihe zu kommen. Aber wenn er klare Momente hat, kann er verdammt gut mit den Tasten umgehen. Verdammt gut.«

Das Publikum liebte Westchesters siebtes Loch, die Spielbahn machte dort einen scharfen Knick um eine dichte Baumgruppe herum. Von kleinen überdachten Zuschauertribünen aus, die dort aufgestellt waren, konnte man die hochfliegenden Abschläge sehen, die festen Schläge stückweiser Annäherung spüren und das Aufstöhnen über Putts hören, die wacklig über das Drei-Ebenen-Grün rutschten.

Das Pro-Am-Publikum schwoll zu einer Zahl an, die alles hinter sich ließ, was sich normalerweise bei den Übungsrunden einfand. Dennoch war die Atmosphäre entspannt und festlich, besonders im Vergleich zu den Zuckungen und Ekstasen, die morgen zu erwarten waren. Ich erspähte Richter Inglisi über das Fairway hinweg. Er saß in der Mitte der Tribünen, mit Windjacke, Handtuch und einem Schirm, den er strategisch positioniert hatte, so daß ihm niemand zu nahe auf die Pelle rücken konnte. Die Gruppe, die das siebte Loch spielte, schloß einen Fernsehkomödianten ein, der seinen Partnern in die Golftaschen wedgte. Während die anderen das Loch abhakten, grimassierte er in die Menge. Die Tribünen leerten sich, und ich ging auf Inglisi zu.

»Ich versteh nicht, was man davon haben soll, diesen Clows zuzugucken«, sagte er. »Die Pros eingeschlossen.«

»Wir müssen reden.«

»Kann es kaum erwarten.«

Ein Abschlagsball von der nächsten Spielergruppe schlug vor uns auf. Der nächste Publikumsschub strömte an den Seilen entlang. Neue Fußpaare füllten die Tribünen.

»Nicht hier«, sagte ich.

Der Richter seufzte. Wir kletterten von der Tribüne und folgten einem Pfad, der den Abhang hinunter ins Brachland führte, das durch Weidenbäume abgeschirmt wurde. Ich legte meinen Fall komprimiert und selbstgewiß dar: die Treffen zwischen Gabriel und St. Clare; die Skizze, die ich nach der Übertragungsurkunde angefertigt hatte; Sylvester Miles' Besuch bei Frippy. Als ich von meinem eigentlichen Gespräch mit Frippy berichten wollte, feuerte der Richter regelrechte Salven von Fragen auf mich ab. Nicht aus Verärgerung oder Skepsis heraus, sondern aus genuinem Interesse.

»Hat er das S in ›savage‹ groß geschrieben?«

»Er schreibt nichts groß. Tippt blind mit einer Hand.«

»Dann hätte er es vielleicht, wenn er könnte.«

Ich zuckte mit den Schultern.

»Käme hin.« Der Richter brach einen Weidenzweig ab und pflückte ein Blatt nach dem anderen ab; entweder dachte er nach oder wartete ab, ob mir etwas dämmerte.

»Savage sagt Ihnen nichts?«

»Ich kenne niemanden, der so heißt.«

»Vor zwanzig, dreißig Jahren, als es noch andere Scheidungsgesetze gab, war Savage der Detektiv der Wahl bei allen Winkeladvokaten. Er benutzte alle möglichen Kameras und Linsen und elektrische Ausrüstung, um den Job zu erledigen. Klingt heute nach Daniel Düsentrieb, aber er war der erste. Was die CIA nicht finden konnte, das trieb er auf. Er ist nicht mehr in der Gegend; ist eines Nachts verschwunden, als er einer Frau auf der Spur war.«

Der Richter hörte auf, den Weidenzweig kahlzupflücken und warf ihn ins Gras. »Wenn Sie das in Milton jemandem erzählen, dann geht die ganze Stadt hoch.«

»Ich weiß. Ich will das vermeiden.«

»Und das ist nur eines der denkbaren Szenarien, Freund. Sie stolpern über das falsche Paar Füße – das Ergebnis ist ein gebrochnener Arm. Keine besonders gute Idee am Vorabend des Classic.«

»Die Füße von Gabriel und St. Clare?«

»Dr. Lichtblitz und der unterbelichtete St. Clare sind nicht so weit gekommen, wie sie es sind, indem sie sich wie perfekte Gentlemen benommen haben. Keiner kommt auf die Weise so weit. Und vergessen Sie nicht, daß einer Miles umbringen mußte.«

»Keine Sorge.«

»Wie kommt es bloß, daß ich jedesmal, wenn Sie diese beiden Wörtchen äußern, automatisch zu Beruhigungsmitteln greife?«

Ich verabschiedete mich von Inglisi und lief gegen den Strom der Spieler und Zuschauer an, bis ich mich allein oben auf dem fünften Tee wiederfand. Weit unten marschierte die letzte Gruppe von Pro-Ams den Knick herum außer Sichtweite. Ein Platzwart zog den Flaggenstock aus dem vierten Grün und warf ihn auf seinen Traktor.

Ich streckte mich auf einer Bank aus. Der Golfplatz lag still bis auf das Tschirpen der Vögel und den gelegentlichen Applaus von jenseits der bewaldeten Hügel. Ein Wartungshäuschen in nebliger Ferne wirkte eher wie gemalt als real.

Ich wußte nicht, wie weit die Verschwörung ging. Gabriel, St. Clare und Collins waren mit Sicherheit dabei. Adrienne und Jack Miles vielleicht. DiRienzo möglicherweise. Wer sonst noch? Welche anderen Füße lauerten noch unter Miltons feiner Tischdecke darauf, mir in den Hintern zu treten? Die von Miko Onizaka? Den hatte ich eigentlich anders verplant.

Der Plan kam mühsam zustande. Ich fühlte mich wie ein Golfer, dessen Ball ausgesprochen ungünstig zu liegen gekommen war, mit Zweigen darüber und Brombeerstauden darunter; nur ein Stückchen vom Fairway war sichtbar, und es gab keine Möglichkeit, auf das Grün zu schlagen. Ich erwog und verwarf eine ganze Golftasche voller Ideen, während die Schatten um mich herum länger wurden. Schließlich hatte ich es: etwas, womit sich Miltons Gesicht wahren ließ, Pete rauszuholen war, und das dennoch meine Teilnahme an der PGA-Tour nicht gefährdete.

Kapitel 15

Im Gästeschlafzimmer meines Apartments war mein Teil des Inglisi & Lenahan-Archivs untergebracht. Pappkartons stapelten sich vom Boden bis zur Decke. Ein Geflecht enger Schneisen sorgte dafür, daß Ausgrabungen in den Ablagerungen meines ersten Lebens jederzeit möglich waren.

Ich wühlte mich durch die Stapel, bis ich auf einen Karton stieß, auf dem ein Schild mit der Aufschrift ›Formulare‹ klebte. In den Tiefen dieser Mappe fand ich schließlich leere Vorladungsformulare. Die meisten waren zerknickt, mit Tinte bekleckst oder schlicht dreckig; aber es gelang mir, noch genügend viele ordentliche herauszufischen, um damit auszukommen.

Demo Mikes Tür war verschlossen, und auch die Türschelle rief keine Reaktion hervor. Ich lief hinaus in die Einfahrt. Eine Handvoll Kieselsteine zauberte ihn an ein Fenster der oberen Etage. Er warf einen Schlüssel hinunter, und ich schloß auf.

Demos Zimmer war eine Kreuzung aus einer Bibliothek und dem Kontrollturm am Kennedy Airport. Er hockte an einer Computerkonsole; über den Bildschirm flackerte die grelle Graphik eines Videospiels, in dem ein Monster, das an die zehn Stockwerke hoch war, eine kleine Stadt terrorisierte.

»Schreibmaschine«, sagte ich.

Demo zeigte auf einen zugemüllten Schreibtisch, ohne den Blick auch nur einmal von dem Spiel abzuwenden. Ich schob einen Stapel Computermagazine zur Seite, spannte das erste Vorladungsformular ein und tippte drauf los. Demos Spiel endete mit einer überraschenden Abfolge von Obszönitäten. Er rollte auf seinem Stuhl neben mich.

»Das ist eine gefälschte Vorladung«, sagte er, als ich das erste Blatt herauszog.

Ich ignorierte ihn und nahm Numero zwei in Angriff.

»Die auch«, murmelte er.

Ich tippte die dritte.

»Ach, kommen Sie. Wen wollen Sie eigentlich verarschen? Das weiß doch selbst ich, daß das Fälschungen sind.«

»Demo, halt jetzt mal die Klappe, dann lernst du vielleicht was. Die Vorladungen gehören nicht zu einem echten Prozeß. Ich verlasse mich rein auf ihre Neugier und ihre Schuldgefühle, um diese Leute ins Gericht zu bringen.«

»Das ist Amtsanmaßung!«

»Richtig. Aber wenn ich damit fertig bin, wird kein Hahn mehr danach krähen.«

Ich tippte die letzten drei, las den ganzen Rutsch noch einmal auf Tippfehler durch und gab ihn Demo.

»Stell sie zu«, sagte ich.

»Gleich?«

»Sofern du nicht mit Godzilla verabredet bist.«

»Wieviel ist Ihnen das wert?«

Lernte schnell, dieser Demo. Noch eine Woche zuvor hätte er die Vorladungen aus schierem Spaß zugestellt. Jetzt stritten wir uns zehn Minuten lang, bis wir ein Honorar ausgehandelt hatten, das auf ein bißchen weniger als das hinauslief, was ein Straßenraub einbrachte.

Die Vorladungen gingen alle an Adressen im Stadtgebiet – bis auf eine, zu der ich Demo eine detaillierte Wegbeschreibung aufschrieb und ihn bat, diese zum Schluß zuzustellen.

»Hat einer von den Leuten wirklich Sylvester Miles umgebracht?« fragte er.

»Höchstwahrscheinlich waren es zwei von denen. Ich bin nur nicht sicher, welche beiden.«

Demo fuhr zu seinen verabredeten Runden los. Ich fuhr nach Hause und huschte in die Dunkelheit des Hinterhofes, um auf meinem Trainingsbarren Schultern, Rücken und Hüften zu trainieren. Über das Classic grübelte ich nicht nach. Der bloße Gedanke an die Abschlagzeit – weniger als zwölf Stunden vor mir – löste einen gewaltigen Schwall Magensäure aus. Statt dessen extrapolierte ich die Ereignisfolge, die ich gerade in Gang gesetzt hatte. Der Plan war einfach: Schmeiß alle zusammen wie Skorpione in einen Korb und beobachte, wie die Stacheln herumschnellen. Günstigstes Szenario: ein Geständnis. Ungünstigstes: Nun ja, selbst wenn der Deckel vom Korb flog, konnten die Polizei und die Staatsanwaltschaft nicht ignorieren, welche Informationen ich gesammelt hatte. Vielleicht würden sie die Anklage gegen Pete nicht fallenlassen; zu viele Indizien wiesen darauf hin, daß er am Tatort war oder sogar mit dem Verbrechen zu tun hatte. Dennoch würden sie sicher ein neues Ermittlungsverfahren eröffnen; und Pete kam vermutlich auf Kaution frei.

Um zehn etwa ging ich ins Bett. Weiter konnte man nicht vorausdenken; und meine Gedanken strebten wieder und wieder zum Classic. Vergiß die Zone. Ich konnte nicht aufhören, mich selbst an den ersten Abschlag zu projizieren: das Gemurmel im Publikum zu hören, die taxierenden Blicke meiner Spielpartner zu spüren (zwei Golfer der zweiten Reihe, die in jedem Golfhaushalt bekannt waren) und einen Schläger zu halten, der sich plötzlich weich anfühlte wie eine gekochte Nudel. Aber zumindest rutschte mir nicht auch noch die Hose runter.

Ich mußte eingeschlafen sein, denn das Schrillen des Telefons weckte mich kurz vor Mitternacht. Zunächst dachte ich, das Schweigen am anderen Ende sei ein Scherz, vielleicht Adrienne Miles' illusionärer Anrufer. Dann verwandelte sich ein rauhes Flüstern in die angespannte Stimme von Demo Mike.

»Er ist tot, Kieran. Dieser letzte Typ. Jack Miles.«

Ich schoß aus dem Bett hoch.

»Was?«

»Hab ich doch gesagt.«

»Wo zum Teufel bist du?«

»In einer Tankstelle. Münztelefon. Kann nicht reden. Is voller Leute.«

»Okay. Ganz ruhig. Antworte nur mit Ja oder Nein. Du hast ihn in der Hütte gefunden.«

»Ja.«

»Schon tot?«

»Ja.«

211

»Gewaltsam?«

»Mmm.«

»Erschossen?«

»Nein.«

»Messer?«

»Nein.«

»Erschlagen?«

»Sieht so aus.«

»Schon jemandem davon berichtet?«

»Nur Ihnen.«

»Hat dich jemand an der Hütte gesehen?«

»Weiß nicht. Bin so schnell raus, wie ich konnte.«

Ich sagte Demo, er solle zu einem Schnellrestaurant fahren, das meiner Erinnerung nach gut fünfzehn Kilometer von der Hütte entfernt lag. Es würde erheblich weniger auffallen, wenn er dort auf mich wartete, als wenn er in einer Tankstelle herumlungerte.

Ich raste in einer glatten halben Stunde zu dem Restaurant. Demo war völlig durch den Wind. Vermutlich war auch er nahezu in Lichtgeschwindigkeit zu unserem Treffpunkt gebrettert. Er hockte in einer Nische mit einer unangerührten Tasse Kaffee neben dem Ellenbogen, während seine Finger mit zerknüllten Kaugummipapierchen spielten.

»Wir sollten die Cops rufen«, sagte er.

»Noch nicht. Ich will es mir erst selbst ansehen.«

»Ich komm nicht mit dahin zurück. Die Cops haben ihre Methoden, Sachen rauszufinden. Ich kann drauf verzichten, noch mehr Fingerabdrücke und Fußspuren an so einem Tatort zu hinterlassen. Ich werde Ihnen erzählen, was ich gesehen habe.«

»Ich übernehme das Steuer. Erzähl es mir während der Fahrt.«

Demo war zu verstört, um allein nach Milton zurückzufahren, und zu neugierig, um allein im Restaurant auf mich zu warten. Als wir erst einmal losgefahren waren, erzählte er mir, wie er alle Miltoner Vorladungen in drei Stunden verteilt hatte und dann beschlossen hatte, zu Jack Miles zu fahren. Vom Highway aus er-

212

spähte er die erleuchteten Fenster der Hütte, parkte seinen Wagen und ging den ungepflasterten Weg zu Fuß. (»Glauben Sie, daß ich Fußspuren hinterlassen habe?«). Die Tür war angelehnt. Er rief ›Hallo‹, aber niemand antwortete. Das einzige Geräusch, das er von drinnen hören konnte, was das Tröpfeln eines Wasserhahns. Er wollte die Tür aufmachen, aber sie ließ sich nur ein paar Zentimeter weit öffnen. Als er seinen Kopf durch den Spalt steckte, sah er, warum: Ein Toter lag ausgestreckt auf dem Boden. (»Er sah aus, als würde er Cha-Cha-Cha tanzen«). Demo rannte wie um sein Leben – und stoppte an der Tankstelle, um mich anzurufen.

»Glauben Sie, irgendwer weiß, daß ich was gesehen habe?« fragte er.

»Ein UFO vielleicht«, versicherte ich ihm.

Bis auf ein Auto, das offensichtlich von einem Betrunkenen gelenkt wurde, war der Highway verlassen. Gut. Trotz meiner Draufgängerei wollte ich nicht, daß uns jemand in der Nähe der Hütte sah. Ich versteckte den Wagen auf halber Strecke der ungepflasterten Straße.

»Ich geh nicht mit«, sagte Demo und ließ sich auch mit Engelszungen nicht dazu überreden.

Ich huschte durch die Schatten. Die Grillen hörten auf zu zirpen. Der Wind wich aus den Bäumen. Auch mein vorsichtigster Schritt klang wie ein Paukenschlag. Mein Herz pochte. Langsam tauchte die Hütte vor mir auf, erleuchtet wie eine Kürbislaterne, deren schmaler Mund zu einem lautlosen Schrei erstarrt war.

Ich schaffte es kaum, mich durch den Türspalt zu zwängen.

Demo Mike's Beschreibung war äußerst zutreffend gewesen. Richtete man Jack Miles im Geiste auf, so tanzte er Cha-Cha-Cha. Ein Knie war gebeugt und zog damit einen Fuß leicht höher als den anderen. Seine Arme waren seitwärts ausgestreckt und die Hände zu losen Fäusten geschlossen, als schnalze er mit den Fingern. Sein Kopf erinnerte an eine überreife Tomate, die man aus einem Fenster im ersten Stock geworfen hatte. Ein Blutstrom war über den Boden gequollen, war in die tiefen Furchen zwi-

schen den Holzplanken gesickert und hatte dann einen Schlüssel-
bund verschlungen. Es war getrocknet und verfärbte sich langsam bräunlich. Und der Gestank. Ich war kein Coroner; aber der
Mann mußte mindestens seit zwei Tagen tot sein.

Die Hütte selbst war geplündert worden. Schubladen heraus-
gezogen, Schränke durchwühlt, Kisten umgeworfen. Die ursprünglich sauber aufgeschichteten Manuskripte und Magazine
waren auf dem Boden verstreut. Einige Seiten waren zerrissen,
andere zu Schneebällen zerknüllt. Die Computertastatur baumelte an einem Stück Kabel herab. Selbst die Tafel war in mehrere Stücke zerbrochen.

Jack Miles mußte jemanden in der Hütte überrascht haben.
Einbrecher? Das war die offensichtliche Schlußfolgerung. Aber
daß zwei Brüder auf ähnliche Weise gewaltsam ums Leben gekommen waren, konnte kein Zufall sein. Und der breiige Zustand
von Jacks Kopf zeugte eher von Wut als von Angst.

Ich kroch unter den Schreibtisch. Sylvester Miles' Vermächtnis an seinen Bruder lag ausgebreitet unter einer zerbrochenen
Schublade; die vier Gummis, die vier saubere Stapel zusammen-
gehalten hatten, waren zur Hölle geflitscht. Ich sammelte die
Briefe auf, stopfte sie in eine Papiertüte und steckte die genauso
unter den Arm, wie Jack es an dem Nachmittag getan hatte, als
das Testament verlesen wurde.

Demo und ich fuhren schweigend zum Restaurant zurück. Er
fragte nicht nach dem Päckchen; vermutlich, um sich die letzte
Möglichkeit offenzuhalten, dieses Abenteuer ableugnen zu können.

Um kurz nach zwei kam ich zu Hause an. Meine Startzeit für
das Classic war 7:56, keine sechs Stunden später. Die Fledermäuse und Schmetterlinge in meinem Magen waren ausgeflo-
gen. Wenn sie doch noch da waren, dann spürte ich sie nicht.
Eine lange Lesenacht lag vor mir.

Als ich die Stufen erreichte, hörte ich ein Rauschen wie von
den Schwingen eines Riesenvogels über meiner Schulter. In-
stinktiv hob ich die Arme. Der Himmel explodierte. Siedende

214

Hitze fuhr mir in den Nacken. Dann nichts mehr. Ich lag quer über einem Pferd, wie Tote in alten Western. Hände und Füße baumelten herab. Weit unten in der samtenen Nachtschwärze zersplitterte Glas und klapperten Blechdosen. Die Hitze hatte sich zu einem warmen Pulsieren abgekühlt.

Ich erwachte auf einem Bett von Zeitungspapier. Ein Arm war auf den Rücken gedreht. Eine ekelerregende rosafarbene Sonne balancierte auf einem Holzzaun. Eine Krähe pickte an einer Zitronenschale herum, die an einem meiner Schuhe hing. Bald würde ich zum Abschlag der ersten Runde gehen. Nach einem bißchen mehr Ruhe. Einem bißchen mehr Ruhe ...

Kapitel 16

Plötzlich purzelte alles an seinen Ort wie die bunten Steinchen in einem Kaleidoskop. Grüne Farbe, die von einer Mülltonne abblätterte. Das gesplitterte Holz eines Zaunes. Ausgepreßte Zitronen. Sonnenlicht, das sich in gebrochenem Glas spiegelte.

Ich sortierte vorsichtig meine Gliedmaßen – sitzend, kniend und schließlich stehend. Getrocknetes Blut streifte beide Arme und verkrustete meine Handflächen. In meinem Kopf hämmerte es, mein Hals brannte, und mein Rücken fühlte sich durchpiekst an wie eine Zielscheibe für Wurfpfeile.

Ich erspähte die vertrauten Dachvorsprünge am Haus meiner Vermieter, die verstohlen durch die Bäume guckten. Mein oder meine Angreifer hatten mich kaum einen halben Block von zu Hause abgeladen. Ich humpelte eine enge Gasse hinunter, nahm die Abkürzung über einen Hinterhof und zwängte mich an einem Zaunpfahl vorbei in meine Einfahrt. Die Bewegung lockerte die steifen Glieder, nahm aber nichts vom Schmerz.

Die Briefe waren quer über den Highway verstreut. Benommen, wie ich war, war ich dennoch nicht überrascht. Ich sammelte sie auf und trottete die Stufen hoch. Mein Apartment war in Ordnung, es gab keine Anzeichen, daß jemand drinnen gewesen war. Auch das überraschte mich nicht.

Ich stand unter dem warmen Duschstrahl und knetete behutsam die Muskeln meines Rückens, meines Halses, der Schultern und Arme. Das kastanienbraune Hemd und die eierschalfarbenen Hosen, die ich für die erste Runde ausgewählt hatte, hingen am Türknauf eines Schranks. Das Hemd paßte hervorragend zu den Blutergüssen auf meiner Stirn und an meinem Unterkiefer.

Ich schaffte es, in weniger als zehn Minuten zum Westchester Country Club zu fahren. Der Wachtposten am Teilnehmerparkplatz blockierte mir den Weg, bis ich ihm meinen Turnierbutton unter die Nase hielt. Ich ließ die Briefe im Wagen liegen und stolperte vom Parkplatz zu den Umkleiden. Alles bewegte sich blitzschnell. Zuschauer und Angestellte wirbelten an mir vorbei. Elektrische Golfwagen schwankten durch Haarnadelkurven. Die Stimmen in der Umkleide piepsten wie Küken im Nest. Ich ließ mich auf einer Bank vor meiner Kabine nieder. Aus dem Nebel heraus schoß Richter Inglisi auf mich zu.

»Was zum Teufel ist passiert?«

Ich beugte mich vor, um mir die Schuhe auszuziehen.

»Kieran …«

»Das ist nicht Ihr Problem.«

»Sie sehen aus, als hätten Sie in einem Zementmixer genächtigt.«

»Mülltonne«, berichtigte ich.»Und ich war außerhalb davon.«

»Ich hatte Sie ja gewarnt«, brummte der Richter.»Ich sagte doch, daß Sie mit dem Feuer spielen, was den Fall Miles angeht.«

»Gratulieren Sie sich nicht zu früh.« Ich zog einen Fuß aus dem Sneaker und schob ihn behutsam in den Golfschuh. »*Die* Würfel waren gefallen, bevor wir gestern geredet haben.«

»Was soll das denn heißen?«

»Vergessen Sie's. Es ist vorbei. Aber ich bin hier. Ich werde tun, was ich tun muß.«

»Sie wollen spielen?«

»Ich hab mich nicht hergequält, um zuzuschauen.«

»Sie können doch keine 18 Löcher laufen, geschweige denn Golf spielen!«

Ich manövrierte den anderen Fuß in den Golfschuh. Stechender Schmerz durchzuckte mein Bein.

»Gehn Sie rüber zur Turnierleitung. Sagen Sie ihnen, daß ich hier bin. Und daß ich bereit bin zu spielen.«

Der Richter zog beleidigt ab; vermutlich mehr deshalb, weil ich ihn herumkommandierte als wegen dem offensichtlichen Irrsinn meiner Absicht. Ich versuchte, meine Golfschuhe zuzuschnüren; aber die Schnürsenkel glitten mir immer wieder aus den Fingern. Vergiß es, sagte ich mir. Meine Füße waren so geschwollen, daß ich einen Hufschmied brauchen würde, um die

217

Schuhe wieder von den Füßen zu bekommen. Ich holte meinen Caddie ab und ging – oder eher: watschelte – zu meinem ersten Abschlag. Der feuchte Morgen klebte an mir wie lauwarmes Badewasser.

Einige Dutzend Zuschauer lümmelten sich auf den Tribünen. Ein Mann im blauen Blazer der Offiziellen kündigte das Trio an, das vor mir dran war. Applaus wanderte durch die Reihen. Ich zog ein Eisen aus meiner Tasche und schlurfte zu einer grasbewachsenen Stelle neben dem Abschlag, um mich aufzuwärmen.

»Sie wollen das wirklich durchziehen?« fragte der Richter.

»Ja«, antwortete ich und hob den Schläger in der Karikatur eines Schwunges über meine Schulter. Meine Hände verloren alle Kraft, und der Schläger fiel zu Boden.

»Sie sind ja völlig übergeschnappt. Sie gehören in ein gottverdammtes Krankenhaus!«

Ich hob den Schläger auf und wartete, bis mein Kopf wieder klar war. Mein zweiter Schlag war ein kleinerer Erfolg; zumindest ließ ich den Schläger nicht erneut fallen. Wiederholte Bewegung schmierte meine Gelenke; und beim zehnten Schwung fühlten sich meine Muskeln locker genug an, um den Ball irgendwo in die Nähe des Grüns zu befördern.

Das Trio schlug ab. Meine beiden Spielpartner und ihre Caddies kamen aus dem Clubhaus; der Ruf, der ihnen vorauseilte, ließ die Menge auf den Tribünen anschwellen. Ich winkte Inglisi munter zu und duckte mich unter dem Absperrungsseil durch. Der Mann im Blazer kündigte unsere Startzeit an.

Die anderen beiden schwangen den Schläger; jeder Ball landete bequem auf dem Grün. Normalerweise hätte ich ein Fünfereisen benutzt; statt dessen nahm ich meinen schmerzenden Gelenken zuliebe ein Dreiereisen. Der Offizielle kündigte mich als amtierenden Met-PGA-Champ an. Ein halbes Dutzend Leute klatschte. Der Rest wunderte sich offen über meine Blutergüsse.

Ich stand benommen über dem Ball und mußte zusehen, wie er sich in zwei geisterhafte Bilder teilte, um sich dann in einen vielfach eingedellten Augapfel zu verwandeln. Niemals konnte ich 18 Löcher spielen. Keine Chance. Aber darum ging es auch nicht. Nicht mehr.

Ich hob den Schläger und zwang meinen Körper, sich abwechselnd anzuspannen und wieder zu entspannen. Es fühlte sich an, als schlüge man mit der flachen Hand gegen Walzblech. Ich klammerte mich an den Griff und spürte, wie der Drall des Durchschwunges meinen Kopf auf das Grün zu schleudern schien. Der Ball schwang sich zum grauen Himmel auf, stürzte zur Erde hinunter wie ein getroffener Vogel, traf den Flaggenstock und blieb 30 cm vom Loch liegen.

Die Menge schrie, johlte und klatschte Beifall. Ich wartete, bis der Lärm sich gelegt hatte.

»Ich trete zurück«, verkündete ich und humpelte auf das Club haus zu.

Die Tour-Offiziellen waren perplex, aber zu höflich, um Fragen zu stellen. Nach minimalem Papierkram ließ ich mich auf die Bank vor meiner Kabine plumpsen. Einige Pros starrten argwöhnisch aus verschiedenen Winkeln der Umkleide.

Ich tauschte meine Schuhe gegen die unendlich bequemeren Sneakers aus und brach zu meinem unendlich schmerzvollen Marsch zum Parkplatz auf. Der Champ der British Open war mit dem Abschlag dran; und der Publikumsschwall richtete mich auf wie einen steifen Wintersturm. Der Richter war es, der mich rettete.

»Was zum Teufel soll das Ganze?« brummte er und baute sich vor mir auf wie ein Windbrecher. »Warum nur einen Schlag? Damit Sie behaupten können, Sie hätten auf der Tour gespielt?«

»Ich habe letzte Nacht Jack Miles ermordet aufgefunden«, erwiderte ich. Ich wollte ihm nichts von den Vorladungen verraten; also ließ ich das mit Demo aus und stürzte mich direkt auf das Szenario in der Hütte.

»Jesses Maria«, sagte Inglisi.

»Ich bin angefallen worden, als ich in die Einfahrt bog.«

»Dieselben Leute?«

»Wenn ja – warum bin ich dann noch am Leben? Schaun Sie, ich glaube, daß alles stimmt, was ich Ihnen gestern gesagt habe. Ich glaube nur nicht, daß es auch alle Fragen beantwortet.«

Wir kamen zu meinem Wagen. Ich öffnete die Tür und wies auf die Briefe, die verstreut auf dem Beifahrersitz lagen.

»Was ist denn das für Zeug?« fragte der Richter.

»Das sind Briefe, die verschiedene Kriegskameraden nach dem Krieg an Sylvester Miles geschrieben haben, und drei von Syl an Jack. Syl hat sie Jack in seinem Testament vermacht. Kein besonders gelungener Scherz zwischen zwei Brüdern.«

Der Richter schnappte sich einen Brief und deutete auf Corny O'Mearas Absender.

»Der alte Corny war einer von Syls Kriegskameraden«, erläuterte ich. »Deirdre hat mir das an dem Tag erzählt, an dem Pete verhaftet wurde.«

»Dieser kleine Wichser? Warum zum Henker haben Sie die mitgenommen?«

»Ich glaube, daß sie uns einiges zu erzählen haben.«

Ich sortierte die Briefe je nach Verfasser: die drei von Syl an Jack; größere Stapel von Corny O'Meara, Marcel Velge und Hank Press.

»Irgendwas fehlt«, sagte ich. »Als ich die Briefe zum ersten Mal in Händen hielt, waren es vier Leute, die an Syl geschrieben hatten.«

»Vielleicht haben Sie die ja in dem ganzen Chaos liegenlassen.«

»Nein. Ich bin ganz sicher, daß ich alle mitgenommen habe. Da war noch ein weiterer Stapel. Aber Scheiße, ich erinnere mich einfach nicht an den Namen des vierten Mannes.«

Corny O'Meara war tot; Marcel Velge in Belgien, was mir in etwa ebenso viel nützte. Blieb also Hank Press.

»Lust zu fliegen?« fragte ich.

»Aber immer. Wohin?«

»East Orange, New Jersey.«

Mit einer Privatmaschine zu fliegen sei nicht annähernd so einfach, wie mal eben in den Wagen zu springen, erklärte der Richter, während ich in in der Pilotenlounge des Westchester County Airport Kaffee schlürfte. Es mußte aufgetankt werden; Wartungschecks waren fällig; der Flugplan mußte schriftlich eingereicht werden; ganz zu schweigen von der Wartezeit, die man abzuwarten hatte, bis man an einem Flughafen, an dem pausenlos Firmenjets starteten, endlich an der Reihe war.

Ich schlug die Zeit tot, indem ich die Briefe genau studierte. Manchmal humpelte ich die Lounge auf und ab, damit sich meine Muskeln nicht verhärteten.

Im selben Augenblick, in dem wir in die Cessna kletterten, warf der Richter seine offizielle Maske ab und wurde ganz zum Piloten. Jede Bewegung war von einem gewissen Pathos erfüllt. Seine Augen blinzelten hinter einer Fliegerbrille hervor. Seine Wurstfinger betätigten grundsätzlich zwei oder drei Hebel gleichzeitig. Seine Stimme nahm einen schleppenden Südstaatenakzent an, in dem er mit dem Controller kommunizierte. Sehr professionell, sehr vernünftig. Dennoch machte ich mir in die Hosen, wenn ich daran dachte, daß ich mit einem Mann flog, der schon seinen Ferrari mit manisch entrücktem Gesichtsausdruck hochpeitschte. Ich nahm meine Fingerknöchel nicht vom Sitz, bevor die Cessna über dem Hudson kurvte und das gut viereinhalb Kilometer lange ›S‹ der Tappan Zee Bridge ins Blickfeld rückte.

Meine Ohren knackten, und ich nahm mir den letzten Briefstapel vor.

Weder Marcel Velge noch Hank Press hatten meine neue Theorie gestützt, daß der Mord an Sylvester Miles auf das Nachkriegsdeutschland zurückging. Für Corny O'Mearas Briefe galt definitiv das gleiche. Natürlich war da noch der vierte Korrespondent. Der Mann, an dessen Namen ich mich nicht erinnern konnte.

In Cornys letztem Brief, der den Poststempel Juli 1946 trug, und der an Sylvester in Apalachicola, Florida adressiert war, stand; »Hey, Kumpel, komm mit deiner Braut nach Milton, dem herrlichsten Flecken Erde, den der Herrgott erschaffen hat.«

Ich zeigte den Brief Inglisi.

»Wetten, daß Syl es bereut, dem Rat gefolgt zu sein?«

Teterboro war der East Orange nächstgelegene Flughafen; aber ein vorherrschender Südwestwind ließ ihn mitten in der Einflugschneise der Flieger liegen, die in Newark landen wollten. Der Richter entschied sich für ein schnuckeliges Rollfeld namens Hanover mitten in etwas, das sich anheimelnd Hartfield-Sumpf nannte. Die kleine Nissenhütte, die als Tower diente, war mit einem Telefon ausgestattet; und auch unser Taxi kam ohne allzu große Verspätung. Die Schwester an der Rezeption nahm wohl an, ich sei ein Patient, der Ausgang gehabt hatte. Der Richter unkte, daß sich vermutlich erheblich gravierendere Schäden unter den Blutergüssen verbargen, insbesondere im Bereich der grauen Zellen. Die Schwester war sichtlich amüsiert über die schlagfertige Erwiderung und gestaltete den bürokratischen Teil entsprechend kurz und bat uns, in einem kleinen Warteraum Platz zu nehmen, der in verschiedenen Gelbtönen gehalten war. Nach ein paar Minuten schob ein Pfleger Hank Press in den Raum. Trotz der Sommerhitze trug Press einen Frottee-Bademantel, Pyjamahosen aus Flanell und zerbeulte Latschen. Eine Wucherung, so groß wie meine Faust, wölbte sich unter einem Schal, der um seinen Hals geknotet war.

Ich stellte Inglisi und mich als Freunde von Sylvester Miles vor. Ob er Zeit hätte, sich ein wenig über den alten Kriegskameraden zu unterhalten?

Press hob eine zittrige, faltige Hand zu der Stelle, wo einmal seine Luftröhre gewesen war.

»Wirke ich etwa sonderlich beschäftigt?« krächzte er.

Inglisi und ich lachten nachsichtig. Dann erzählte ich ihm von dem Mord.

»So eine Schande«, sagte Press. »Ein Kerl überlebt schwere Schußverletzungen und wird dann auf einem Golfplatz umgebracht. Haben sie den Mörder?«

»Die Polizei glaubt, daß es O'Mearas Enkel war«, antwortete ich.

»Das ist doch nicht Ihr Ernst!«

»Ich wünschte, dem wäre so.«

»Das haut ja dem Faß den Boden aus!« sagte Press. »Sie müssen wissen, daß Corny der Grund dafür gewesen ist, daß Syl in diese kleine Stadt zog.«

»Ich weiß«, erwiderte ich. »Der Richter und ich glauben auch nicht, daß der Junge Syl auf dem Gewissen hat. Ich glaube eher, daß ihn etwas eingeholt hat, das im Krieg passiert ist.«

Press kniff die Augen zusammen. »Zum Beispiel?«

Ich erzählte ihm von den *Blitzschlägern*, Sylvester Miles' Testament und dem Einbruch in meinem Laden.

»*Blitzschläger*, hm?« Press grinste über seinen Schal hinweg. »Hurensohn.«

»Wie?« brummte Inglisi.

»Lassen Sie den Mann reden«, beschwichtigte ich.

»Ich war mit Miles zusammen ein knappes Jahr in Nürnberg stationiert«, begann Press. »Er wurde nach der Kapitulation von der kämpfenden Truppe in unsere Einheit verlegt. Wir kannten seine Geschichte. Die Verwundungen; die Minenwerferstellung bei Anzio. Keiner von uns war direkt an der Front gewesen; wir stellten ihn uns als ne Art verrückten Cowboy vor. Aber das war er nicht. Hinkte schwer und ging am Stock, wenn keiner hinguckte. Hätte längst nach Hause gekonnt, aber er wollte bleiben. Keiner von unserem Haufen hat so leise gesprochen wie er.«

Press ließ die Hand in seinen Schoß fallen. Er holte ein paarmal hastig Luft, bevor er weitersprach.

»Eines Tages kam Miles zu mir und sagte, er bräuchte einen Jeep. Ich hatte Verbindungen zur Fahrbereitschaft des Batallions; es war also für mich ein Klacks, einen Jeep zu organisieren. Miles konnte nicht fahren. Mit dem schlimmen Bein konnte der nicht aufs Kupplungspedal treten. Also habe ich ihn gefahren. Wir fuhren raus aufs Land; er sagte nicht viel und blinzelte nur in

223

den Wind. Ich dachte, er hätte ein *fraulein* da draußen. Vielleicht
ja auch eins für mich, hoffte ich.

Wir fuhren in ein kleines Dorf mitten in der Pampa. Die Leute
starrten uns an, als kämen wir vom Mars. Verfolgten uns durch
die Straßen, bis wir zu einer Anlage kamen, die aussah wie eine
kleine Fabrik, die man in die Seite eines Hügels gebaut hatte. Sie
fingen an, uns was zuzurufen; aber Miles zog seine Luger, und
schon waren sie still.

Er schoß das Schloß auf, und wir gingen rein. Stellte sich raus,
daß die Werkstatt so etwas wie eine Eisenwarenfabrik war, aber
nicht ganz.«

»Eine Schmiede?« fragte ich.

»Ja, genau. Das war es. Außer daß sie ziemlich leergeräumt
war, als ob der Besitzer wegen dem Krieg nicht an genug Roh-
material gekommen wäre. Aber an einer Wand lehnten alle diese
Metallrohre wie Gewehrläufe. Miles begann sie einzusammeln.
Als ich genauer hinsah, bemerkte ich, daß die Gewehrläufe lu-
stige kleine Köpfe hatten, wie Golfschläger. Ich fragte Miles,
wozu er das Zeug bräuchte. Er antwortete, er würde diese Schläger zu den berühmtesten der Welt machen. Er wickelte sie in
Sackleinen, wir packten sie hinten in den Jeep und fuhren nach
Nürnberg zurück.«

Press unterbrach sich, um Luft zu holen.

»Ich weiß nicht, was aus den Schlägern geworden ist. Normalerweise mußte man, wenn man was nach Hause schicken wollte,
den zuständigen Sergeant fragen. Wenn es viel Zeugs war, mußte
man schon ein paar Leute schmieren. Ich kann nicht sagen, ob
Miles das je gemacht hat. Das letzte Mal, als ich die Schläger
sah, zeigte er sie dem belgischen Dolmetscher, den wir bei uns
hatten. Die Schläger habe ich nie wiedergesehen.«

»War das Marcel Velge?« fragte ich.

»Woher wissen Sie seinen Namen?«

»Syl hat all die Briefe aufbewahrt, die Ihr Jungs ihm geschrieben habt. Briefe von Ihnen, Corny, Marcel Velge.«

»Dann wohl auch die von Eddie Z.«

Ich warf dem Richter einen Blick zu und nickte. Eddie. Das war der Name auf den verschwundenen Briefen gewesen.«

»Syl hat die Briefe alle aufbewahrt«, sagte Press. Er lächelte, offenbar gerührt davon, daß Miles die alten Tage so hochgehalten hatte. »Syl hat sie Ihnen gezeigt?«

»Nicht direkt«, erwiderte ich. »Er hat sie seinem Bruder vermacht. Da habe ich sie gesehen.«

»Dem Bruder, wie?«

»Kennen Sie ihn?«

»Er hat mich ein- oder zweimal angerufen. Sprach von einer großartigen Idee, die er hätte; wollte wohl ein Buch über den Krieg schreiben. Ob er mich interviewen könnte. Ich sagte, Mensch, was wollnse denn nen alten Soldaten wie mich interviewen. Ich hab nie ein Gefecht gesehen, nur Bahngleise.

Aber er meinte, er wäre an allem interessiert, was Syls Kameraden in der Armee gemacht hätten. Er sprach auch mit Eddie Z.; aber Eddie sagte, er würde sich nur für Geld interviewen lassen. Ich dagegen wollte kein Geld. Mensch, ich red doch mit jedem gratis! Aber ich glaube nicht, daß Jack Miles mit seiner Idee jemals Ernst gemacht hat. Und ich habe auch danach nichts mehr von ihm gehört.«

»Wann haben Sie zuletzt mit ihm gesprochen?«

»Vor über einem Jahr.«

»Hat er Eddie je interviewt?«

»Nicht daß ich wüßte. Eddie saß genau da, wo Sie jetzt sitzen – das ist keine zwei, drei Monate her. Kam den ganzen Weg von Pittsburgh her. Hatte ihn viele, viele Jahre nicht gesehen. Hatte sich völlig auf das Geld eingeschossen. Mit irgend so einer bekloppten Idee, daß Miles das Geld vielleicht rausgeholt hat – und wir eben nicht.«

»Welches Geld?« fragte der Richter. »Ich dachte, wir sprechen von Golfschlägern.«

»Das war doch nur Kleinkram«, erwiderte Press. »Interessiert mich auch nicht, was die wert sind.

»Welches Geld?« fragte ich.

»Unsere Schweizer Bankkonten.«

Der Richter und ich warfen uns Blicke zu. Press zog in dem Versuch, an seiner Zunge vorbei Luft einzusaugen, unwillkürlich eine Grimasse.

»Ich habe Ihnen ja gesagt, daß wir in Nürnberg am Transportzentrum des Bezirks stationiert waren. Nürnberg hatte zu der Zeit den größten Güterbahnhof Europas. Eine Stadt für sich. Viele Quadratkilometer Land; kilometerlange Schienen; jede Menge Rangier- und Abstellgleise, die zu alten Lagerhäusern führten.

Unsere Kompanie wußte, wofür die Waggons bestimmt waren, bevor sie ankamen. Das war ja unser Job. Wir legten sie auf die richtigen Schienen und prüften die Fracht, um zu gucken, was drin war, luden sie aus und schickten die leeren Waggons wieder zurück. Die Bahnhöfe waren so riesig, daß man bequem welche auf Nebengleisen verschwinden lassen konnte.

Wir waren zu fünft – ich, Miles, O'Meara, Eddie Z., der richtig Eddie Zelinsky hieß, und Marcel Velge. Wir hatten – mit anderen Worten – einen Buchhalter, einen Koordinator, zwei Frachtprüfer und einen Mann, der fast jede Sprache sprach, die wir brauchten. Miles war derjenige, der die Idee hatte. Wir leiteten einen Waggon in ein verlassenes Lagerhaus um, entluden ihn nachts mit einigen Deutschen, die Velge angeheuert hatte, und verkauften die Güter selbst. Zigaretten gingen am besten, und davon wieder die Old Golds. Man bekam fünf Dollar die Packung dafür, der Gegenwert von etwa 250 *deutschmarks*. Aber wir haben auch mit anderem gehandelt. Manchmal mit Zucker. Dann wieder mit Schnaps, mit richtigem Schnaps, der nur für Offiziere bestimmt war. Wir haben ein Vermögen gemacht, wir fünf. Aber wir bekamen das Geld nicht aus Deutschland raus.«

»Das wäre ja wohl auch zu lächerlich einfach gewesen«, sagte Inglisi.

»Sie kennen sich nicht mit dem Armeesold aus!« Press schnappte nach mehr Luft. »Die Army besoldet einen in der Währung des Landes, in dem man Dienst tut. *Pounds* in England, *francs* in Frankreich, *lira* in Italien, *marks* in Deutschland. Nach dem Krieg wußten die von der Army, daß die meisten Jungs trübe Geschäfte laufen hatten. Sie drückten ein Auge zu, solange das Geld im Land blieb. Um Geld nach Hause schicken zu können, brauchte man eine International Money Order. Um so eine kaufen zu können, mußte man sein Soldbuch vorzeigen. Dann durfte man Geld im Wert von einem doppelten Monatssold nach Hause schicken. So ist bestimmt keiner reich geworden.

Wir verdienten das Zehnfache unseres Monatssolds am Tag. Da kamen Miles und Velge auf die Idee mit den Schweizer Bankkonten. Der Schweizer *franc*, müssen Sie wissen, war damals die stabilste Währung Europas. Deshalb war es am günstigsten, das Geld in der Schweiz zu deponieren. Das Problem war es, das Geld da wieder rauszuholen; denn die von der Army kannten den Trick. Velge glaubte trotzdem, er würde einen Weg finden. Er verstand was von Geldgeschäften. Er hatte vor dem Krieg im Kongo mit Diamanten gehandelt; und er war Buchhalter. Also deponierten wir das Geld auf diesen Konten. Velge fand jedoch nie einen Weg, an das Geld ranzukommen, also haben wir es da gelassen. War uns egal. Damals schien das Geld nur so auf der Straße zu liegen, und es sah aus, als gäbe es immer mehr davon. Außerdem waren wir es leid, so lange fern der Heimat zu sein. Es war uns wichtiger, endlich wieder nach Hause zu kommen.

Eddie Z. hat mich vor zwei oder drei Monaten besucht. Er war sozusagen auf der Durchreise zu Miles. Den wollte er aufsuchen, weil er von der hirnrissigen Vorstellung nicht loskam, Miles hätte unser Geld aus der Schweiz rausgeholt und lebte jetzt davon in Saus und Braus. Ich sagte ihm, daß ich Miles zuletzt in den Fünfzigern gesehen hatte, nachdem seine Frau gestorben war. Sie hatte ihm ordentlich was hinterlassen. Aber Eddie sagte, von wegen, das wär unser Geld, von dem er lebt. Fragte mich, ob ich mitkommen wollte. Wir sollten O'Meara noch mitnehmen und Miles dazu bringen, daß er zugibt, uns übers Ohr gehauen zu haben. Ich sagte: ›Eddie, Corny ist seit Jahren tot. Und wen kümmert das Scheißgeld schon? Damals, das war doch nicht mehr als ein Riesenjux.‹ Aber er wollte nichts über Corny hören. Ritt immer weiter auf dem Geld herum. Ich fragte ihn, was in aller Welt wir denn bitte mit dem Geld noch anfangen sollten – wir alten Männer. Aber er kam von dem Thema nicht los. Das Geld gehörte ihm, selbst wenn er es erst einen Tag, bevor er starb, bekam. Und wenn ich nicht mitkommen wollte, dann ginge er eben allein.«

»Warum glaubte Eddie, Miles hätte euch Jungs hereingelegt?« fragte ich.

»Eddie hatte Pech im Leben«, sagte Press. »Er verlor seinen Job bei der großen Krise in der Stahlindustrie und hat nie wieder richtig Arbeit gefunden. Seine Frau starb, die Kinder zogen weit weg. Wahrscheinlich hatte er sich in den Kopf gesetzt, daß ihm das Geld helfen könnte. Er beauftragte einen Anwalt in Pittsburgh, nachzuforschen, was mit den Konten passiert war. Wir anderen hatten immer Angst vor diesem Schritt gehabt, weil wir fürchteten, die Army würde uns immer noch über die Schulter gucken. Der Anwalt brauchte acht oder neun Monate, um eine Antwort zu bekommen. Wahrscheinlich hat der sich Zeit gelassen, weil Eddie nicht viel Geld hatte, um ihn zu bezahlen. Es stellte sich heraus, daß sein Konto vor langer Zeit, vor 1950, aufgelöst worden war. Meines ebenfalls. Eddie zeigte mir das Anwaltsschreiben. Wollte mich noch immer zum Mitkommen überreden; aber ich sagte ihm nur, für mich wäre das nicht so interessant. Ich bin weit davon entfernt, das Geld noch haben zu wollen. Und außerdem muß ich sagen, daß nichts in dem Schreiben stand, das eindeutig bewiesen hätte, daß Miles die Konten abgeräumt hat. War zwar schon komisch, daß das Geld weg war; aber ich glaubte noch immer, Eddie hätte ne fixe Idee. Aber er hat Miles ja auch nie besonders gemocht.«

»Warum nicht?«

»Wegen Velge. Es gefiel ihm nicht, daß ein Ausländer bei der Sache mitmischte. Besonders deshalb, weil Miles ihm eine solche Machtposition gab. Corny und ich haben ihm immer gesagt, er hätte sie nicht alle. Miles war immer absolut ehrlich zu uns; und auch Marcel war total in Ordnung. Wir brauchten seine Sprachen, damit die Sache fluppte. Eddie ist mit seinen Verdächtigungen nie zu Rande gekommen.«

»Wann genau war Eddie hier?«

»Ostersonntag. Es gab gebackenen Schinken an dem Tag. Deshalb erinnere ich mich so genau.«

»Wie sieht Eddie aus?«

»Hat das meiste Haar verloren. Hat ein paar rote Striemen auf dem Kopf. Ich dachte, das wär Hautkrebs. Aber er sagte, es wären nur Striemen. Er ist dürr. Nicht sehr groß. Mit O-Beinen. Sieht mit ein bißchen Phantasie wie ein Schimpanse aus. Enorm drahtig. Einer aus unserer Kompanie fing an, ihn Eddie Affe zu nennen. Eddie hat ihn mit bloßen Händen zusammengeschlagen. Von da an haben wir ihn Eddie Z genannt.«

Kapitel 17

Eine Serie von Böen hielt uns zwei Stunden in Hanover fest. Der Richter schäumte, ich schlief. Sobald wir in der Luft waren, erörterten wir, was Hank Press uns erzählt hatte. Wir waren uns einig, daß alle Wege zu Eddie Z. führten, aber der Richter äußerte starke Zweifel, daß ich ihn je finden würde.

»Denken Sie, er hängt hier rum, bis man ihn erwischt«? fragte er.

»Er ist hierher gekommen, um nach Geld zu suchen, das man ihm seit fünfzig Jahren schuldet. So schnell wird er seine Zelte hier nicht abbrechen.«

Der Himmel war völlig dunkel, als ich in meine Auffahrt einbog. Mein Wohnzimmerfenster war erleuchtet. Deirdre saß mit untergeschlagenen Beinen auf dem Sofa. Sie trug eins meiner Golfhemden und nicht viel mehr. Just wie in alten Zeiten.

»Wo zum Teufel warst du?« begrüßte sie mich.

Es war wirklich wie in alten Zeiten. Ich trat ins Licht.

»Mein Gott, Kieran, was ist passiert?« Sie sprang vom Sofa auf und begann, meine Wunden professionell zu untersuchen. »Nach meinem Dienst bin ich zum Turnier gefahren. Hmmm, diese hier sehen nicht so übel aus. Niemand wußte was von dir, also habe ich den Richter angerufen. Auch ihn konnte ich nicht auftreiben. Hier sollte man was drauftun. Dann hab ich die Zeitung gelesen und wußte wenigstens, daß du nicht gespielt hast.«

Ich schob ihre Hand von meiner Stirn. »Was macht Pete?«

Deirdre blickte besorgt. »Die alte Geschichte. Er sagt, daß du mit ihm über den Deal gesprochen hast. Collins und Tom haben ihn weiter wegen der Antwort unter Druck gesetzt. Er hat sie hingehalten, für den Augenblick wenigstens.«

Ich führte Deirdre zum Sofa, setzte sie neben mich und lehnte mich vornüber, so daß sie die Verhärtungen in meinem Rücken massieren konnte. Zwei Bierflaschen standen auf dem Couchtisch, glänzend vor Kälteperlen, aber leer. Feuchte Kreise zeichneten sich auf der Abendausgabe der örtlichen Zeitung ab.

»Gibt es noch leerbare?« fragte ich.

Deirdre glitt vom Sofa. Ich grabschte nach der Zeitung und warf dabei die leeren Flaschen ungeschickt um; sie fielen auf den Teppich. Unter den Lokalnachrichten stand nichts vom Mord an Jack Miles. Tage mochten noch hingehen, bis ihn jemand vermißte. Ich schlug den Sportteil auf und stieß sofort auf Randall Fisks Kolumne mit dem Titel »Klassische Momente«.

»Lokalmatador Kieran Lenahan beglückte einen kleinen Zuschauerkreis mit einer der seltsamsten Szenen des Classic, ja, irgend eines anderen der großen Turniere auf der Tour. Er sah aus, als habe er die Nacht in einer Schnapsbudike verbracht, wankte zum Abschlag und schlug schlapp in Richtung Grün. Der Ball begab sich auf die Reise und kam 60 cm vor dem Loch zur Ruhe. Nachdem er sich im Applaus gesonnt hatte, hob Lenahan die Arme und erklärte seinen Rückzug vom Turnier mit der Begründung, Golf sei ein zu leichtes Spiel.«

Deirdre kam mit zwei frischen Flaschen zurück. Abwechselnd zwischen kleinen Schlucken und dem Kühlen meiner Wunden mit dem eiskalten Glas zeichnete ich die vagen Umrisse meiner Theorie bezüglich des MCC-Verkaufs. Keine Namen, keine Daten, kaum Einzelheiten. Wenn Deirdre auch nur Witterung von einem weiteren Verdächtigen bekäme, würde sie zum Staatsanwalt oder zu DiRienzo rennen und Petes Entlassung fordern. Das wollte ich nicht, zumindest nicht jetzt. Von der Ermordung Jack Miles' lieferte ich eine sehr ausführliche Version. Grausige Details hatten Deirdre noch nie gejuckt. Sie streichelte zart eine meiner Wunden.

»Das sollte dich vom weiteren Rumschnüffeln abhalten«, sagte sie.

»Das meint der Richter auch. Ich bin mir da nicht so sicher.«

»Warum erzählst du das nicht alles einfach DiRienzo?«

231

»Es ist noch nicht der richtige Zeitpunkt.«

»Das ist doch völliger Quatsch, Kieran. Soviel Zeit hast du gar nicht mehr. Du hast mir längst nicht alles erzählt.«

Es war sinnlos, das Offenkundige abzustreiten. Dafür kannte mich Deirdre zu gut. »Ich muß verdammt genau wissen, was ich tue, wenn ich meinen nächsten Zug mache.«

»So laß ich mich nicht abspeisen, Kieran.«

»Hier in dieser Stadt gehen ganz andere Dinge vor als bloß Mord. Es ist besser, wenn nur ich davon weiß.«

Ich stürzte mich auf Hank Press' Geschichte, teils um sie von ihrem Ärger abzulenken, teils, weil ich Antworten brauchte. Sie knurrte jedesmal, wenn ich Cornys Namen erwähnte, und meine Einschätzung der Schwarzmarktgewinne entlockte ihr ein spöttisches Lachen.

»Was weißt du von der militärischen Laufbahn deines Vaters?«

»Daß sie Scheiße war, wie alles, was er in seinem Leben getan hat.«

»Und jetzt mal ohne Gehässigkeit, o. k.?«

»Wirklich nicht viel. Tom ist da besser.«

Das Haus der O'Mearas war dunkel. Nur in einem Dachfenster brannte eine nackte Glühbirne, und in der ausgebauten Veranda schimmerte das bläuliche Licht des Fernsehapparates. Tom war in seinem Lehnsessel eingeschlafen, während auf dem Bildschirm der großflockige Schnee einer leeren Videokassette wirbelte. Ich lehnte mich an die Wand. Meine Beine hatten sich während des Flugs von Jersey verkrampft, und der kurze Weg von meiner Wohnung hierher hatte sie nicht gelockert. Ich sah, daß Toms Stock an der Armlehne des Sessels hing, und überlegte, wie ich wohl mit chronischen Schmerzen umgehen würde.

Deirdre rief sanft den Namen ihres Bruders. Tom schnarchte benommen, dann erwachte er plötzlich und packte seinen Stock wie einen Baseballschläger.

»Pete«, brüllte er.

»Wir sind's, Tom«, sagte Deirdre. »Kieran und ich.«

»Was ist los? Ich werde nicht gern erschreckt. Du weißt, daß ich nicht gern erschreckt werde.«

»Tut mir leid, Tom. Kieran wollte dich etwas fragen.«

Tom knurrte etwas und hielt die Fernbedienung in Richtung Fernseher. Auf der Veranda wurde es dunkel. Seine Silhouette drehte sich langsam in meine Richtung, bis seine Augen den Lichtstreif einer Straßenlaterne sahen, der durchs Fenster fiel.

»Es geht um deinen Vater«, sagte ich ganz langsam, während mein Hirn sich abmühte, schonungsvolle Formulierungen zu finden. »Und um einen alten Kriegskameraden von ihm, Eddie Zelinsky oder Eddie Z.«

»Und?« sagte Tom nur.

»Kennst du ihn?«

»Ich weiß einiges über ihn«, sagte Tom. »Er und Vater waren nach dem Krieg zusammen in Nürnberg. Ja, Dad hat Eddie oft erwähnt. Sie waren zu viert, Eddie, Sylvester Miles, mein Vater und noch einer.«

»Hank Press?«

»Genau der. Sie waren dicke Freunde. Woher kennst du Eddie?«

»Press hat mir von ihm erzählt. Und Press habe ich durch Miles' Bruder gefunden.«

»Und warum gibst du dich mit den Jungs ab?«

»Sieht ganz so aus, als hätte Eddie Z ein Motiv für den Mord an Miles.«

Der Lehnsessel knarrte, als Tom sich aufrichtete. Er hielt den Stock jetzt senkrecht und klopfte mit dem Gummi an seinem Ende auf die Armlehne.

»Ich höre«, sagte er.

»Press hat mir von Schwarzmarktgeschäften erzählt, die Miles mit deinem Vater und drei anderen in der Transportkompanie gemacht hat, als sie in Nürnberg auf dem Güterbahnhof stationiert waren. Ganz schön gerissen, wirklich. Es gab nur einen kleinen Schönheitsfehler: Die Devisenkontrolle der Armee verhinderte, daß das Geld nach Hause geschickt werden konnte. Deshalb

233

überredeten Miles und ein Belgier namens Velge die Männer, Konten in der Schweiz zu eröffnen, wo sie das Geld parken konnten, bis jemand einen Weg fände, wie man es nach Hause brächte. Aber einen solchenWeg hat keiner gefunden, und so ließen die Männer das Geld einfach stehen, weil sie Angst hatten, beim Abheben aufzufliegen.«

Toms Kopf blieb regungslos, während sein Stock rhythmisch klopfte.

»Vor etwa drei Monaten«, fuhr ich fort, »zu Ostern, besuchte Eddie Hank in einem Veteranenhospital in Jersey. Er hatte dem Konto schließlich doch nachgeforscht und herausgefunden, daß es schon seit Jahren geschlossen war. Er war überzeugt, daß Miles es geplündert hat.«

»Was machte ihn da so sicher?« fragte Tom.

»Das spielt keine Rolle. Worum es geht, ist, daß Eddie nach Milton kommen wollte, um Miles zur Rede zu stellen. Er wollte, daß Press mit ihm käme, aber Press lehnte das ab. Deinen Vater wollte er auch mitnehmen.«

»Da ist er wohl etwas spät dran«, sagte Tom mit einem gekünstelten Lachen.

Ich spürte, wie irgend etwas hinter mir im Dunkeln herumtapste. Bevor ich auch nur den Kopf gewandt hatte, donnerte Tom mit dem Stock gegen die Seite seines Lehnsessels.

»Von wegen, dich hier so einfach reinzuschleichen!«

Gina hastete von der Veranda und kauerte sich im Hausflur nieder. Ein Stückchen von ihrer Wange und der Winkel eines Auges linsten um den Türpfosten.

»Verdammt noch mal, Gina, mach mir ein Brot und dazu einen Eistee. Aber ein bißchen plötzlich! Dusslige faule Kuh!« Tom starrte sie so aggressiv an, daß sie ängstlich zurückwich. »Ihr zwei beiden wollt wohl nichts, wie?«

»Nicht solange du so sprichst«, wies ihn Deirdre zurecht.

»Ich spreche verdammt noch mal wie's mir gefällt. Das hier ist mein Haus, Schwesterherz. Du bist schon lange ausgezogen. O.k., Kieran, wo waren wir?«

Ich räusperte mich. »Wie Press erzählte, ging Eddie davon aus, daß dein Vater noch lebte. Das war einer der Gründe, warum Press sich weigerte mitzugehen, sieht man mal davon ab, daß er sowieso nicht mehr reisen kann. Eddie hat Press an Ostern besucht, also muß er kurz danach nach Milton gekommen sein.«

»Wenn er hier war, hat er jedenfalls nicht mich besucht«, bemerkte Tom. »Vermutlich ist er wieder zu Verstand gekommen.«

»Vielleicht war er hier, als du weg warst, und hat mit Gina gesprochen.«

»Das hätte Gina mir erzählt, und genauso hätte ich es dir erzählt.« Tom legte den Stock quer über die Armlehnen und saß plötzlich senkrecht im Sessel. »Und laß dir was sagen. Du kannst ja wieder mit meiner Schwester rummachen. Das ist deine eigene verdammte Angelegenheit. Aber komm hier nicht ins Haus geschlichen mit irgendwelchen wilden Geschichten, die dir irgendwelche alten Krieger über meinen Vater erzählt haben. Mein Vater war nie in Schwarzmarktgeschäfte verwickelt. Mein Vater war ein ehrlicher Mann. Jeden Dollar, den er hatte, hat er sich ehrlich verdient, wenn's auch weiß Gott nicht viele waren. Ihm hat nie jemand etwas gegeben, was ihm nicht zustand.«

Tom klickte den Fernseher wieder an und zappte durch die Kabelkanäle, bis er einen Dokumentarfilm über Montgomery und den Afrika-Feldzug fand. Deirdre zog mich in den Flur.

»Laß uns hier verschwinden«, sagte sie. »Er hat sich in letzter Zeit ganz ordentlich benommen. Wenn wir ihn noch mehr aufregen, muß Gina dafür zahlen.«

Wir gingen über die Straße zu Toner, der lokalen Kneipe. Die paar Stammkunden starrten entweder geistesabwesend auf ein Baseballspiel in der Röhre oder hielten stumme Zwiesprache mit den Fischen, die in einem Aquarium vor sich hin dösten. Niemand schenkte uns Beachtung, als ich uns Bier bestellte.

»Ich hab die Männer meiner Familie zu oft in der Klemme gesehen, ich weiß genau, wie sie reagieren. Wenn Tom jemals geglaubt hat, daß Pete unschuldig ist, dann hat er's jetzt jedenfalls

235

vollständig aufgegeben. Ich hör das an seiner Stimme. Das Leben hat Tom übel mitgespielt. Er kann und will einfach nicht mehr gegen den Strom schwimmen.«

»Eine so lebhafte Verteidigung deines Vaters hatte ich jedenfalls nicht erwartet.«

»Das ist eine neue Entwicklung, das heißt seit zwei Jahren. Er hat schon früher das schlechte Gerede über den guten alten Corny nie hören können. Und sobald er es irgendwann wirklich nicht mehr ableugnen konnte, hat er ihn genau so plötzlich nicht mehr abgekonnt. So ist Tom. Für ihn sind die Dinge schwarz oder weiß. Keine feinen Abstufungen von Grau, wie wir überzüchteten Intellektuellen sie sehen. Und genau deshalb hat er neuerdings ein höllisch schlechtes Gewissen, weil er sich mit Daddy vor dessen Tod nicht mehr ausgesöhnt hat. Warum um Himmels willen guckt er sich wohl alle diese verdammten Kriegsfilme an? Er hat an all den Schlachten genauso wenig Interesse wie ich. Frag ihn gelegentlich mal was ganz Einfaches. Er wird dich angucken, als hättest du drei Köpfe. Er will gar nicht irgend etwas über den Krieg erfahren. Er tut Buße!«

Als zweites hatte ich mir für den nächsten Morgen vorgenommen, mit der Suche nach Eddie Z zu beginnen. Das Hämmern an meiner Tür erfolgte jedoch so früh morgens, daß es auch dem, was ich mir zuerst vorgenommen hatte, zuvorkam. Ich wand mich aus Deirdres Armen und stürzte zur Tür. Vor dem Flurspiegel legte ich einen kurzen Stop ein, um mich zu inspizieren. Meinen Muskeln und Knochen ging es erstaunlich gut, aber meine Blutergüsse hatten das häßliche dunkle Purpur von Sylvester Miles' toten Händen angenommen.

Tony La Salle winkte mir mit einem verbogenen Golfschläger zu.

»Er war tatsächlich in der Bucht. Wie zum Teufel sind Sie nur darauf gekommen, ausgerechnet da nachzusuchen?« Tony blinzelte. »Und was zum Teufel haben Sie mit Ihrem Gesicht angestellt?«

Ich war zu sehr an dem *Blitzschläger* interessiert, um zu antworten. Der Schaft war gebogen, aber nicht gebrochen, und der Griff war in sich verdreht wie die Säule vor einem Friseurladen.

»Würden Sie bezeugen, wo sie diesen Schläger gefunden haben?«

»Bezahlen Sie mich für die Suche, und ich erzähl jedem in Dreiteufelsnamen alles, was Sie wünschen.«

Ich stellte Tony einen Scheck aus und brachte den *Blitzschläger* ins Schlafzimmer, gerade als Deirdre ihre langen Beine aus dem Bett schwang. Sie war spät dran für die Tagesschicht; und der Anblick eines verbogenen Golfschlägers beeindruckte sie nicht weiter.

»Der Schläger gehörte Sylvester Miles«, erklärte ich. »Tony La Salle hat ihn soeben aus der Bucht gefischt. Das heißt, Sylvester wurde beim Üben getötet, und das heißt, er wurde getötet, lange bevor Pete auch nur in die Nähe des Heideareals gekommen ist."

»Schön. Erzählen wir's DiRienzo.«

»Das können wir nicht. Noch nicht.«

»Wir wissen das mit Eddie Z, wir wissen, daß er ein Motiv hatte, Miles umzubringen, und wir wissen, daß er nach Milton kommen wollte. Und du hast diesen Schläger. Wieviel Beweise willst du noch?«

»Ich muß ihm Eddie Z liefern. Wenn mir das nicht gelingt, sind die ganzen sogenannten Beweise witzlos.«

»Dann sag ich es eben DiRienzo.«

»Wenn du das tust, bekommt Pete noch mehr Schwierigkeiten.«

»Wegen dem, was du mir nicht erzählt hast?«

»Wegen etwas, das niemand sonst wissen darf.«

»O.k.« Deirdre nahm das Telefon vom Nachttisch. »Ich melde mich krank, und wir verbringen den Tag mit der Suche nach Eddie.«

»Warte mal. Pete muß wissen, was los ist.«

»Dann rufen wir ihn auch an.«

237

»Nein. Es kann Stunden dauern, bis du jemand aus dem Knast ans Telefon kriegst. Besser du fährst einfach vorbei und erzählst ihm, was ich rausgekriegt hab. Und sag ihm, er soll keine Dummheiten machen.«

Deirdre legte den Kopf schief und sah mich mit einem Auge an. Sie überlegte wohl, warum ich sie aus den Füßen haben wollte.

»Wo treffen wir uns?« fragte sie schließlich.

»Vergiß mich einstweilen. Geh in die Klinik. Sobald ich weiß, wie ich Eddie finden kann, erreiche ich dich da mit Sicherheit.«

Deirdre wirkte sichtlich unzufrieden, während sie sich anzog. Von ihrem Dienst in der Klinik her war sie es gewohnt, Verantwortung zu übernehmen. Jetzt auf Botendienste reduziert zu werden, paßte ihr gar nicht. Zu meinem Glück hatte ihr eingeleuchtet, daß wir dringend Kontakt mit Pete aufnehmen mußten. Andernfalls hätte ein langer Morgen voll übelster Laune vor mir gelegen.

Nachdem Deirdre gegangen war, setzte ich mich mit dem Pitching Wedge aus dem *Blitzschläger*-Satz hin und betrachtete es. Golfer hatten Hunderte von Methoden, einen Schaft zu verbiegen. Übers Knie, an einem Baum, gegen einen Golfwagen, auf hartem Untergrund. Und nun, offensichtlich, gegen ein Schlüsselbein und einen Schädel. Die Drehung am Griff machte mich stutzig. Ich entfernte im Jahr sicher an die tausend Griffe. Wollte ich sie nicht wiederverwenden, schlitzte ich sie einfach mit einem scharfen Messer auf. In den anderen Fällen injizierte ich eine Spritze voll Benzin unter den Griff, um das Klebemittel aufzulösen. Aber auch danach brauchte ich die ganze beträchtliche Kraft, die ich in Händen und Armen habe, um den Griff vom Schaft zu ziehen. Der Griff des *Blitzschlägers* war um mehr als neunzig Grad in sich verdreht. Da war offensichtlich jemand mit sehr viel Kraft oder mit sehr viel Verzweiflung am Werk gewesen. Vor meinem geistigen Auge tauchten zwei ältere Krieger auf, im tödlichen Kampf auf der weiten einsamen Heidefläche

238

ineinander verkrallt. Der eine kämpfte für ein Leben, nach dem er sich so lange gesehnt hatte, der andere verteidigte ein Leben, das aus ganzem Holz geschnitzt war.

Die einzigen Spuren, die zu Eddie führen konnten, waren Hank Press' Beschreibung und die logische Annahme, daß Eddie kurz nach Ostern nach Milton gekommen war. War das der Fall, hatte er fast drei Monate gewartet, bis er Miles umbrachte. Was hatte er in dieser Zeit gemacht? Hatte er mit Miles Kontakt aufgenommen? Oder hatte er ihn aus der Distanz beobachtet und sich die beste Zeit und den besten Ort für einen Mord ausgerechnet? Ein einsames Stück Heide an einem nebligen Abend. Perfekt. Und als er seinen Plan ausgeführt hatte, war er nicht so schnell wie möglich nach Pittsburgh zurückgekehrt. Er hing herum und schmiedete Pläne, wie er doch noch an das käme, was ihm seiner Meinung nach zustand.

Irgendeine Bleibe mußte er haben. Motels schieden aus. Selbst die letzte Flohbude war für Eddies schmales Budget zu teuer. Ein privates Zimmer? Die mußte es zu Tausenden geben.

Plötzlich fiel mir ein, wo ich Eddie gesehen hatte.

Da klingelte das Telefon.

»Er erscheint vor Gericht!« schrie Deirdre. »Er bekennt sich schuldig!«

Ich war im Gericht, bevor noch irgend etwas passiert war. Collins und Fowler standen am Richtertisch und konferierten mit dem Richter, einem knallharten früheren Staatsanwalt mit militärischem Bürstenschnitt. Er hieß Miller. Pete kauerte auf der Anklagebank. Man hatte ihm den Schädel kahlgeschoren, nur über dem linken Ohr bildeten einige längere Stoppeln zwei Kreuze.

Deirdre erhob sich von ihrem Platz in der Nähe der Schranken.

»Ich habe schon mit Pete gesprochen. Ich habe ihm alles gesagt.«

»Und? Hat er es kapiert?«

Deirdre hob ihre Hände – sie hatte beide Daumen gedrückt.

239

»Was ist mit ihm?« Ich wies mit dem Kopf in die erste Reihe der Galerie, wo Tom und Gina mit mindestens zwei Metern Bank zwischen sich saßen. Gina schien regelrecht zu knien, und aus sechs Metern Entfernung hörte ich das dumpfe Murmeln eines Gebets. Trotz der Hitze im Gerichtsraum mit seiner miesen Klimaanlage hing ihr eine langärmlige Strickjacke von den mageren Schultern. Tom blickte sie grimmig von der Seite an.

»Mit ihm kann man momentan überhaupt nicht reden«, sagte Deirdre. »Er hat sich damit abgefunden, Pete im Gefängnis zu sehen. Für ihn ist es eine weitere Tragödie im Leben, über die er gehässige Bemerkungen fallen lassen kann.«

Die beiden Anwälte verließen den Richtertisch, und der Gerichtsdiener rief den Fall auf. Deirdre und ich setzten uns.

»Soweit ich sehe, ist unser Vorgehen klar«, sagte Richter Miller. »Verfahren wir entsprechend.«

Während der ganzen Vorlesung bewegte Pete sich nicht. Er stand nur da, den Kopf gesenkt und die Hände hinter dem Rükken verschränkt. Richter Miller verlas aus der Anklageschrift den Passus über unbeabsichtigten Totschlag, auf den sich Collins und Fowler schließlich als Gegenstand der Anklage geeinigt hatten. Es lief darauf hinaus, daß Pete sich schuldig bekannte, mit einem stumpfen Gegenstand auf Miles eingeschlagen zu haben, ohne jede Rücksicht auf die Folgen.

»Gestehen Sie?« schloß Richter Miller seine Vorlesung.

Pete murmelte eine Antwort.

»Halt, Pete, nicht doch«, flüsterte Deirdre.

»Ich habe sie nicht verstanden, Mr. O'Meara«, sagte der Richter.

»Ja. Ich sagte ja. Was immer sie wollen.«

Deirdre sank an meine Schulter. Tom humpelte aus dem Gerichtssaal mit der Miene eines Mannes, der gerade ein Problem losgeworden war. Gina wartete, bis die Justizbeamten Pete zum Zellentrakt abführten. Als sie davonstürzte und sich mit beiden Händen die Tränen von den Wangen wischte, sah ich die hochgezogenen Wollstrümpfe, die sonst der Saum ihres Rocks bedeckte.

Den ganzen Weg zum Parkplatz lehnte Deirdre sich an meine Schulter. Die halbe Zeit weinte sie, die übrige verfluchte sie den Tag, an dem sie Brendan Collins engagiert hatte. Ich ließ sie reden, ließ sie klagen. Versprechungen hätten nur hohl geklungen, also machte ich keine.

Ich fand Gloria an ihrem Stammplatz im Schnellrestaurant und in ihrer üblichen Lunch-Stimmung.

»Da hast du ja ganz schön viele von«, sagte sie mit einem Blick auf meine Schrammen. »Hat dir endlich einer den Schädel eingeschlagen?«

»Ich bin gegen eine Türklinke gelaufen.«

»Das sagst du. Sag mal, müßtest du nicht eigentlich auf irgend so nem Turnier spielen?«

»Hab ich sein lassen. Zu gefährlich.« Ich ließ mich auf einen Sitz nieder. Die meisten meiner Wehwehchen waren verschwunden. Nur wenn ich mich zu schnell bewegte, durchzuckte es mich. »Ich muß einen Blick auf ein Knöllchen wegen Falschparken werfen.«

»Jetzt um zwölf Uhr fünfzehn?«

»Das Knöllchen hat etwas mit dem Mord an Miles zu tun.«

»Welche Tricks versuchst du denn jetzt, Kieran? Die ganze Stadt weiß doch, daß Pete O'Meara sich heute morgen schuldig bekannt hat.«

»Jetzt schon? Ich komm doch gerade erst aus der Sitzung in White Plains.«

»Neuigkeiten verbreiten sich halt schneller, als du fährst.«

Gloria bestellte beim Kellner ein weiteres Glas Eistee, offenbar ihr Verfahren, auf Zeit zu spielen. Ich sagte nichts und wagte nicht einmal mit den Fingern zu trommeln, während Gloria in Geschichten von UFO-Entführungen und Hollywood-Skandalen blätterte. Endlich tupfte sie sich das Kinn mit einer Serviette, und wir gingen um die Ecke zum Stadtgericht.

Ich wollte nicht gerade DiRienzo in die Arme laufen, deshalb benutzte Gloria ihren Schlüssel zu einem Seiteneingang. Sonnenlicht stahl sich durch die zugezogenen Vorhänge, was den Raum schläfrig wirken ließ.

»Wann wurde der Strafzettel ausgestellt?«

»Am Abend von Miles' Gedenkgottesdienst.«

Gloria schloß einen Aktenschrank auf und verschwand fast in einem Wust von Papieren. Nachdem sie die Strafzettel eines halben Jahres durchwühlt hatte, tauchte sie mit einem einzelnen Stapel auf, den eine große Haarklammer zusammenhielt. Nur ein Auto mit einer Nummer aus Pennsylvania war darunter. Noch bevor ich mir die Einzelheiten auf einem Blatt Papier notieren konnte, riß mir Gloria den Strafzettel aus der Hand.

»O Mann, an den Scherzkeks erinner ich mich sogar. Er war so wütend über das Strafmandat, daß er nicht einmal seinen Gerichtstermin abwartete. Gleich am nächsten Tag marschierte er in den Gerichtssaal und tönte herum, die Polizei solle sich was schämen, einem Kriegsveteranen während des Gottesdienstes für einen anderen Kriegsveteranen ein Strafmandat zu erteilen. Was meinst du, wie ich den Richter angeguckt habe. Ich wollte ihm signalisieren, ›wer hat den denn aus der Irrenanstalt rausgelassen?‹ Aber der Richter ließ ihn reden, und als der Kerl sich schließlich beruhigt hatte, hat er sogar gezahlt. Du hättest die Scheine sehen müssen, die er mir auf den Tisch knallte. Man hätte sie desinfizieren müssen. Die Schätze, die die Motten nicht gefressen hatten, bekam am Ende die Stadtkasse.«

Ich griff erneut nach dem Strafzettel. »Verdammt, hier steht nur eine Adresse aus Pittsburgh.«

»Was sollte da sonst stehen, wenn er da nun mal wohnt?«

»Ich dachte, er sei eine ganze Zeitlang hier in der Gegend gewesen.«

»Ja, der Mensch dachte, und Gott lachte. Wart mal ne Sekunde.«

Sie griff in eine andere Schublade.

»Der Oberirre wollte auch noch eine Quittung«, sagte sie, während Blätter um sie flogen wie Federn bei einem Hahnenkampf. »Ich sagte, vor seinem wirklichen Gerichtstermin könnte ich keine ausstellen, was Quatsch war. Ich wollte ihn bloß nerven. Da gab er mir seine Adresse, wohin ich sie schicken sollte.« Sie legte einen Finger ans Kinn und starrte an die Decke. »Ich glaube, das hab ich nie getan. Wie dem auch sei ...« Sie schwenkte ein Stück Papier. »Hier ist sie.«

Eddie hatte eine Adresse in White Plains angegeben.

»Dank dir, Gloria.« Als ich sie verließ, war sie noch taumelig von meinem Kuß auf ihre Stirn.

In einer anderen Epoche wäre die Pension ein Herrenhaus gewesen, in einer anderen Gegend das Haus einer Loge oder einer Verbindung. Das Dach war geschwungen wie eine Sprungschanze, und die bis zu den Seiten des Hauses reichende Terrasse führte auf einen Felsvorsprung, so daß sie eine wunderschöne Aussicht auf die darunterliegende Innenstadt von White Plains bot – zumindest, wenn das Laub von den Bäumen gefallen war.

Ich klingelte an der Tür. Ein gekrümmter Finger schob die Gardine am Fenster neben mir zurück, und eine alte Frau mit blauer Betondauerwelle betrachtete mich argwöhnisch von oben bis unten. Offensichtlich bestand ich die Prüfung, denn ein Riegel klickte, und die Tür öffnete sich.

»Worum geht es?« fragte sie und raffte einen Schal um ihren Hals zusammen. Sie hatte abfallende Schultern und trug schwarze Segeltuchschuhe. Mit dem einen blockierte sie von innen die Tür.

»Ich möchte einen Ihrer Mieter sprechen.«

»Wer sind Sie?«

Ich sagte es ihr. Ohne ihren Fuß zu bewegen, griff sie nach einem schwarz marmorierten Notizbuch auf einem Metallregal.

»Nichts da, Sie stehen nicht auf der Liste.«

»Ich wohne ja auch nicht hier.«

»Das weiß ich, aber schließlich können meine Mieter nicht erwarten, daß ich einen ganzen Aufmarsch fremder Gestalten durch meine Tür trampeln lasse. Deshalb geben sie mir jeden Tag eine Liste eventueller Besucher. Und nur diese Leute dürfen durch diese Tür. Schließlich führe ich hier keinen Club.«

»Und was ist, wenn der Mieter den Besucher nicht erwartet?«

»Dann haben beide Pech gehabt. Wozu gibt es das Telefon.«

»Es geht um ihren Mieter Eddie Zelinsky.«

Sie schloß ein Auge, bei dem mir jetzt erst auffiel, daß es aus Glas war, und durchbohrte mich förmlich mit dem anderen.

»Er steckt wohl in Schwierigkeiten, wie?«

Ich nickte.

»Sie wohl auch, so wie Sie gucken?«

Ich nickte abermals.

»Kommen Sie mit mir.«

Sie führte mich durch eine Eingangshalle mit verblichener Blümchentapete in ein Schlafzimmer, in dem ein Fernsehapparat plärrte. Auf einem Satztischchen vor einem mit Kissen überladenen Sessel standen die Reste einer Mahlzeit. Sie nahm einen Schlüssel von einem Haken an der Wand und befahl mir, dicht hinter ihr zu bleiben.

»Man kann nie wissen«, sagte sie.

Wir erklommen eine steile, enge Treppe. Für ihr Alter bewegte sie sich erstaunlich flink, und ihre Slipper machten auf den nackten Holzstufen klatschende Geräusche. Ich hielt mit ihr Schritt, obwohl sich beim Treppensteigen all die Schmerzsensoren wieder meldeten, die eine solide Nachtruhe vorübergehend beschwichtigt hatte.

Die Treppe machte zweimal kehrt, bevor sie vor einem winzigen Schlafzimmer endete, das unter die Dachschräge gezwängt war. Das Bett war gemacht, ein weißes Laken war über eine olivgrüne Decke gespannt und säuberlich an den Seiten festgesteckt. Auf einem Korbstuhl stand ein kleiner Koffer. Rasierbecken, Rasierapparat, Zahnbürste und Zahnpastatube standen in penibler Ordnung auf einem schmalen Waschbecken. Über einem Stuhl hing ein taubenblauer Freizeitanzug. In der Luft lag ein schwacher Duft von Kampfer.

»Er hat sich äußerst merkwürdig benommen«, sagte sie. »Ständig bekam er Anrufe. Manchmal ist er mitten in der Nacht plötzlich weggegangen. Ja, einmal ist er beim Abendessen mittendrin aufgestanden, um einen Anruf entgegenzunehmen, und einfach nicht wiedergekommen. Dabei gab's auch noch mein bestes Roastbeef. Ich wußte überhaupt nicht, daß er nicht da ist, bis er heute morgen nicht zum Frühstück runterkam. Sie können sich gerne hier umsehen.«

Ich hatte schon mit dem Koffer angefangen – er war leer. Ich fuhr mit den Kommodenschubladen fort und hob sogar die unhandliche Matratze ein Stück an. Sie regte sich weiter über Eddies Angewohnheiten auf, die mir bei einem alten Mann, der einem in der Jugend verlorenen Vermögen nachjagte, nicht weiter absonderlich erschienen. Jedenfalls fand ich nichts außer Kleidungsstücken und Toilettenartikeln.

»Womit hat er sich denn beschäftigt, wenn er nicht aus dem Haus lief oder telefonierte?«

»Meistens verbrachte er die Tage einfach auf seinem Zimmer. Manchmal kam er auch zu mir runter, und wir sahen uns Spielshows an. Jedesmal sagte er dann, daß er die ganzen Shows für Schwindel hielte, und daß die Leute in Wirklichkeit nie ihr Geld bekämen.

Am späten Nachmittag ging er dann gewöhnlich aus. Er behauptete, er hätte hier in der Gegend einen Freund mit einem Fischerboot. Drüben am Hudson River, nehme ich an. Manchmal hat er auch Fisch mitgebracht. Die erbärmlichsten Dinger, die ich je gesehen habe. Er packte sie in die Tiefkühltruhe, als ob er dächte, daß ich sowas jemals kochen würde.«

»Wer war dieser Freund?«

»Das hat Eddie nie gesagt.«

»Hat Eddie Ihnen jemals gesagt, daß er Besucher erwarte?«

»Da muß ich nachsehen.« Sie setzte sich auf die Ecke des Betts und blätterte in ihrem Notizbuch. Die Seiten waren dick und grau vor Alter. Über jeder stand ein Datum, darunter eine Liste mit Namen in schwungvoller Füllfederschrift.

»Hier haben wir's.« Ihr dünner Finger wies auf den Namen Sylvester Miles. Das Datum war der 12. April.

»Der Tag, nachdem er eingezogen ist«, erklärte sie.

»Hat Miles ihn je besucht?«

»In diesem Falle hätte ich den Namen mit Bleistift ange-kreuzt. Da diese Markierung fehlt, war er auch nie hier.«

»Und dieser Strich durch den Namen, was bedeutet der?«

»Der bedeutet, daß Eddie diesen Mann nicht sehen wollte, selbst wenn er vorbeikäme. Das hat er mir am Tag drauf mitge-teilt.«

»Könnte Miles zu Besuch gekommen sein, ohne daß Sie das mitgekriegt hätten?«

»In diesem Haus geschieht nichts, was ich nicht mitkriege.«

Ich schob die Vorhänge am Fenster zur Seite. Tief unten koch-te Eddies Wagen auf einem unkrautüberwucherten Asphaltfleck vor sich hin.

»Haben Sie etwas dagegen, wenn ich mich hinterm Haus mal umsehe?«

»Wenn Sie wollen.«

Der Wagen war ein schäbiger Chevy, vom Rost zerfressen. Ein uralter ehemaliger Luftverbesserer in Form eines Weihnachts-baums baumelte am Rückspiegel. Auf dem Vordersitz lagen Kar-ten. Der Aschenbecher quoll über mit Stummeln filterloser Ziga-retten. Der Müll von zahllosen Fast-Food-Packungen bedeckte den Boden und die Hintersitze. Ich wühlte in dem Unrat, während die alte Frau mit ihrem funktionstüchtigen Auge durch die Wind-schutzscheibe linste. Eddie hatte nichts zurückgelassen – keine Notizen, keine Adressen, keine Telefonnummern, nur Markierun-gen auf einer Karte für die Fahrt von Pittsburgh über East Orange nach Milton. Nichts, was ich mir nicht schon gedacht hatte.

»Er steckt in gewaltigen Schwierigkeiten, oder? Dieser Miles da, das ist doch der Bursche, den sie vor zwei Wochen umge-bracht haben?«

»So ist es«, sagte ich und schloß die Wagentür. »Um welche Uhrzeit ist Eddie gestern abend ausgegangen?«

Sie maß die Zeit nach Fernsehshows. Wenn man ihre Privat-chronologie in die Stunden, wie die Uhr sie anzeigt, umrechnete, dann hatte Eddie gegen elf einen Anruf bekommen. Er telefonierte nur kurz, und seine Stimme klang gereizt (sie hatte eigens ihren Hörapparat lauter gestellt). Direkt danach verließ er das Haus. Irgendwann hatte sie mal aus dem Fenster gesehen. Der Wetterbericht hatte da noch nicht angefangen, also mußte es gegen zwanzig nach elf gewesen sein. Er ging auf dem Bürgersteig auf und ab, als warte er auf jemanden. Als sie wieder hinausblickte (da war der Wetterbericht schon zu Ende), war er weg. Sie dachte, daß sie irgendwann ein Auto gehört habe, aber da war sie sich nicht sicher.

»Was war Anfang dieser Woche?« Ich dachte an den Mord an Jack Miles.

Die alte Frau kaute auf ihrer Zunge und dachte nach.

»Da ging er auch immer spät nachts aus. Ja, das ist es. Seit er mit dem Fischen aufgehört hat, wurde es immer später und später. Deshalb habe ich heute auch gedacht, diesmal bleibt er rund um die Uhr.«

»Wann hat er mit dem Fischen aufgehört?«

Sie blätterte in ihrem Notizbuch, konnte aber dort die Antwort nicht finden.

»Genau weiß ich das nicht. Vielleicht vor etwa zwei Wochen.«

Ziemlich genau zur Zeit von Sylvesters Tod, war meine Einschätzung.

»Sagten Sie, diese Fische seien noch in Ihrer Tiefkühltruhe?«

»Als ich das letzte Mal reinsah, waren sie's noch.«

»Kann ich sie mal sehen?«

Sie stieß eine Kellertür auf und bedeutete mir, den Kopf einzuziehen. Die Gefriertruhe war ein antikes Stück aus den fünfziger Jahren, massig und weiß mit abgerundeten Ecken und einem Hebel als Verschluß. Sie hob den Deckel hoch und wühlte in gefrorenen Fleischportionen.

»Hier ist einer von ihnen«, sagte sie.

Ich wischte den Eisbelag von der Plastikhülle. Die Schuppen glänzten dunkel wie der Lauf eines Gewehrs. Ein winziges totes rotes Auge starrte mich an.

»Was für ne Sorte ist das? Eddie hat es mir nie gesagt.«

»Ein Bergall. Der Long Island Sund ist voll davon.« Ich warf den Fisch in die Truhe zurück.

»Ich sollte wohl die Polizei holen, oder?« fragte sie.

»Noch nicht. Ich lasse Ihnen meine Adresse und meine Telefonnummer da. Rufen Sie mich an, wenn er zurückkommt.«

»Oh, das wird er. Da bin ich sicher. Er hat schon die Miete für die nächste Woche bezahlt.«

Kapitel 18

»Du kommst nicht mit, und damit basta!« sagte ich, während ich mich in einen schwarzen Rollkragenpullover zwängte. Die schmerzlichen Folgen des nächtlichen Überfalls schossen mir durch die Schultern und wieder zurück, als ich mich in Ärmel und Halsöffnung kämpfte. Als ich endlich an der anderen Seite wieder auftauchte, sah Deirdre keineswegs fröhlicher aus als im Moment meines Verschwindens.

»Du hast ein Auto. Ich hab ein Auto«, erklärte sie. Wo du auch immer hinfährst, ich werde dir am Kofferraum kleben.«

»Deirdre …«

»Du weißt, daß ich das tue. So verdammt langsam wie du fährst, kriegst du mich nie abgeschüttelt.«

Ich zog mir eine marineblaue Wollmütze über den Kopf. Ich weiß auch nicht, wieso ich gedacht hatte, ich könnte in der Aufmachung eines Fassadenkletterers meine Wohnung verlassen, ohne ihren Verdacht zu erregen.

»Du siehst bescheuert aus.«

»O.k., du kannst mitkommen. Aber du bleibst im Wagen.«

Deirdre grinste triumphierend. »Das werden wir ja sehen.«

Milton Marina war ein fast viereckiger Hafen, den man an der Stelle im Sumpf angelegt hatte, wo Poningo Point aufs Festland stieß. Von dort lief ein schmaler Kanal am Golfplatz, am Marshland Conservancy und an einem Dutzend vornehmer Poningo-Point-Anwesen vorbei.

Ein Stück vor dem Eingang hielt ich den Wagen an. Eine einsame Nebellampe warf ihr Licht auf einen drei Meter hohen Drahtzaun. Der Rest des Bootshafens lag im Dunkel, sah man vom Fenster im Schuppen des Wächters und den Positionslaternen eines Bootes ab, auf dem offenbar eine Party zugange war.

Deirdre wußte sofort, was ich im Schilde führte.

»Lächerlich«, sagte sie nur.

»Pete hat uns erzählt, daß Tom die zwei Monate vor dem Mord fast jeden Abend zum Fischen rausgefahren ist, Die Dame in der Fremdenpension sagt, daß Eddie Z auch jeden Abend fischen ging, und zwar exakt bis zu dem Tag, an dem Sylvester Miles ermordet wurde.«

Zudem hatte Pete erzählt, wie Tom jede Menge Bergalls von seinen Ausflügen mit nach Hause brachte, dieselbe Sorte Fisch, mit der auch Eddie seine Vermieterin beglückte.

»Toller Beweis«, meinte Deirdre nur. »Jeder Idiot, der eine Angel in den Sund hält, fängt Bergalls.«

Sie verschränkte die Arme und senkte das Kinn auf die Brust, als wolle sie alle weiteren Darlegungen von vornherein abblokken.

»Vielleicht ist das ein Zufall, aber Tom hat uns wegen Eddie angelogen. Du hast heute morgen Gina im Gericht gesehen. Du weißt verdammt noch mal genau, daß sie sich so angeschustert hatte, um die allerneuesten blauen Flecken und Blutergüsse zu verstecken. Sie hat neulich abends unsere Unterredung mit Tom mitgehört. Sie weiß, daß Eddie sich mit Tom zusammengetan hat. Sie weiß, daß diese Tatsache Pete irgendwie helfen kann. Sie hat mitgekriegt, daß Tom uns belogen hat. Und er hat sie durchgeprügelt, damit sie uns nicht die Wahrheit sagt.«

Ich erzählte dann noch von dem Bootskiel, der sich ins trokkene Ufer eingedrückt hatte, und von der Pfütze im Flur unter Toms Anglerstiefeln, in der Tom ausgerutscht war. Magere Beweise, aber ich flocht sie zusammen, als hielte ich in einem Prozeß das Schlußplädoyer. Das sind die Beweise, meine Dame Geschworene, ziehen Sie Ihre Schlüsse.

Deirdre war alles andere als überzeugt.

»Du meinst also, mein Bruder hat Sylvester umgebracht und will nun, daß sein Sohn dafür in den Knast geht. Gott weiß, daß Tom zu ner Menge Dreckereien fähig ist, aber dazu dann doch nicht.«

»Ich hab nicht gesagt, daß Tom Miles umgebracht hat. Aber er weiß ne ganze Menge mehr darüber, als er zugegeben hat. Und

Tom hat schon einige merkwürdige Vorstellungen, gerade was Pete betrifft. Vor zwei Jahren hätte er Pete liebend gern in eine Besserungsanstalt abgeschoben, wenn du nicht zusammen mit dem Richter dazwischengegangen wärst.«

»Das war doch ganz was andres.«

Ich grinste säuerlich.

»Ich komm nicht mit«, erklärte sie.

»Das hatte ich auch nicht erwartet.«

Der Drahtzaun endete fünfzehn Zentimeter vor der efeubewachsenen Backsteinmauer der Feuerwache von Poningo Point. Ich zwängte mich seitlich durch den Spalt. Schlanksein hat seine Vorteile.

Vier Docks ragten in das dunkle Wasser des Hafens. Ich huschte durch den Schatten und duckte mich an der Rampe, die zum letzten Dock hinunterführte. Deirdres Silhouette zeichnete sich regungslos in dem grauen Licht ab, das mein Auto umfloß. Im Fenster seines Schuppens döste der Wachmann. Musik und Gelächter schallten von der Bootsparty herüber; aber das Boot lag weit weg von Toms Bootsplatz an der gegenüberliegenden Seite der Marina.

Eine plötzliche Brise ließ die Bootsglocken anklingen. Im Schuppen des Wachmanns ging ein Suchscheinwerfer an. Ich preßte mich flach auf die Rampe. Der Lichtkegel strich vorüber und erlosch.

Ich bewegte mich schnell, halb laufend, halb kriechend, und meine Slippers klatschen auf dem auf und ab rollenden Dock. Ferne Lichter tanzten auf dem schwarzen Wasser. Auf der anderen Seite der Marina stießen lachende Stimmen ermunternde Rufe aus. Es platschte, und Beifall ertönte. Leute schwammen. Im Hafen. Nachts. Der bloße Gedanke ließ es mir kalt über den Rücken laufen.

Toms Boot klatschte gegen die schweren Gummifender am Dock. Wenn man Toms Boot vom Golfplatz aus sah, wirkte es immer sehr zerbrechlich, zu zerbrechlich fast für die sanfte Dünung im Sund. Aus nächster Nähe wirkte es kaum solider. Ich

251

hatte schon Handmixer gesehen, die größer waren als der hoch-geklappte Außenbordmotor, und die kleinsten Zweimannzelte bei der Armee waren geräumiger als die Kabine auf dem Vor-schiff. Wenigstens würde eine gründliche Durchsuchung des Boots keine fünf Minuten in Anspruch nehmen.

Bis sich das Boot nach meinem Sprung beruhigt hatte, hielt ich mich an der Reling fest und tastete mich dann am Dollbord entlang zum Cockpit. Ich hatte keine Vorstellung, was ich zu fin-den hoffte – die Stummel filterloser Zigaretten, den Lageplan ei-nes Schatzes, Notizen von Eddie Z. Die einzigen herumstehen-den Dinge, auf die der Strahl meiner Mini-Taschenlampe fiel, waren zwei leere Eimer und eine Scheuerbürste.

Ein weiterer Partygast klatschte ins Wasser. Beifall und La-chen schwappten über die Marina. Ich schlurfte nach hinten, und das Deck schwankte unter mir. Nichts als eine leere Eiskiste, ein säuberlich aufgerolltes Tau, eine Gerätebox mit elastischen Sei-len.

Diskret erklang eine Autohupe. Durch den Wald der Masten und Sparren zwischen mir und dem Festland blitzte mehrfach ein Scheinwerfer. Der Lärm der Party verebbte, und ich hörte deut-lich das Aufsetzen eines Stocks auf die Planken des Docks.

Der klügste Zug wäre es jetzt gewesen, ins Wasser zu gleiten, sich an einen Ponton zu klammern und abzuwarten, bis Tom fer-tig war mit dem, was er vorhatte. Der klügste Zug – aber nur für jemanden, der nicht diese Höllenangst vor jeder Art von Wasser hat, das tiefer ist als eine Badewanne. In der halben Sekunde, die mir zur Entscheidung blieb, wählte ich die zweitklügste Lösung. Ich schoß in die Kabine.

Toms Füße landeten schwer über mir. Das Boot tanzte wie verrückt und ließ das Wasser gegen die Pontons klatschen. Irgend etwas fiel dumpf auf Deck. Ich lugte vorsichtig um die Ecke, ge-rade als Tom eine Halteleine einholte.

Die Maschine spuckte ein paar Takte und verstummte dann rasch. Tom fluchte. Erneut hustete die Maschine, aber jetzt gab er im richtigen Moment Gas, und sie lief regelmäßig. Ich spürte, wie die Schraube ihre Arbeit begann und hörte sie das Wasser peitschen. Das Boot löste sich vom Dock. Der Bug schwang Richtung Sund. Der Motor lief einen Moment leer, dann trieb er das Boot nach vorn.

Die Geräusche der Bootsparty, erst noch schwach gegen den Motorlärm zu hören, erstarben jetzt völlig. Ich riskierte einen weiteren schnellen Blick. Die Positionslampen brannten nicht. Toms schwere Arbeitsschuhe zeichneten sich als seltsame Klumpen im Dunkel ab. Ich drückte mich tiefer in die Kabine, direkt gegen etwas Hartes, Knochiges, wie ein Stück Treibholz, das man in Plastik gewickelt hatte.

Ich hatte keine Vorstellung von unserer Geschwindigkeit, keinen Sinn für die Zeit. Entsprechend hatte ich auch keine Ahnung, wo wir uns in Relation zum Festland befanden. Der Rhythmus der Maschine verringerte sich zu einem bloßen Tuckern. Das Boot gierte erst nach Backbord, dann nach Steuerbord, dann wieder nach Backbord, als ob Tom etwas suche. Vielleicht einen besonderen Fischgrund. Ich hoffte, daß er nichts gegen Gesellschaft hatte; nun ja, in Wirklichkeit hoffte ich, er würde nie herausfinden, daß er überhaupt Gesellschaft hatte.

Das Treibholz drückte an diversen Stellen gegen meine Schultern und meinen Rücken. Plötzlich fiel mir auf, daß es sich weniger nach Treibholz anfühlte als vielmehr nach einer Statue. Was mir da ins Rückgrat drückte, fühlte sich wie eine Schulter an. Der Astansatz an meinen Nieren war ein Knie. Als Tom langsam einen Kreis beschrieb, rollte ich vorsichtig auf die andere Seite und machte meine Taschenlampe an.

Tom war nicht zum Fischen hinausgefahren.

Das Plastik umhüllte Eddie Z.s steifen Körper. Isolierband versiegelte seinen Mund und band seine Hände wie zum Gebet zusammen. Das Blut aus einer Kopfwunde hatte die Innenseite der Plastikhülle beschmiert. Seine Knie waren um einen Anker herumgebunden, der an seiner Taille befestigt war. Ich knipste die Lampe aus. Im selben Moment schaltete Tom den Motor ab.

253

Unheilschwanger leckte das Wasser am Bootsrumpf. Lautlos rollte ich wieder zurück. Ich hörte Geräusche – Metall gegen Metall, Metall auf Holz, Holz gegen Holz. Bei keinem davon hatte ich die geringste Ahnung, was es bedeuten mochte. Dann wurde die Nacht seltsam ruhig. Das Boot schaukelte sanft im Kontrapunkt zum leisen Schmatzen der Wellen. In der Ferne wurde das Geräusch eines Motors stärker und dann wieder schwächer.

Füße scharrten. Der Stock pochte auf das Deck, sich im Dunkeln vortastend. Ich spannte meine Muskeln an und wartete darauf, daß er in der Tür erschien.

Mein Fuß traf ihn voll an seinem kaputten Bein. Er kippte unmittelbar vor der Kabinentür um wie ein Kegel. Ich warf mich auf ihn, aber irgend etwas sauste auf meinen Schädel nieder. Die Nacht explodierte in Flammen und Blitzen und versank dann schnell in einer totalen Finsternis.

In der Ferne schwebte ein vager grauer Kreis, Eine körperlose Stimme sprach dumpf in meinem Kopf. *Fang den Kreis, bevor er schwindet. Verfehl ihn, verlier ihn, verpaß ihn, und du stirbst.* Ich stürzte nach vorne. Mein Kinn scheuerte über zerbrochenes Glas. Ein Schraubstock schloß sich um meinen Schädel. Der Kreis schoß davon. Nein, nein, wollte ich schreien. Aber meine Zunge lag geschwollen unbeweglich hinter meinen Zähnen, meine Lippen schmerzten, und ich brachte sie nicht auseinander.

Der Kreis tanzte zurück in mein Blickfeld, kleiner und schwächer als zuvor. Ich wußte, ich konnte ihn greifen, wenn ich meine Handgelenke nur frei bekam, wenn ich mein Rückgrat nur gerade biegen könnte, wenn ich nur über das zerbrochene Glas kriechen könnte, das mir die Brust aufriß.

Ha, haaa, haaaaa … Das Lachen in meinem Kopf dehnte sich und dehnte sich, bis es zu einem einzigen Dröhnen wurde. Der Kreis schrumpfte auf die Größe einer Nadelspitze. Ich versuchte mit den Armen zu schwenken, mit den Beinen zu treten. Aber Hand- und Fußgelenke wurden zu einem einzigen Ball in meinem Rücken. Panisch wollte ich nach Atem ringen, aber mein

254

Mund blieb versiegelt. Die Nadelspitze schoß hin und her wie ein irrer Leuchtkäfer. Ich wandte den Kopf, pumpte Luft durch meine Nase. Die Nadelspitze wurde greller und blies sich dann wieder zu einem Kreis auf.

Ein lautes Platschen erschütterte die Welt. Wasser gischtete über mir. Der Schraubstock verformte meinen Kopf. Der vage Kreis dehnte sich zu einer endlosen purpurnen Weite, übersät mit zahllosen glänzenden Nadelspitzen, die durch zarte orange Ranken schwirrten.

Das zerbrochene Glas, jetzt unter meinem Rücken, schnitt in meine Hand- und Fußgelenke.

»Kein Anker für dich«, sagte der Kopf. »Die Ebbe hat eingesetzt. Du bist weit draußen im Sund, bevor dich irgendwer findet.«

Plötzlich schoß ich nach vorne. Etwas Dünnes, Rundes, Metallisches wie der Schaft eines Golfschlägers, fuhr mir über den Bauch. Eine Zunge kalten Wassers leckte mir das Gesicht. Die Wirklichkeit traf mich wie ein Blitzschlag. Ich befand mich auf einem Boot; geknebelt und zum Bündel geschnürt starrte ich in die Meerestiefen irgendwo weit außerhalb der Hafenbucht. Tom hatte Eddies Leichnam versenkt, und mich erwartete dasselbe Schicksal.

Das Dröhnen in meinen Ohren schwoll an. Es klang wie ein Motor. Aber wie auch immer, es war zu weit weg. Einfach verdammt zu weit weg.

Tom stieß mich über Bord.

Ich prallte ziemlich flach auf, sonst wäre ich wohl sofort bis zum Meeresboden abgesunken. Ich bog und wand mich, um – Teufel noch mal – irgendwie nahe an der Oberfläche zu bleiben. Aber die öligen Fluten umfingen mich, pechschwarz und eiskalt. Ich hörte auf zu kämpfen und hütete meine letzten Moleküle Atemluft wie ein Delinquent in der Gaskammer. Alles um mich wurde ruhig. Langsam sank ich nach unten und spürte, wie der Druck auf meinen Brustkorb wuchs. Irgendwo jenseits der Schwärze donnerte noch immer dieser Motor. Zu spät, zu spät.

Plötzlich erstrahlte das Wasser in einem glänzenden Grau. Ein Engel mit wirbelndem Haarbusch schwamm auf mich zu. Das ist der Tod, dachte ich und gab, was ich noch an Luft hatte, durch die Nase frei.

Kapitel 19

Richter Inglisi schwebte wie ein riesiger Ballon in mein Blickfeld, während ich auf einen kleinen Fernsehapparat oben an der Wand starrte. Der Bildschirm glänzte in leuchtendem Grün, und eine vertraute Stimme verlas Golfergebnisse.

»Bin ich tot?« Die Worte klangen wie meine, schienen aber anderswoher zu kommen. Vielleicht aus dem Fernseher. Richter Inglisi senkte den Kopf zu mir hin.

»Das fragen Sie jetzt zum dritten Mal«, kommentierte er.

»Und was haben Sie dann immer geantwortet?«

»Nein, Sie sind im Krankenhaus.«

Mein Kopf schmerzte wie wahnsinnig, aber ich zwang mich zu einem Marsch zurück über einzelne holprige Stellen im weiten Feld der Erinnerung: mein einziger Schlag beim hiesigen Classic, das Gespräch mit Hank Press, wie ich Eddie Z in seiner Pension ausfindig gemacht hatte. Danach Toms schaukelndes Boot, Dunkelheit, beinharte Kälte, ein Engel, der durch einen Traum schwamm.

Als ich das nächste Mal etwas sah, war der Bildschirm leer. Richter Inglisi hatte sich in eine Krankenschwester verwandelt, was ganz entschieden eine Verbesserung darstellte. Ich richtete mich auf meinen Ellbogen auf, und alles drehte sich vor mir.

»Vorsicht.« Die Schwester strich über die Nadel für die intravenöse Injektion in meinem Unterarm und schob mir ein Kissen unter den Kopf.

Langsam stabilisierte sich das Zimmer. Die zurückgezogenen Vorhänge, die Spanische Wand neben meinem Bett, der Wasserkrug aus Plastik. Richter Inglisi, der in einen Stuhl geklemmt war, erwachte aus dem Schlaf.

»Was ist passiert?« Die Stimme gehörte eindeutig mir.

»Morgen«, sagte der Richter und schlief wieder ein.

»Was ist morgen?«

»Sonntag«, antwortete die Schwester.

Am nächsten Morgen entfernte eine andere Krankenschwester die Nadel aus meinem Arm. Ein Pfleger brachte mir ein Tablett mit warmem Orangensaft, Tee und Pudding. Mein Kopf tat immer noch höllisch weh, und wenn ich tief Luft holte, brachte mir das einen quälenden Hustenanfall ein. Kurz nach dem Lunch schoß der Richter ins Zimmer.

»Sie hatten eine Gehirnerschütterung, und Sie haben furchtbar viel Wasser geschluckt, aber der Doktor glaubt nicht, daß Ihr Hirn geschädigt ist. Wie er das herausgefunden haben will, ist mir allerdings völlig unklar.«

»Aah, Richter, immer noch der liebenswürdige alte Schmeichler. Daß ich dem Tod noch einmal von der Schippe gesprungen bin, hat Sie nicht milder gestimmt?«

»Nee. Eines Tages kommen Sie ja doch noch um. Allerdings verspreche ich, in Gegenwart Fremder nur Gutes über Sie zu sagen.« Er quetschte sich in einen Stuhl und stellte mein Bett so um, daß er bequem mit mir reden konnte.

»O.k., Sie wollen wissen, was passiert ist,« sagte er. »Deirdre sah, wie Bruder Tom auslief. Sie konnte sich nicht vorstellen, warum er ausgerechnet jetzt eine Bootspartie machen wollte, zumal er keine Positionslampen gesetzt hatte. Als Sie dann nicht vom Dock zurückkamen, hat sie die Polizei alarmiert und ein Problem im Hafen gemeldet. Die schickten ein Boot, und sie ist draufgesprungen. Hinter Poningo Point haben sie Tom erreicht, gerade als Sie ins Wasser klatschten. Deirdre ist Ihnen nachgesprungen.«

»Deirdre hat mich gerettet?«

»Na ja, nicht so ganz. Sie hat Sie gefunden, und ein Cop hat Sie rausgeholt.«

»Was ist mit Eddie Z?«

»Dazu komme ich noch. Die Polizei hat Tom wegen versuchten Mordes verhaftet, weil das in dem Moment alles zu sein schien. Sie waren *incommunicado*, und Tom hielt sich beim Verhör geschlossen wie ne Auster. Als dann der gestrige Morgen ins Land zog, kam DiRienzo plötzlich die glänzende Idee, mal rauszufinden, warum Tom überhaupt an diesem Abend auf dem Wasser war. Er fischte sich nen Taucher, und der fand Eddie, wie er in der Einfahrt zum Hafen nen Anker umarmte. Seitdem haben die Cops Tom wegen der Miles-Brüder in der Mangel. Sie haben nach allem Möglichen gesucht, was eine Verbindung zwisch Eddie, Jack und Syl darstellen könnte.«

»Haben Sie DiRienzo was von Hank Press erzählt?«

»Ich rück mit nichts freiwillig raus«, sage der Richter grimmig. »Das mit Press wußten sie schon.«

»Ist Pete noch im Gefängnis?«

»Warum hätten sie ihn rauslassen sollen? Er hat sich schuldig bekannt, und im Gefängnis ist Platz genug für ihn und Tom dazu. Deirdre könnte alles kurz und klein schlagen – Neffe und Bruder im Knast. Sie spuckt Gift und Galle.« Der Richter rollte mit den Augen. »Erst hat sie Pete die Hölle heißgemacht, zu Recht, und jetzt ist sie sauer auf die Bullen.«

»Weil sie Tom wegen versuchten Mordes an mir eingebuchtet haben?«

»Quatsch, weil sie den guten Namen der O'Mearas in den Dreck ziehen.«

Er schaltete den Fernseher ein und zappte rasend schnell durch die Kanäle, bis er eine Übertragung der Classic-Schlußrunde fand. Während die Kamera von Loch zu Loch folgte und die Nachmittagswinde die Positionen innerhalb der Führungsriege völlig durcheinanderbrachten, versuchte ich in DiRienzos Schädel zu kriechen. Ich wußte, worauf seine Untersuchungen abzielten, und ich mußte vor ihm an diesem Ziel sein. Petes Zukunft hing davon ab.

Aber mir fehlte es an Konzentration. Die Gedanken verloren sich in einem inneren weißen Rauschen. Die Stimmen der Sportreporter nagten an meinen Ohren. Die geringste Kopfbewegung, und schon schien mein Hirn im Schädel zu rappeln. Schließlich gab ich es auf und starrte dumpf auf den Bildschirm. Dem schmerbäuchigen Tourveteranen gelangen bei den letzten vier Löchern drei Birdies, und er zog mit dem Sieger der British Open

259

gleich, um ihn in einem fünf Löcher währenden Playoff durch Sudden Death zu besiegen.

»Wußte, daß der alte Knacker was hatte«, sagte der Richter. »Sie hätten beide geschlagen, und das macht Sie in meinen Augen zum inoffiziellen Champ des Classic.«

»Welch ein Trost«, bemerkte ich.

Der Richter reckte sich, bis der Stuhl fast auseinanderbrach, und schaltete dann den Fernseher aus. »Ich muß morgen wieder an die Arbeit. Wir sehen uns.«

»Mit Sicherheit«, sagte ich ohne Ironie.

Ich döste wieder etwa eine Stunde lang und erwachte dann mit klarem Kopf und klarer Lunge. Ich konnte luftholen, ohne husten zu müssen. Mein Dinner, selbst dessen klinische Variante, brachte mir sogar das Konzentrationsvermögen zurück. Eine halbe Stunde scharfen Denkens riß Riesenlöcher in DiRienzos offenkundige Theorie. Ich kannte meinen nächsten Zug und wartete nur auf ein Startsignal.

Es kam in Form von Deirdre. Sie rauschte ins Zimmer und riß die Faltwand um mein Bett zu.

»Die verdammten Cops schieben alle drei Morde Tom in die Schuhe.« Sie ging neben mir auf und ab und schlug bei jedem Schritt mit der Faust auf die Matratze. Ich sagte nichts. Zerrte man von zwei Seiten an Deirdre, wurde sie gereizt. Zog man sie aber nach fünf oder sechs Seiten gleichzeitig, wie es jetzt geschah, dann schnappte sie nach allem, was sich bewegte.

»Sie kommen immer wieder darauf zurück, daß Tom und Eddie unter einer Decke steckten.«

»Haben wir das nicht auch geglaubt, als wir hinter Eddie her waren?«

»Du hast das geglaubt. Ich mag bisweilen Gehässigkeiten über Tom von mir geben, aber er bleibt mein Bruder. Da wollte ich Pete helfen, und jetzt sitzen beide in der Tinte.«

»Vergiß Tom«, sagte ich. Er hat Eddies Leiche versenkt und wollte mich, verdammt noch mal, umbringen.«

»O.k., dafür wird er dann auch verknackt. Aber wenn man

ihm auch noch die beiden Miles-Morde anhängt, klingt das ja, als wären wir eine Familie von mordlüsternen Psychopathen.«

»Wenn es dich erleichtert – ich glaube genauso wenig, daß Tom Sylvester umgebracht hat, wie daß es Pete gewesen ist.«

»Du mit deinen verdammten Ideen. Du warst so sicher, daß Pete unschuldig ist, daß du zugeguckt hast, wie er gesteht, ohne daß der hohe Herr ein Wort mit den Bullen redet.«

»Es war der falsche Zeitpunkt.«

»Und wann kommt bitte der richtige? Wenn auch noch der letzte O'Meara in den Dreck gezogen ist?«

»Nun hör mal zu«, sagte ich besänftigend. »Wir sind uns doch einig, daß Eddie Z hinter Sylvesters Geld her war und Tom überredet hat, bei seinem Kreuzzug mitzumachen.«

Deirdre schnaubte abfällig.

»Wenn sie hinter seinem Geld her waren, warum sollten sie ihn dann umbringen?« fragte ich.

»Vielleicht ist Eddie durchgedreht. Vielleicht Tom. Ich weiß es nicht. Ich weiß nicht, was solche Leute sich denken.«

»Tom rastet bei Pete und Gina aus, aber er kann sich auch ganz schön beherrschen, zum Beispiel gerade jetzt bei der Polizei. Wir kennen Eddie nicht; aber er war drei Monate hier in der Gegend, bevor Syl umgebracht wurde. Er arbeitete an was viel Subtilerem als Mord, Entführung, Nötigung, Erpressung, was weiß ich.«

»Kieran, ich seh nicht, welche Rolle all das spielen soll.«

»Ich denke, ich weiß, wer Sylvester ermordet hat. Das hilft zwar nicht Tom, aber Pete.«

Deirdre grinste kläglich. »Das hast du schon mal gedacht.«

»Zweimal, um genau zu sein. Beim ersten Mal wurde Jack Miles getötet, und ich mußte meine Meinung ändern. Dann fand ich Eddie auf Toms Boot und mußte sie wieder ändern. Diesmal habe ich alles bis zum i-Tüpfelchen durchdacht. Außerdem sind mir die Alternativen ausgegangen.« Ich verschränkte die Arme vor der Brust.

»Aber du sagst es mir nicht, oder?«

»Nicht, bis wir etwas unternehmen können, und das ist jetzt noch nicht der Fall.«

»Aber du willst mich dabei wieder aus den Füßen haben wie beim letzten Mal?«

»Und mich umbringen lassen? Nein, danke. Diesmal arbeiten wir von Anfang an zusammen.«

Deirde griff nach der Patientenkarte am Fuß meines Bettes und entzifferte das Krickelkrakel.

»Demnach wollen sie dich noch vierundzwanzig oder sechsunddreißig Stunden zur Beobachtung dabehalten.«

»Macht nichts. Pete hat sich schuldig bekannt, und gegen Tom ist Anklage erhoben. Da machen ein oder zwei Tage nichts.«

Deidre erzählte mir von dem Anwalt, den sie für Tom engagiert hatte, und wie tapfer sich Gina in all dem Streß hielte. Dann kletterte sie auf mein Bett, legte sich neben mich und bettete den Kopf auf meine Brust.

»Danke, daß du mich gerettet hast«, sagte ich und legte meinen Arm um sie.

»So ganz richtig nicht – ich habe nur …« Sie zitterte leicht und plötzlich war ihr ganzer Schneid fort. »Kieran, wenn Tom dich – wenn er dich …« Sie brach in Tränen aus.

»Ich weiß«, sagte ich in meinem philosophischsten Ton. »Manchmal passieren ja die verrücktesten Sachen.«

Punkt drei glitt Demo Mike ins Zimmer. Vier Stunden dauerte die Nachtschicht noch, und das Krankenhaus summte friedlich wie ein Kühlschrank.

»Hast du alles gefunden?«

»Ich hab alles im Matchbeutel.«

Ich zog die Kleider an, die Demo mir mitgebracht hatte. Niemand bemerkte uns im Korridor, auf der Feuertreppe oder auf dem Parkplatz.

»Warum der frühe Aufbruch? Die Gerichtssitzung beginnt erst in sechs Stunden.«

»Die brauchen wir vielleicht auch.«

262

»Keine weiteren Leichen, hoffe ich.«

»Nein, den hier hätte ich gerne lebend.«

Ich dirigierte die rasende Fahrt von Demos Kiste in Richtung Autobahn nach Stamford. Ich nahm an, daß jemand ohne Ziel und Bleibe das ihm am besten vertraute Gelände aufsuchen würde. Aber wir verbrachten dann eine ganze Stunde damit, in immer größeren Kreisen in Stamford herumzufahren. Ein langweiliger Job, besonders wenn er ergebnislos blieb.

»Laß es, Demo«, sagte ich nach einer plötzlichen Eingebung. »Fahr zurück nach Milton.«

Der Wagen stand nicht vor Andy Andersons Werkstatt. Wir fanden ihn auf der anderen Seite des Gewerbegebiets, verborgen im Schatten einer nicht länger benutzten Laderampe. Ich kramte im Matchbeutel bis ich den losen Schlägergriff fand, den Demo mir aus meinem Laden geholt hatte. Ein paar bleierne Senker zum Angeln verwandelten ihn auf der Stelle in einen handlichen Totschläger. Ich warf Demo die Wäscheleine zu und nickte grimmig. Es war an der Zeit loszuschlagen.

Wir schlichen uns an den Wagen heran und hielten uns dabei, so gut es ging, im Schatten. Auf der Fahrerseite war das Fenster einen Spalt geöffnet. Die Innenseite der Windschutzscheibe war beschlagen. Ich dirigierte Demo zum Heck des Wagens und kroch neben die Tür, meine Hand am Griff. Ich tat so, als ob ich bis drei zählte und riß die Tür auf.

Ich brauchte keinen Totschläger. Miko Onizaka rollte vor meine Füße wie ein Sack Muscheln. Er grunzte, als er den Boden berührte, rollte auf den Rücken und begann zu schnarchen. Er stank nach Scotch und Schweiß.

»Fessel ihn!« befahl ich.

»Kieran ...«

»Nun mach schon! Schnell!«

Während Demo Onizakas gummiweiche Handgelenke zusammenband, wühlte ich in den Haufen feuchter Kleidung, klebriger Scotch-Flaschen und schmieriger Fast-food-Packungen, fand aber nichts. Dann zog ich an dem Hebel für das Kofferraumschloß und öffnete den Deckel. Das Licht im Kofferraum war höchstens fünfzehn Watt stark, aber reflektiert von den *Blitzschlägern* leuchtete es wie die Sonne.

»Was ist das denn?« fragte Demo. Er stand an meiner Schulter und starrte abwechselnd auf die Schläger und Onizakas lebloses Körper.

»Nichts, wovon du auch nur das Geringste wissen solltest. Schaffen wir ihn in dein Auto.«

»Kieran, das ist verrückter als jede Leiche. Das ist Kidnapping.«

»Ich übernehme die Verantwortung.«

Wir verstauten Onizaka auf dem Rücksitz: Die *Blitzschläger* packte ich in Demos Kofferraum und kletterte dann selbst neben Onizaka in den Wagen, den Totschläger in der Hand. Man kann niemals zu gut vorbereitet sein.

»Wohin?« fragte Demo, als erwarte er als Antwort Mexiko.

»Zu meiner Wohnung.«

Zwei geschlagene Stunden lang traktierten wir Onizaka mit heißem Kaffee, kalten Handtüchern und Fragen. Zuerst versuchte er, den Betrunkenen zu spielen, dann den Taubstummen. Schließlich gab er auf. Als er zu reden begann, war ich froh, daß Demo dabei war. Sonst wäre mein Totschläger vielleicht doch noch zum Einsatz gekommen.

Um halb neun fesselten wir Onizakas Hände und bedeckten sie mit einer Windjacke. Anderer Vorsichtsmaßnahmen bedurfte es nicht. Miko Onizaka war ein zutiefst gebrochener Mann. Bevor wir ins Gericht fuhren, nahm ich die *Blitzschläger* aus Demos Wagen und vergrub sie unter einer halben Tonne Akten in meinem Archiv.

Glücklicherweise hatte der Richter schon sein Büro verlassen und saß auf seinem Platz im Gerichtssaal, um mit der Morgensitzung zu beginnen, und es gelang mir, einen Mitarbeiter zu beschwatzen, Miko im Zimmer des Richters zu verstauen.

»Ein sehr wichtiger Zeuge, den wir unbedingt isolieren müssen«, sagte ich und stieß Miko auf einen Stuhl, während Demo weitere Fesseln aus der Wäscheleine anfertigte.

»Ich weiß nichts von einem Zeugen«, beschwerte sich der Mitarbeiter.

»Der Richter auch nicht.«

Demo und ich ließen ihn mit einem schweren Stotteranfall zurück und gingen außen herum über den öffentlichen Korridor zu Richter Inglisis Sitzungszimmer. Die Leute, denen ich meine Vorladungen zugestellt hatte, zwängten sich mit den Anwälten und Prozeßparteien in die Galeriebänke. Alle waren sie offenbar wütend, aber die Etikette des Gerichtssaals zwang ihnen einen dünnen Firnis von Höflichkeit auf. Nur DiRienzo war flegelhaft genug, mich frontal anzugreifen. Er stellte sich mir in den Weg, als ich den Mittelgang hinunterkam. Seine Hände waren zu Fäusten geballt, und sein Atem zischte wie bei einer Dampfmaschine, die sich losgerissen hat.

»Diese Vorladung ist ein gottverdammter Schwindel.« Die Stimme geriet ihm außer Kontrolle. »Tom O'Meara und sein Sohn haben Miles umgebracht. Können Sie nicht mal jetzt Ruhe geben?«

»Nein, kann ich nicht.«

Am Richtertisch steckten zwei Anwälte, die mit meiner Kriegslist nichts zu tun hatten, mit dem Richter die Köpfe zusammen. DiRienzos Gebrüll hatte den ganzen Gerichtssaal zum Schweigen gebracht, und der Richter starrte von oben auf mich herab. Seine Stirn war gefurcht wie ein Acker, und sein vorgereckter Kiefer straffte seine Doppelkinne. Er schien wenig glücklich. Die beiden Anwälte entließ er und winkte mir mit einem gekrümmten rundlichen Finger. Beweg deinen Arsch hierher, aber ein bißchen plötzlich.

»Sie sollten für all das hier einen verdammt guten Grund haben!« sagte er.

Ich erklärte ihm, daß ich das alles eingefädelt hätte, bevor der tote Jack Miles aufgetaucht war. Alle Beteiligten vor Gericht zu schleppen sei mir damals als der beste Weg erschienen, den Mörder in seinem Versteck auszuräuchern.

»Das ist der Schnee von gestern, Kieran,« knurrte er. »Warum haben Sie denn danach die Aktion nicht abgeblasen?«

Ich sagte ihm, warum. Als sein Kiefer herunterfiel, waren auch die Doppelkinne wieder an ihrer Stelle.

»Sie halten Miko Onizaka in meinem Dienstzimmer gefangen!«

Ich umriß kurz, was Onizaka Demo und mir erzählt hatte.

»Und Sie glauben ihm?« fragte er.

»Es macht genauso viel Sinn wie alles andere.«

Der Richter trommelte mit den Fingern auf seinen Tisch.

»Wen haben Sie vorgeladen?«

Ich zählte die Namen auf, und er notierte sie auf einem Protokollblatt.

»Also gut«, sagte er. »Aber dies ist Ihre Show. Wenn Sie in Schwierigkeiten geraten, hole ich Sie da nicht raus.«

»Jemand von der Staatsanwaltschaft sollte noch hier sein«, schlug ich vor. »Am besten Fowler.«

Mit einem heftigen Seufzer befahl der Richter dem Gerichtsdiener, alle außer den auf dem Blatt aufgeführten Geladenen aus dem Saal zu weisen. Als das geschehen war, wies er ihn an, bei der Staatsanwaltschaft anzurufen.

»Ich sollte Ihnen in den Arsch treten«, sagte er zu mir. »Gehen Sie bitte davon aus, daß das hiermit soeben geschehen ist. Und gleich zweimal.«

Ich schob zwei Anwaltstische zusammen und bat jeden, sich zu setzen. Niemand bewegte sich, bis der Richter seinen Hammer niedersausen ließ. Er mußte sich verdammt viel Mühe geben, ein sardonisches Lachen zu unterdrücken.

Demo und ich standen am Kopf des Tisches, während die wirklichen Teilnehmer an diesem Spiel einander gegenüber Platz nahmen. William St. Clare, sichtlich irritiert durch Adriennes Gegenwart, war auf seinem Stuhl so weit nach vorn gerutscht, daß seine Koteletten fast die Tischkante streiften. Frank Gabriel ver- und entschränkte seine Arme, spitzte und entspitzte seine Lippen. Rote Zornesflecken zeigten sich von der Kinnspitze bis zum Pol seines mächtigen Schädels. Brendan Collins sah aus wie an die Wand gespuckt.

Auf der andern Seite des Tisches schäumte DiRienzo. Adrienne, kühl wie ein erfrischendes Pfefferminz in rosa und blauen Pastelltönen, blickte zur Decke und spielte mit den Locken an ihrem linken Ohr.

»Wir haben ein Problem«, sagte ich, »und wir sollten es lösen, bevor es uns über den Kopf wächst.«

Collins quietschte als erster los.

»Mein Mandant und ich nehmen an diesem ... diesem – was auch immer das sein mag, unter Protest teil und begeben uns ausdrücklich nicht unserer Rechte, die Entscheidung dieses Gerichts anzufechten. Wir kündigen hiermit eine Klage wegen Mißbrauchs prozessualer Formalien und böswilligen Rechtsmißbrauchs an.«

»Behalten Sie's für sich, Brendan. Keiner verklagt hier irgend jemanden«, sagte ich. »Besonders in Anbetracht der Tatsache, daß der Milton Country Club keineswegs der rechtmäßige, im Grundbuch ausgewiesene Inhaber aller seiner achtzehn Löcher ist.«

Demo Mike zog den Grundbuchauszug aus seinem Matchbeutel.

»Das können Sie niemals beweisen!« sagte Gabriel.

»Das brauche ich überhaupt nicht. Jemand ganz anderes hier im Raum kann uns die ganze Geschichte erzählen. Vor allem, wenn ihm klar wird, wie brüchig seine sorgsam gehegte Reputation jetzt schon ist.«

St. Clare kroch fast unter den Tisch. DiRienzo grinste wie die Karikatur einer Katze.

»Was zum Teufel grinsen Sie, Chicky? Sie haben doch getönt, Sie hätten Pete O'Meara verhaftet, weil Sie Milton besser kennen als sonst irgendwer. Einen Dreck wissen Sie!«

DiRienzo verschluckte sein Grinsen. Ich fuhr fort:

»Wir alle wissen, wie Dr. Gabriel, St. Clare und Sylvester Miles den MCC gegründet haben. Jahrelang dümpelte das Projekt vor sich hin, weil das Gelände für sechs weitere Löcher fehlte. Natürlich bot es sich an, das benachbarte Gelände dazuzukaufen, aber Josie Park wies jedes Angebot brüsk zurück. Da griff eine höhere Gewalt ein. Josie Park starb und vermachte das Gelände der Stadt Milton zu dem alleinigen Zweck, darauf ein Naturschutzgebiet anzulegen. Jede andere Verwendung war Grund genug, das gesamte Vermächtnis zu widerrufen.

Zu der Zeit, als Park starb, war Dr. Gabriel im Stadtrat und St. Clare war Bürgermeister. Beide wußten, daß sie von dem Naturschutzgebiet vierzig Morgen abtrennen konnten, ohne daß es jemandem auffiel, auch nicht Sylvester Miles. Es gab nur ein Hindernis – Josie Parks Anwalt, sein bester Freund und der Vorstand seiner Stiftung, I. W. Frippy. Das Testament hatte ihn mit der Kontrolle über die richtige Verwendung des Grundbesitzes betraut. Wenn er keinen Protest einlegte, konnten Gabriel und St. Clare das Land praktisch wie ihr eigenes behandeln. Deshalb engagierten sie einen Privatdetektiv namens Savage, irgendwelchen Dreck aus Frippys Vergangenheit auszubuddeln. So konnten sie sein Schweigen erpressen.«

»Das können Sie nicht beweisen«, sagte Gabriel erneut. Adern quollen auf seinem Schädel, gezackt wie Blitze.

St. Clare hatte den Kopf in den Händen vergraben. »Das braucht er nicht«, murmelte er.

»Halt dich geschlossen, Billy!« sagte Gabriel.

Der Richter schlug seinen Hammer aufs Pult.

»Savage leistete ganze Arbeit, und Frippy vergaß zuvorkommenderweise seine treuhänderischen Pflichten gegenüber der Stiftung. Alle einschlägigen Dokumente lagern bis zum heutigen Tag im Gerichtsgebäude, der Öffentlichkeit jederzeit frei zugänglich. Aber die Öffentlichkeit war nicht interessiert. Der Milton Country Club behandelte das Land als sein eigenes und baute die weiteren sechs Löcher darauf. Dann, viele Jahre später, verhandelte einer der Gründerpartner im geheimen mit Tomiro Enterprises über den Verkauf des Clubs, weil sein extrem unter Druck stehendes Finanzimperium dringend eine Geldspritze brauchte.

Der Vorstand war gespalten, weil sich Sylvester Miles der Stimme enthielt. Er bereute es nämlich, Adrienne geheiratet zu haben, und wollte ihr so wenig wie möglich hinterlassen, falls und wenn er starb. Seine Geschäftsanteile und seinen Anteil am Club konnte er ihr vorenthalten, aber nicht das Bargeld, wenn der Club dann schon verkauft sein sollte. Dafür mußte er noch eine rechtliche Konstruktion finden, und solange enthielt er sich der Stimme. Dann stieß er auf das Problem mit den Grundstücken. Am Tag bevor er ermordet wurde, besuchte er Frippy im Pflegeheim, um sich seinen Verdacht bestätigen zu lassen. Nach allem, was ich erfahren habe, hat die Unterhaltung den alten Anwalt wahnsinnig aufgeregt.«

Gabriel schlug sich auf die Faust. »Das ist ja alles sehr interessant, Lenahan, aber ich weiß immer noch nicht, worauf Sie hinauswollen.«

»Ganz einfach«, sagte ich. »Sie und der Bürgermeister sind hier, um den Verkaufsbeschluß an Tomiro Enterprises rückgängig zu machen.«

»Den Teufel werden wir tun«, sagte Gabriel. »Ich werde mein Votum nicht widerrufen, und Billy wird das auch nicht tun. Nicht wahr, Billy?«

Falls St. Clare darauf antworten wollte, konnte man die Antwort jedenfalls nicht hören. Collins begann urplötzlich, einen irrelevanten Nebenaspekt des allgemeinen Immobilienrechts zu erörtern. Ich bat ihn, sich geschlossen zu halten, und starrte Gabriel direkt ins Gesicht.

»Frippy haben Sie kleingekriegt, mich werden Sie nicht kleinkriegen. Die Stadt Milton kann Ihre Ärsche vor Gericht zerren und ihren Eigentumsanspruch geltend machen. Selbst wenn Sie letztlich gewinnen sollten, hat Tomiro Enterprises bis dahin längst das Weite gesucht.«

Gabriel sank in seinen Stuhl, als ihm die Wahrheit dämmerte.

»Aber nichts davon wird geschehen, denn Sie werden als Vorstand beschließen, den Verkauf rückgängig zu machen, und jeder hier im Raum verspricht, über die ungeklärte Eigentumslage Schweigen zu bewahren.«

Die Saaltür öffnete sich mit lautem Knarren. Fowler blieb stehen, als er das ungewohnte Arrangement vor dem Richtertisch sah. Der Richter gab ihm ein Zeichen, sich zu setzen, und er nahm in der letzten Reihe der Galerie Platz.

Gabriel und Collins tuschelten heftig miteinander. Ich zeigte auf meine Armbanduhr.

»Mein Angebot gilt nur noch fünf Minuten.«

Das Tuscheln wurde noch heftiger, bis Collins schließlich seine Aktentasche öffnete. Als er eine Formulierung auf ein Blatt amtlichen Papiers kritzelte, gab ich Mike ein Zeichen, den Auftritt Onizakas vorzubereiten. Collins beendete seinen hastigen Entwurf, Gabriel und St. Clare unterschrieben ihn beide, und Collins beurkundete den Akt. Der ganze Vorgang dauerte vier Minuten. Als sie fertig waren, setzte eine allgemeine Unruhe ein.

»Es gibt da noch ein kleines Detail«, sagte ich.

»Was denn nun schon wieder, Lenahan?« stöhnte Gabriel. Ich faltete das Dokument und steckte es sicherheitshalber in meine Tasche, dann öffnete ich die Tür, die direkt ins Dienstzimmer des Richters führte. Onizaka kletterte schwerfällig die Stufen zum Zeugenstand hinauf.

»Einige von ihnen kennen diesen Mann«, sagte ich, »aber für die, die dieses Vergnügen bislang nicht hatten, stelle ich ihn vor als Miko Onizaka, Golf-Profi und früherer Angestellter von Ichi-Ni-San Golf World, einer Tochter der Tomiro Enterprises.« Ich winkte Fowler näher heran. »Miko, erzählen Sie allen hier, was Sie mir vorhin erzählt haben.«

»Ich aus kleine Dorf bei Osaka, Japan.« Onizaka rieb sich beim Sprechen die aufgescheuerten Handgelenke. »Ich ganz sehr gern in Amerika leben wollen. Tomiro Hayagawa Interesse an mir nehmen und mich nach Amerika bringen als angestellte Pro von Ichi-Ni-San. Er versprechen viel, wenn ich gut Golf spielen. Er mich zum Chef-Pro der amerikanischen Country Clubs machen wollen, die er kaufen wollen. Aber ich Schande über ihn und seine Gesellschaft bringen und aus seiner Gnade fallen. Meine Zeit als angestellte Pro in Amerika werden kurz.

Dr. Gabriel mein Problem kennen. In Frühling er mir sagen, er Hilfe brauchen im Abschließen von Kauf zwischen seine Club und Mr. Hayagawa. Er sagen er mich schreiben als Pro in Vertrag, wenn ich helfen. Ich sagen, wie meine Hilfe wollen, weil ich nicht mehr in Gnade bei Mr. Hayagawa sein. Er sagen mir, er Probleme mit Partnern bei Verkauf haben. Eine nicht verkaufen wollen, andere sich entscheiden wollen. Er einen zum Überreden von andere für Verkauf wollen. Er dafür einen wollen, den er vertrauen und belohnen können.

Dr. Gabriel mit mir viele Tage nicht sprechen. Ich verlieren mein Wohnung. Schlafen in mein Auto. Üben hart für Met, weil Sieg mir helfen, neue Sponsor finden.

Tag von Met Wetter schlecht. In zweite Runde Dr. Gabriel auf mich auf Wykagyl Platz warten. Er sagen ›Stand der Abstimmung und Umstände perfekt‹, damit ich mit Mr. Miles treffen. Ich zum Milton Country Club vor Sonnenuntergang müssen. Mr Miles üben dann immer alleine.

Am Ende von Met Zweite Runde ich führen mit sechs Schläge. Mr. Hayagawa gratulieren mir. Wünschen mir Glück für Schlußrunde. Dann ich Dr. Gabriel erinnern. Ich sehr schnell zu Milton Country Club fahren und Loch am Wasser finden. Ich erkennen Miles mit eine Schläger, aber er nicht allein sein. Zwei Männer mit ihm, eine sehr alt, andere Krüppel mit Stock. Ich in Schilf verstecken und hören. Alte Mann und Krüppel Geld wollen. Miles versprechen geben ganz bald. Alte Mann und Krüppel zu Wasser gehen und steigen in Boot. Miles weiter üben. Er auch alte Mann. Ich nicht überreden wollen. Ich schlecht fühlen, es zu tun, und ich fühlen Lohn von Dr. Gabriel nicht mehr brauchen. Ich glauben ich Met gewinnen und Mr. Hayagawa nehmen mich zurück. Ich gehen wollen und einen andere auf Platz sehen.«

Onizaka senkte den Kopf und begann wieder, seine Gelenke zu reiben. Vorhin in meiner Wohnung hatte er auch genau an dieser Stelle gezögert. Ich blickte in die Runde am Tisch. Collins und Gabriel hockten dicht beieinander und ließen keinen Blick von Onizaka. St. Clare kaute auf seiner Zunge. DiRienzo hob den Stift von seinem Notizbuch. Adrienne drehte immer noch ihre Locken, während ihre andere Hand sich an die Tischkante klammerte.

»Weiter, Miko«, sagte ich. »Wer erschien auf dem Platz?«

»Dr. Gabriel«, antwortete Onizaka.

»Das ist eine gottverdammte Lüge!« brüllte Gabriel los. Collins schob seinem Mandanten eine Hand vor den Mund.

»Weiter«, befahl ich Miko.

»Dr. Gabriel sprechen mit Miles. Sie über Verkauf streiten. Gabriel reißen Schläger aus Miles' Hand. Treffen ihn hart neben Nacken. Miles umfallen, still liegen. Gabriel schwingen nach Kopf wie nach große Golfball.« Onizaka schluckte heftig. »Er ziehen Leiche nach Teich, nehmen Steine von Rand und sinken Leiche im Wasser. Dann er werfen Mörderschläger in Hafen.«

Gabriel riß sich aus Collins' Griff los: »Lügen!« brüllte er.

St. Clare sprang Gabriel an den Hals und preßte seine rundlichen Daumen gegen die Kehle des Zahnarzts. DiRienzo umrundete den Tisch mit erstaunlicher Schnelligkeit und streckte St. Clare zu Boden.

»Du hast Syl umgebracht,« stammelte der Ex-Bürgermeister.

Gabriel blickte erst ihn höhnisch an, dann uns andere. Er ordnete seinen derangierten Kragen und sammelte die letzten Fetzen seiner Arroganz.

»Tom O'Meara war es«, sagte er. »Er hat Syl mit seinem Stock erschlagen. Das wissen wir doch alle.«

»Das macht keinen Sinn,« sagte ich. »Syl hat Tom und Eddie Geld versprochen. Wir wissen doch, wie Syl vorging. Den Leuten das Blaue vom Himmel versprechen und im Stillen hoffen, daß sie nie wiederkommen, um es sich zu holen.« Demo reichte mir den kaputten *Blitzschläger* aus seinem Matchbeutel. Ich wedelte damit vor Gabriels Gesicht. »Die Gerichtsmediziner werden beweisen, daß dies hier die Mordwaffe ist. Sie haben sie in die Bucht geworfen, damit man sie niemals fände. Aber Syl haben Sie aus andern Gründen im Teich versenkt. Natürlich wollten Sie zum einen die Tatzeit verunklaren. Aber sie wollten auch, daß man die Leiche schnell fände. Sie wollten St. Clare klarmachen, daß ihn dasselbe Schicksal ereilt, wenn er dem Verkauf nicht zustimmt.«

»Sie sind verrückt«, sagte Gabriel. Er blickte um den Tisch herum, aber alle schauten weg. »Ihr seid ja alle verrückt. Ihr glaubt den Worten dieses versoffenen japanischen Penners. Ich habe Syl an diesem Abend überhaupt nicht gesehen. Ich hatte auch niemals irgendeine Abmachung mit diesem Säufer.«

Aber der Richter hatte schon einen Trupp Justizbeamte herbeigerufen. Sie bildeten einen dichten Halbkreis hinter Gabriels Stuhl.

»Danach«, sagte Onizaka, »ich verlieren Met und brauchen neuen Weg zu Mr. Hayagawas Gnade.«

»Danke, das genügt, Miko,« unterbrach ich ihn.

Kapitel 20

Ein recht kleinlauter Pete kehrte Mitte der nächsten Woche an seinen Arbeitsplatz zurück. Er vergrub sich im Lagerraum, säuberte schweigend die Schläger und tauchte nur auf, um seinen Lunch hinunterzuschlingen. Sein einziger Kommentar zu dem, was er durchgemacht hatte, war ein gemurmeltes Dankeschön für das, was ich für ihn getan hätte. Zweifellos flüsterte ihm sein pubertärer Stolz ein, daß er sich auch selbst aus dem Sumpf gezogen hätte, wenn er nur Zeit genug gehabt hätte. Ich arbeitete schon an meiner Rede zum Thema Hybris, die ich halten wollte, wenn es ihm besser ginge, vielleicht, wenn die Kreuze auf seinem Schädel mit dem nachwachsenden Haar verschwanden.

Anfang September fuhr ich eines Morgens zu Adriennes Haus. Eine Limousine stand in der Auffahrt und zwei Koffer hockten auf den Eingangsstufen. Adrienne war allein im Salon. Die korrekten Falten ihres dezent gemusterten Hosenanzugs und der straffe Knoten, zu dem sie ihr strohblondes Haar gebunden hatte, verliehen ihr eine strenge Schönheit.

»Urlaub?« fragte ich.

Sie schüttelte den Kopf. »Nach Hause.«

»Sie reisen mit kleinem Gepäck.«

»Meine ältere Schwester wohnt in der Nähe von Cleveland«, sagte sie. »Verheiratet, zwei größere Kinder. Ich habe sie früher für eine langweilige Trine gehalten. Sie hat mich eingeladen, bei ihnen zu wohnen, bis ich wieder auf eigenen Beinen stehe. Ein besseres Angebot habe ich nicht.«

Wir starrten auf unsere Schuhspitzen. Trotz der Fülle von Grünpflanzen wirkte der Salon plötzlich leer und steril.

»Ich wollte mich dafür entschuldigen, daß ich Sie verdächtigt habe.«

»Vergessen Sie's«, sagte sie nur.

»Das kann ich nicht. Ich hätte es besser wissen müssen.«

»Es spielt wirklich keine Rolle. Immerhin haben Sie mich stets fair behandelt. Das ist mehr, als man von den meisten hier sagen kann.«

Wir gingen nach draußen. Der Fahrer der Limousine hatte Adriennes Gepäck eingeladen, hockte nun hinter dem Lenkrad und blickte uns an. Ich holte einen länglichen Karton aus meinem Kofferraum. Adrienne wußte sofort, was er enthielt.

»Hätte ich neulich im Gerichtssaal Miko ausreden lassen, hätte er erzählt, wie er sie gestohlen hat. Nach der Niederlage beim Met suchte er verzweifelt nach Wegen, bei Hayagawa wieder Gnade zu finden. Neben vielem andern ist Hayagawa auch ein hochkarätiger Sammler von allem, was mit Golf zu tun hat. Aber an einem unvollständigen Set von *Blitzschlägern* hatte er kein Interesse. Vielleicht geht es Ihnen anders.«

»Aber ...«

»Kein aber. Ich habe unter jedem erdenklichen Aspekt darüber nachgedacht. Niemand wird je erfahren, daß Sie sie haben. Und eine anonyme Einlieferung zur Auktion ist kein Problem.«

Ich trug den Karton zur Limousine und bat den Fahrer, mir den Kofferraum zu öffnen. Nervös blickte er Adrienne an. Sie biß sich auf die Lippen und nickte dann. Der Kofferrang sprang auf. Elf längliche Kartons, exakt wie der in meinen Händen, waren säuberlich darin verstaut.

»Ich habe sie hinter einer falschen Wand auf dem Dachboden gefunden«, sagte sie. »Ich wußte, daß Syl, wenn er ein Set besaß, auch die andern hatte.«

Wir lächelten und wußten beide, daß dieses Geheimnis uns für immer verbinden würde.

Ich blickte dem Wagen nach, wie er auf dem Harbor Terrace Drive meinen Blicken entschwand. Manchmal kommt man einem Menschen so nah wie Zacken auf zwei ineindergreifenden Zahnrädern. Aber dann wird man von derselben kosmischen Maschine genauso unerbittlich wieder getrennt, und es bleiben nur die Gedanken an eine mögliche Zukunft in einer Parallelwelt. An Adrienne würde ich noch verdammt lange zurückdenken. Nicht an den verzweifelten Auftritt in meiner Küche. Nicht an die knallharte Frau, die ihre Armut beklagte und dabei im Kofferraum einer Limousine ein Vermögen aus Milton verschwinden ließ. Erinnern würde ich mich an die Verheißung des ersten tastenden Blicks, damals im Salon, der jetzt schon zu einer vergangenen Welt gehörte.

Für die Leute in der Stadt war ich plötzlich nicht mehr bloß ›der Pro vom Golfclub‹. Ich war jetzt der Mann, der den Mord an Sylvester Miles aufgeklärt hatte und dabei selbst fast umgebracht worden wäre. Bei zwei Verhandlungen sagte ich als Zeuge aus und arbeitete sogar mit DiRienzo zusammen an der Klärung einiger noch offener Fragen.

»Also, ich war doch verdammt nah dran«, platzte er eines Tages unvermittelt heraus, als müsse er sich verteidigen. »Es war zwar nicht der Junge, aber immerhin dessen Alter.«

Detektion als Hufeisenwerfen – wer nah rankommt, kriegt auch einen Punkt.

Als der Sommer blasser wurde, schlüpfte ich wieder mehr und mehr in meine Rolle als Club-Pro. Die Frage, die ich am häufigsten zu hören bekam, war: Wieso der eine Schlag beim Classic? Meine Standardantwort – damit ich sagen könnte, ich hätte auf der PGA-Tour mitgespielt – entsprach nicht ganz der Wahrheit.

Niemand bekannte sich je zu dem Überfall auf mich in der Nacht vor dem Classic. Der Richter verdächtigt Gabriel, der mir einen Schuß vor den Bug habe setzen wollen. Ich neige eher zu Miko, weil er als einziger davon profitiert hätte, wenn er mich aus dem Turnier geprügelt hätte. Und das bringt mich zurück zu meinem einen Schlag. Wäre ich förmlich vom Turnier zurückgetreten oder einfach nicht hingegangen, wäre Miko als Zweiter des Met mein Ersatzmann gewesen. Aber der eine Schlag mit dem Dreiereisen machte mich zum offiziellen Teilnehmer, für den kein anderer einspringen konnte.

Ende September stellte Deirdre einen großen Koffer auf meinem Schlafzimmerboden ab.

»Ich muß mit beiden Füßen reinspringen«, sagte sie, während sie ihre Sachen in eine leere Kommodenschublade warf.

Mir ist es recht, wieder mit Deirdre zusammenzuleben. Beide sind wir jetzt einige Jahre älter geworden und sehen nicht mehr alles mögliche als selbstverständlich an. Aber Voraussagen wage ich nicht. Mit beiden Füßen kann man auch doppelt so schnell weglaufen, sollte sich ihre Besitzerin auch nur im mindesten eingeengt fühlen.

Tom O'Meara plädierte auf Unzurechnungsfähigkeit, aber Richter Edward Miller, derselbe, der damals Petes Schuldeingeständnis akzeptiert hatte, entschied, er sei gesund genug, um des Mordes an Jack Miles und Eddie Z. angeklagt zu werden. Fowler konstruierte einen handwerklich sauberen Fall. Tom und Eddie hatten versucht, Sylvester Miles zu erpressen, und seine Ermordung stürzte sie in die tiefste Verwirrung. Tom ging davon aus, daß mit Miles' Tod auch jede Möglichkeit gestorben sei, an sein Geld zu kommen, aber Eddie überzeugte ihn, daß Jack jetzt auf der Beute säße. Sie brachen in Jacks Hütte ein, und als Jack sie überraschte, schlugen sie ihm den Schädel ein. Danach war Adrienne ihre letzte Chance. Eddie versuchte es mit den anonymen Anrufen, aber daraus wurde nichts. Als ich Tom wegen Eddie befragte, entschloß er sich, endlich auszupacken. Gina mochte er einschüchtern können, aber dem komischen Kauz konnte er nicht trauen.

Die Jury befand ihn in beiden Fällen für schuldig, und Richter Miller verurteilte ihn zu zwei aufeinanderfolgenden Strafen zwischen fünfundzwanzig Jahren und lebenslänglich. In seiner Urteilsbegründung wies der Richter darauf hin, welch berechnenden – und gesunden – Verstandes es bedürfe, vom Elend des eigenen Sohnes gedeckt so skrupellos vorzugehen. Gina O'Meara bestand nach dem Urteil gegenüber den sie bedrängenden Reportern darauf, daß Tom ein guter Ehemann und Vater sei.

Eine Vorjury billigte eine Anklage gegen Brendan Collins wegen
Rechtsbeugung aufgrund seiner Mitwirkung bei Petes falschem
Schuldbekenntnis. Vehement beteuerte er seine Unschuld, aber
tauschte, beraten von seinem Anwalt, dann doch ein Geständnis
gegen ein mildes Urteil von zwei bis vier Jahren Gefängnis.

William St. Clare erteilte Roger Twombly eine Generalvollmacht
und verließ Milton für einen langen Urlaub. Ein Verfahren wegen
krimineller Verschwörung wurde von der Vorjury gar nicht erst
eröffnet, und im Endeffekt entging St. Clare jeglicher Strafver-
folgung.

Das Urteil des Holländers über den früheren Bürgermeister
war nicht weit genug gegangen: Jeder Idiot konnte zwar ein Vermögen erwerben, aber nur ein kompletter Idiot konnte das in
aller Unschuld tun.

Die Staatsanwaltschaft betrachtete Miko Onizaka als Kronzeu-
gen und erhob nie, wie es auf der Hand gelegen hätte, Anklage
wegen Verschwörung oder Behinderung der Justiz.

Und ich zeigte ihn nie als denjenigen an, der in meinen Laden
eingebrochen war, um die *Blitzschläger* zu stehlen. Als auch der
letzte Prozeß in der ganzen Angelegenheit abgeschlossen war,
schickte die Einwanderungsbehörde Miko nach Japan zurück,
wo die dreistöckige Golf-Übungsbahn auf ihn wartete, der er
doch durch einen Kampf mit den härtesten Bandagen hatte entgehen wollen.

Frank Gabriel kämpfte bis zum letzten gegen seine Verurteilung,
aber die Jury befand ihn nach einer Beratungszeit von nur fünf-
undvierzig Minuten (wobei noch die Hälfte auf den Lunch ent-
fiel) für schuldig. Sein Anwalt führte noch verzweifelt sein fort-
geschrittenes Alter und seinen langjährigen Einsatz für die
öffentlichen Belange als mildernde Umstände an.

»Öffentliche Belange?« bemerkte Richter Miller nur, der inzwischen mit jedem der Akteure in der Verbrechensserie aufs be-

ste vertraut war. »Langjähriger Einsatz für die eigenen Interessen kommt der Wahrheit erheblich näher.«

Er verurteilte Dr. Gabriel zur Höchststrafe zwischen fünfundzwanzig Jahren und lebenslänglich.

Das FBI untersuchte Sylvester Miles' Finanzen und fand heraus, daß Eddie Z mit dem letzten Schuß seines verpfuschten Lebens direkt ins Schwarze getroffen hatte. Marcel Velge hatte in der Tat einen Weg gefunden, wie man das Geld von den Schweizer Konten abziehen konnte; und Syl und er teilten sich ein kleines Vermögen. Hannah Miles, geborene Hannah McGriff, war eine Prostituierte mit Krebs im Endstadium, als Syl sie aus einem Sumpf in Florida herausholte, damit sie die Rolle der todkranken reichen Gemahlin spiele. Er wollte für sich ein völlig neues Leben in der Kleinstadt Milton aufbauen und brauchte Hannahs ›ererbtes Vermögen‹, um die wahre Quelle seines Geldsegens vor Conny O'Meara und den andern zu vertuschen.

Andy Anderson schickte mir eine Notiz aus einem Antiquitäten-Magazin. Die International Foundation for Art Research, die Kunstwerken und sonstigen Schätzen, die in Nachkriegsdeutschland ›abhanden‹ gekommen sind, nachspürt, hatte entschieden, nicht nach den verschwunden *Blitzschlägern* zu suchen. Trotz ihres materiellen Wertes seien sie weder Kunstwerke noch gehörten sie zum nationalen Erbe.

Zwei Wochen nach Gabriels Verurteilung schickte mir Fowler das *Blitzschläger*-Pitching Wedge. »Kampflos erworben«, hieß es im Begleitschreiben. Zunächst hatte ich vor, den Schläger zu reparieren und ihn dann eventuell Adrienne zuzuschicken, um ihr Set zu komplettieren. Aber letztlich brachte ich es doch nicht übers Herz, in seinen verdrehten und malträtierten Gummigriff Benzin zu spritzen. Und so richtete ich ihm dann einen Ehrenplatz im Archiv von Inglisi & Lenahan ein.

279

Nachwort

Über wenige Daten der Literaturgeschichte besteht soviel Einigkeit wie über den Zeitpunkt, an dem der Detektivroman entstand: 1863 begann Emile Gaboriaus »L'affaire Lerouge« in Fortsetzungen zu erscheinen, 1866 lag es als gebundenes Buch vor, und ein geistreicher Kritiker stellte später die ebenso simple wie geniale Gleichung auf: Feuilletonroman + Dupin = Gaboriau. Indem er die von Poe geschaffene Gestalt des zu nichts auf der Welt als zum Rätsellösen tauglichen Detektivs mit der Geheimnis- und Entlarvungstradition des europäischen – und amerikanischen – Unterhaltungsromans des neunzehnten Jahrhunderts verband, hatte er ein für allemal die Formel für den Detektivroman gefunden und veröffentlicht.

Da Gaboriau jedoch aus Gründen, wie sie seinem Erstling immanent waren, gezwungen war, seinem skurrilen Privatdetektiv Tabaret nach nur einem Auftritt schon den Abschied zu geben, und sein Nachfolger, der Polizeidetektiv Lecoq, nie zu einer fest konturierten Gestalt gerinnen wollte oder sollte, bedurfte es eines weiteren genialen Einfalls, um die Gattung in ihrer Gestalt bis zum heutigen Tag zu kreieren: Unter direkter expliziter Berufung auf Poes Dupin wie auf Gaboriaus Lecoq – »markierte Intertextualität« nennt man das heute – schafft Arthur Conan Doyle 1887 Sherlock Holmes und seinen Adlatus Dr. Watson als Gestalten mit dem Marketing-Charakter der Einmaligkeit und Unverwechselbarkeit. Seitdem kommt kein nach Erfolg auf diesem heiß umkämpften Markt strebender junger Autor mehr umhin, selbst einen unverwechselbaren Detektiv zu schaffen und ihn zum Serienhelden zu machen – falls das Publikum das wünscht und zuläßt. Die grundlegenden Möglichkeiten reichen dabei vom Zufalls- oder Gelegenheitsdetektiv über den Amateur- oder Hobby-Detektiv und den professionellen Privatdetektiv bis zum angestellten Polizeidetektiv, wobei Amateurdetektive meist als Zufallsdetektive beginnen wie der erfolgreichste Detektiv in

»DuMonts Kriminal-Bibliothek«, Professor Peter Shandy, der plötzlich eine Leiche im eigenen Haus findet (»Schlaf in himmlischer Ruh'«, Bd. 1001). Im Gegensatz zu den universal einsetzbaren Privat- und Polizeidetektiven bringen Amateurdetektive ihr eigenes Milieu mit sich, Professor Shandy seine leicht skurrile Landwirtschaftliche Hochschule im bäuerlichen Massachusetts wie Miss Marple ihre nur scheinbar idyllisch verschlafenen englischen Dörfer.

Damit ist schon alles Grundlegende zu der Detektiv-Variante gesagt, die im Jahre 1995 neu die literarische Szene betritt: Kieran Lenahan, damals Zufalls-, heute schon Seriendetektiv, ist Golf-Profi. Als solcher führt er als Angestellter die Geschäfte eines Golfclubs, betreibt den zugehörigen Laden mit Golfartikeln, erteilt Unterricht und spielt zu seiner und des Clubs Ehre bei lukrativen Turnieren mit, wann immer sich die Gelegenheit bietet. Das drei Anteilseignern gehörende Clubgelände in der Nachbarschaft New Yorks ist eins der schönsten der Welt: Der ursprünglich unprofessionelle zwölf Löcher umfassende private Platz in einer klassischen Parklandschaft wurde von einem Landschaftsarchitekten um weitere sechs Löcher im benachbarten Heide- und Dünengelände erweitert, so daß das nun für offizielle Turniere zugelassene Gelände gleichsam die Vorzüge englischer Plätze mit denen schottischer wie des legendären St. Andrews verbindet.

Eine Tätigkeit als Golf-Profi in einem noch so schönen Golfclub qualifiziert Lenahan nicht gerade zu einem Detektiv, wäre da nicht noch etwas: In einem ziemlich genau fünf Jahre zurückliegenden früheren Leben war er Rechtsanwalt. Von der Kanzlei zum Golfplatz – eine Karriere, die in den USA nsicher weniger unwahrscheinlich scheint als bei uns. Zum einen ist in Amerika die soziale Mobilität generell erheblich höher, zum andern ist, aufgrund des nicht oder kaum vorhandenen Standesrechts, der Beruf des Rechtsanwalts erheblich weniger prestigeträchtig und der des Golfprofis erheblich perspektivenreicher als bei uns. Lenahan selbst erwähnt Anwaltskollegen, die als Spezialisten für Schadensersatz und Schmerzensgeld jedem Krankenwagen mit

281

eingeschaltetem Blaulicht nachlaufen – »chasing ambulances« ist in den USA ein spöttischer terminus technicus hierfür – oder als Fachanwälte für Erbrecht auf jede Beerdigung gehen und dort ihre offiziellen Visitenkarten verteilen, um so an Fälle gegen ein bei uns verbotenes Erfolgshonorar zu kommen.

So erscheint die Konstruktion weniger unwahrscheinlich, daß der als Caddie praktisch auf dem Golfplatz großgewordene Anwalt sich nach fast zehn Jahren beruflicher Tätigkeit in einer Umbruchphase seines Lebens von einem Tag auf den andern seinen Jugendtraum erfüllt hat und Golfprofi wurde. Mit zu dieser Lebenskrise hat damals beigetragen, daß sein Seniorpartner in der gemeinsamen Kanzlei Inglisi & Lenahan zum Richter gewählt wurde – im Gegensatz zum Anwaltsstatus vielleicht die prestigeträchtigste Position in den USA. Die auf spöttisch unterkühlter Verehrung für den kauzigen Richter beruhende Beziehung hat die Trennung der Sozietät überlebt und beschert Lenahan die wohl originellste Watson-Variante der gesamten Genre-Geschichte: Inglisi bewundert seinerseits Lenahan für den Mut und die Konsequenz, mit denen er sich einen Jugendtraum erfüllt hat, wäre der Richter selbst doch gern Testpilot geworden – einen Wunsch, den er jetzt nur in rasant riskantem Autofahren und als Hobbypilot ausleben kann, wobei der massige Mann in der Fliegermontur aussieht wie ein Medizinball mit Beinen. Intelligent, mutig, entscheidungsfreudig, unkonventionell, einflußreich und absolut loyal begleitet er den früheren Partner in seinem neuen Beruf und dem ihm zuwachsenden Hobby – der Detektion, so daß der deutsche Leser sich bisweilen an eine weltläufigere Version des Gespanns Dr. Renz/Matula erinnert fühlt.

Als Erzählform hat der Autor Conor Daly die Ich-Erzählung in der amerikanischen hard-boiled-Tradition gewählt, wie sie Dashiell Hammett in den Geschichten um den angestellten Detektiv der Continental Agency geschaffen und Chandler sie in seinen Phil-Marlowe-Romanen populär gemacht hatte – der Held erzählt seine Abenteuer ohne jeglichen zeitlichen Rückblick so, als spräche er während der Handlung vor sich hin. Dabei entgehen auch Lenahan und hinter ihm sein Schöpfer Conor Daly nicht dem Problem, das ein Kritiker einmal »die leichte Unehrlichkeit der Ich-Erzählung« genannt hat: Der Zusammenfall von Held und Erzähler führt zu einem Konflikt zwischen Heldenrolle und christlich tradiertem Demuts- und Bescheidenheitsgebot, und Daly und Lenahan lösen das Dilemma in einer Weise auf, die bei kritischer Stimmung eher an das in griechischer wie germanischer Tradition zulässige Eigenlob, ja Prahlen des Helden erinnert, wie wir es eher aus der sogenannten Trivialliteratur – Karl May, Old Shatterhand und Kara ben Nemsi mögen verzeihen – kennen. Doch wie dem auch sei – der Kanevas für eine neue Krimi-Serie ist gespannt, es gilt nur noch, ihn mit interessanten Charakteren und »action« zu füllen.

Die »action« setzt ein mit einem doppelten Paukenschlag, wie er einerseits dem neuen Helden, andererseits dem Genre gemäß ist, das nach Ernst Blochs schönem Wort »mit der Leiche ins Haus fällt«. Lenahan hat soeben überraschend das wichtigste Turnier der New Yorker Region gewonnen, was ihn zugleich für die Teilnahme am demnächst auf »seinem« Platz stattfindenden nationalen Turnier qualifiziert. Das ist für ihn umso wichtiger, als er sich gleich zu Anfang seiner Golflaufbahn die permanente Zugehörigkeit zum Golfzirkus der ersten Liga verscherzt hatte: Bei einer illegalen Wettaffäre hatte er seinen jungen Golfkollegen Rechtsrat erteilt, was ihn bei den Verbandsfunktionären in Ungnade fallen ließ. Doch kaum hat er geputtet, wird er auch schon von einem Streifenbeamten entführt: Auf seinem Clubgelände ist in einem Wasserhindernis überraschend eine Leiche – wortwörtlich – aufgetaucht.

Bei dem offensichtlich gewaltsam zu Tode Gekommenen handelt es sich um niemand Geringeren als Sylvester Miles, der schon zu Lebzeiten eine lokale Legende war: Er war nicht nur Kriegsveteran aus dem Zweiten Weltkrieg, sondern auch Kriegsheld mjt eigener kleiner Gedenkstätte im Rathaus, und hatte sich zudem mit dem Erbe seiner ersten Ehefrau als ebenso solider wie erfolgreicher Geschäftsmann eine regional bedeutende Kette von

Konfektionsgeschäften aufgebaut – alles in den USA hochgeprie-
sene Eigenschaften. Mit einem populären Zahnarzt und einem
Bürgermeister als Partnern hatte er zudem den Country Club gegründet und den Golfplatz geschaffen. Sein etwas protziges Haus
liegt unmittelbar am Gelände, so daß er allabendlich mit einem
Eisen über den Platz zu wandern und Schläge zu üben pflegte,
bis einer dieser Spaziergänge zu seinem letzten wurde.

Ohne eigentlich verdächtig zu sein, ist Kieran Lenahan gleich
mehrfach involviert. Zum einen hatte er den Taucher angeheuert,
der die mit Steinen beschwerte Leiche entdeckt hatte, wenn auch
nicht zum Leichensuchen, sondern zum Herausholen verschlage-
ner Golfbälle, die nach allgemeinem Brauch zum Eigentum des
jeweiligen Profis werden. Zum andern ist der Tote sein Chef, der
ihn sogar im Testament erwähnt hat: Miles ist mit einer erheblich
jüngeren Frau offensichtlich extrem unglücklich verheiratet. Da
das eheliche Güterrecht des Staates New York eine Scheidung
sehr teuer gemacht hätte, will er wenigstens seine Witwe so
schlecht wie nur möglich stellen. Eine völlige Enterbung läßt das
New Yorker Erbrecht nicht zu, und so soll das Gros seines Vermögens inclusive der Clubanteile wohltätigen Zwecken dienen,
während der Ehefrau lediglich ein Satz Golfschläger vermacht
wird, die Lenahan gegen eine Provision für sie versteigern lassen
soll.

Was macht einen Satz Golfschläger wertvoll? Hier müssen
wir etwas ausholen, scheinen die Schläger doch eher einem
schlechten Hollywood-Film zu entstammen als der Wirklichkeit:
Es handelt sich um die Maßanfertigung für einen hohen SS-Offizier, der mit ihrer Hilfe nie mehr zu verlieren hoffte, und die sich
zu damaligen herkömmlichen Schlägern etwa so verhielten wie
der gleichzeitige Düsenjäger von Messerschmidt zu einem herkömmlichen Jagdflugzeug. Durch die Fachliteratur geistern lediglich die Entwurfszeichnungen; die auf zwölf Sätze limitierten,
natürlich hakenkreuzverzierten Originale gelten seit Kriegsende
als verschollen. Aus den »Blitzklubs« des Originals hat die Über-
setzerin gnädig »Blitzschläger« gemacht. Während das deutsche

284

Wort »Blitz« im angelsächsischen Sprachraum dank »Blitz-krieg« und den V2-Angriffen unrühmlich bekannt ist, ging Co-nor Daly offensichtlich davon aus, daß auch das deutsche Wort »Klub« dasselbe bedeute wie seine englische Schwester, nämlich »Keule, Schläger«, und kreierte so seine »Blitzklubs« Ein Satz von ihnen taucht nun im Nachlaß von Sylvester Miles auf – eine Geschichte, die nur dadurch etwas wahrscheinlicher wird, daß sich zur selben Zeit tatsächlich in einem amerikanischen Bank-safe der aus dem Nachlaß eines GI stammende Quedlinburger Domschatz fand, wie im Roman selbst erwähnt wird.

Daß diese »Blitzklubs« kurze Zeit später aus seinem Büro ge-stohlen werden, verwickelt Lenahan noch weiter in die dunkle Geschichte – am meisten jedoch die Tatsache, daß für den – wie häufig im Genre extrem dummen – lokalen Polizeichef Kierans jugendlicher Assistent Pete O'Meara als Täter von vornherein festzustehen scheint, hat er doch schon etliche Straftaten auf dem Kerbholz. Lenahan hatte den Neffen seiner damaligen Freundin Deirdre vor zwei Jahren in einer Art von Bewährungshilfe ein-gestellt, zu der ihn die Beziehung zu dessen Tante, die eigene Herkunft aus demselben Milieu und der letztliche Glaube an das Gute in Pete motiviert hatten. So stellt er sich auch jetzt im un-gleichen Kampf zwischen dem örtlichen underdog und dem lo-kalen Helden auf die Seite seines Schützlings, obwohl der er-heblich tiefer verstrickt scheint, als er selbst seinem Patron gegenüber zugegeben hat. Für Petes Unschuld scheinen lediglich die sich zu verdächtig günstigen Bedingungen anbietenden An-wälte zu sprechen, die ihren Mandanten von vornherein zu einem »deal« überreden wollen: Um langwierige und kostspielige Be-weisaufnahmen mit ungewissem Ausgang vor einer zwölfköpfi-gen Laienjury zu vermeiden, einigen sich Staatsanwalt und Ver-teidiger darauf, daß der Angeklagte sich zu einem mit einem geringeren Strafmaß belegten Delikt bekennt, um so einer even-tuell exorbitant höheren Strafe zu entgehen. Doch der jetzige »Deal« seines Kollegen erscheint dem Ex-Anwalt Lenahan eher als das, was im deutschen Recht Parteienverrat genannt wird, und so tut er alles, um den Hintergründen auf die Spur zu kommen.

»Alles« ist hierbei wörtlich zu nehmen – bei seinen extrem aktionistischen Ermittlungen gerät er in Gefahr für Leib und Leben – genau einmal in Gefahr für den Leib und einmal in Gefahr fürs Leben. Ist der Aktionismus eher dem durchtrainierten Golfprofi zuzurechnen, sorgt der ehemalige Anwalt für die intellektuelle Seite der Ermittlungen: Der Roman ist geradezu extrem dem Fairneß-Gebot des klassischen Detektivromans verpflichtet und präsentiert demgemäß dem Leser jeden relevanten Clue, sei er psychologischer, materialer oder rechtlicher Art.

Entsprechend begeistert und vielstimmig war die Reaktion der amerikanischen Presse auf den neuen Detektiv und das neue Milieu in einem alten Genre: Das »Golf Magazine« lobte Spannung, Sprache und das witzig gezeichnete Personal, die »New York Times« pries die Verbindung von hohem Tempo und klassischem »mystery«, und eine juristische Fachzeitschrift betonte die gelungene Verbindung von hochgradiger Spannung und einer aus dem orthodoxen Detektivroman übernommenen Fülle farbiger Charaktere, die alle ein Motiv und die Gelegenheit zur zentralen Mordtat hatten und von denen es doch nur einer gewesen sein kann.

Der Autor verbirgt sich hinter seinem Pseudonym Conor Daly, wobei ein wirklicher John Daly zu den schillerndsten Persönlichkeiten des Golfsports zählt, der professionellen Alkoholismus mit den weitesten Abschlägen in der Geschichte dieses Sports verbindet. Sonst läßt sein Verlag nur verlauten, beim Autor handle es sich um einen golfbegeisterten Rechtsanwalt. Wenn das stimmt, so hat »Conor Daly« auf seinen Helden Lenahan die Erfüllung eines Traumes projiziert, den er selbst nur zu träumen wagt – das Hobby zum Beruf zu machen. Dafür hat er sich offenkundig einen anderen Traum erfüllt, den noch mehr Leute träumen – ein erfolgreicher Autor zu sein.

Volker Neuhaus

DuMonts Kriminal-Bibliothek

»Knarrende Geheimtüren, verwirrende Mordserien, schaurige Familienlegenden und, nicht zu vergessen, beherzte Helden (und bemerkenswert viele Heldinnen) sind die Zutaten, die die Lektüre zu einem Lese- und Schmökervergnügen machen. Der besondere Reiz liegt in der Präsentation von hier meist noch unbekannten anglo-amerikanischen Autoren.«   *Neue Presse/Hannover*

Band 1001	Charlotte MacLeod	**»Schlaf in himmlischer Ruh'«**
Band 1006	S. S. van Dine	**Der Mordfall Bischof**
Band 1016	Anne Perry	**Der Würger von der Cater Street**
Band 1022	Charlotte MacLeod	**Der Rauchsalon**
Band 1025	Anne Perry	**Callander Square**
Band 1026	Josephine Tey	**Die verfolgte Unschuld**
Band 1033	Anne Perry	**Nachts am Paragon Walk**
Band 1035	Charlotte MacLeod	**Madam Wilkins' Pallazzo**
Band 1044	Anne Perry	**Rutland Place**
Band 1046	Charlotte MacLeod	**»Stille Teiche gründen tief«**
Band 1050	Anne Perry	**Tod in Devil's Acre**
Band 1063	Charlotte MacLeod	**Wenn der Wetterhahn kräht**
Band 1066	Charlotte MacLeod	**Eine Eule kommt selten allein**
Band 1068	Paul Kolhoff	**Menschenfischer**
Band 1070	John Dickson Carr	**Mord aus Tausendundeiner Nacht**
Band 1071	Lee Martin	**Tödlicher Ausflug**
Band 1072	Charlotte MacLeod	**Teeblätter und Taschendiebe**
Band 1073	Phoebe Atwood Taylor	**Schlag nach bei Shakespeare**
Band 1074	Timothy Holme	**Venezianisches Begräbnis**
Band 1075	John Ball	**Das Jadezimmer**
Band 1076	Ellery Queen	**Die Katze tötet lautlos**
Band 1077	Anne Perry (3 Romane)	**Viktorianische Morde**

Band 1078	Charlotte MacLeod	**Miss Rondels Lupinen**
Band 1079	Michael Innes	**Klagelied auf einen Dichter**
Band 1080	Edmund Crispin	**Mord vor der Premiere**
Band 1081	John Ball	**Die Augen des Buddha**
Band 1082	Lee Martin	**Keine Milch für Cameron**
Band 1083	William L. DeAndrea	**Schneeblind**
Band 1084	Charlotte MacLeod	**Rolls Royce und Bienenstiche**
Band 1085	Ellery Queen	**… und raus bist du!**
Band 1086	Phoebe Atwood Taylor	**Kalt erwischt**
Band 1087	Conor Daly	**Mord an Loch acht**
Band 1088	Lee Martin	**Saubere Sachen**